MARK FISHER

Sehnsucht nach dem Kapitalismus

Brumaire

Erste Auflage 2023

Brumaire Verlag, Erkelenzdamm 59/61, 10999 Berlin
www.brumaireverlag.de

Eine Übersetzung aus dem englischen Original:
Postcapitalist Desire: The Final Lectures
Edited and with an introduction by Matt Colquhoun
Published by Repeater Books An Imprint of Watkins Media Ltd
Unit 11 Shepperton House 89-93 Shepperton Road London N1 3DF UK
www.repeaterbooks.com
A Repeater Books paperback orginal 2021

Herausgeber: Matt Colquhoun
Übersetzung: Alexander Brentler
Lektorat: Marlen van den Ecker
Coverillustration: Andy King
Gestaltung und Satz: Andy King, Andreas Faust, Laura Stoppkotte
Schriftarten: Lyon von Kai Bernau, Wand von Andreas Faust
und Stefan Endress
Printed in Germany
ISBN: 978-3-948608-35-4

Inhalt

Einführung
Nie wieder triste Montagmorgen

Matt Colquhoun

Atrocity Exhibition – Jahrmarkt der Scheußlichkeiten

In der Einführung zu seinem unvollendeten Buch *Acid Communism* überraschte Mark Fisher – bekannt für seinen Hang zu Post-Punk, Jungle und einer Reihe an gegenwärtigen Pop-Experimentalisten – seine Freunde und Anhängerinnen, indem er sich positiv über die Gegenkultur der 1960er und 1970er äußerte.

Fisher hatte, was ihr Erbe anbelangt, zuvor ganz andere Töne angeschlagen. So schrieb er etwa in seinem Blog, *k-punk*, »der Hippie [sei] durch und durch eine männliche Mittelschichtsfigur«, definiert durch seine »hedonische Kindlichkeit« gewesen.[1] Für ihn war die charakteristische Ungepflegtheit, die »schlecht sitzende Kleidung, zerzaustes Erscheinungsbild und wirrköpfig-psychedelisches faschistisches Gelaber unter Drogeneinfluss Ausdruck eines Ekels vor Sinnlichkeit«.[2] Für Mark Fisher gab es kein größeres Verbrechen. Die Hippies, als wären sie dem Film *Die Dämonischen* entsprungen, folgten passiv und willenlos dem Lustprinzip, und der »Preis dieses ›Glücks‹ – ein Zustand der entkernten Affektlosigkeit der ›Pods‹ – [war die] Aufgabe jeglicher Autonomie«.[3]

Fischer war der Ansicht, dass, wer sich in einen Rauschzustand versetzt, sei es durch chemische oder andere Mittel, das Werk des Kapitalismus selbst verrichte, ganz als stünde man unter dem Einfluss eines freudschen »Wiederholungszwangs«, die kognitive Gefangenschaft im Kapitalismus selbst künstlich von innen zu replizieren, worin sich für ihn die menschliche »Tendenz, Parasiten zu finden, die uns schwächen, aber niemals ganz zerstören, und sich mit ihnen zu identifizieren«[4] zeigte.

Stattdessen, und dies trifft insbesondere auf sein Blog *k-punk* zu, wollte Fisher einen anderen Weg beschreiten. Dieser setzte nicht voraus, sich einen oberflächlichen Primitivismus anzueignen, der darin bestand, weniger zu duschen und mehr zu rauchen, noch sich den positiven, aber entleerten Affirmationen der New-Age-Spiritualität hinzugeben. Wenn wir unseren psychedelischen Traum der Befreiung ernst nehmen, und er seine Relevanz für die Gegenwart behalten soll, müssen wir einsehen, dass wir nichts erreichen, indem wir uns chemisch den Kopf vernebeln. Für ihn war dies keine Frage der Moral, sondern eine ausgesprochen politische Einsicht. Das Ziel bestand darin, »durch seinen Kopf auszubrechen«, durch die Anwendung einer »psychedelischen Vernunft«, durch welche sich »das Gehirn selbst in einen Zustand der Ekstase versetzt.«[5]

Fisher entlehnte seine Alternative der Philosophie Baruch Spinozas aus dem siebzehnten Jahrhundert, wo diese »psychedelische Vernunft« bereits angelegt war und nur darauf wartete, entdeckt zu werden: »Spinoza ist der Prinz der Philosophen; der einzige, den man wirklich braucht«, so Fisher.[6]

Lange vor Deleuze und Guattari, Freud und Lacan war es Spinoza, der uns zeigte, wie man sich selbst den parasitären Dämonen der Moderne, das kapitalistische Ego, austreiben kann. Fisher schreibt, dass Spinoza »als selbstverständlich erachtete, was später Marx' wichtigstes Prinzip werden sollte – dass es wichtiger war, die Welt zu verändern als zu interpretieren.« Spinoza versuchte dies durch die Konstruktion eines reflexiven ethischen Projekts, das »effektiv die Psychoanalyse um dreihundert Jahre vorweg nahm.«[7]

Fisher schreibt weiter:

> Die Pop-Psychologie will uns weismachen, dass Emotionen mysteriös und unergründlich seien, zu verschwommen und vage, um sie ab einer bestimmten Tiefe zu analysieren. Spinoza hingegen vertritt, dass Glück eine Frage der emotionalen Optimierung ist: Eine präzise Wissenschaft, welche erlernt und praktiziert werden kann … Übereinstimmend mit allgemeinen Weisheiten macht uns Spinoza klar, dass was einem Wesen Glück bringt, für ein anderes Gift sein kann. Der erste und wichtigste Trieb jedes Wesens, so Spinoza, sei die Selbsterhaltung. Wenn ein Wesen gegen seine eigenen Interessen handelt und sich selbst zerstört – wozu, wie Spinoza feststellt, Menschen leider neigen – bedeutet dies, dass es von externen Kräften gesteuert wird. Frei und glücklich zu sein bedeutet, diese externen Eindringlinge zu vertreiben und in Übereinkunft mit der Vernunft zu handeln.[8]

In diesem Sinn können wir Fishers Aufruf aus der Blogosphäre also als Argument verstehen, dass wir bereits alles haben, was wir brauchen, um den Fesseln des kapitalistischen Realismus zu entkommen – der ideologischen Zwangsjacke, welche uns gefügig hält und unsere Vorstellungskraft lähmt; dem externen Eindringling, der unseren Geist und unseren Körper eingrenzt und uns heute davon abhält, wir selbst zu sein. Drogen wie LSD oder Ecstasy können unseren Geist zwar etwas lockerer machen, aber sie vernachlässigen die anderen, klarer existentiellen Teile der menschlichen Subjektivität (unsere Begabung zur Vernunft, unser politisches Handlungsvermögen) und lassen sie verkümmern und verrotten. So gesehen ist das Problem an Drogen, laut Fisher, dass sie »wie ein Bündel an Fluchtwerkzeugen ohne Bedienungsanleitung« seien.[9]

»MDMA zu nehmen, ist wie [Microsoft] Windows zu verbessern: Es ist ganz gleich, wie viel $ Bill [Gates] daran herumschrauben lässt, es wird immer Mist sein, weil es auf der wackeligen Grundlage von DOS aufbaut.«[10] Alle Drogen sind letztlich zu flüchtig – »Ecstasy wird immer schief laufen, weil [das] menschliche Betriebssystem nicht ausgebaut und auseinandergenommen wurde.«[11]

So viel Spaß wir auch an ihnen haben mögen, so gilt doch im Großen und Ganzen, was The Verve schon in ihrem Song meinten: »The drugs don't work, they just make things worse.« [*Die Drogen bringen nichts, sie machen alles nur noch schlimmer.*]

Doch als »die Hippies aus ihrem trägen hedonistischen Halbschlaf erwachten, um die Macht zu übernehmen« – so bemerkt Fisher zu Allgegenwärtigkeit und kulturellen Macht der Counterculture, welche den politischen Nutzen der Bewegung lang überdauert hat – »so brachten sie ihre Verachtung der Sinnlichkeit mit sich.«[12] Im kulturellen Sinn warf die Bewegung einen langen Schatten. Die neue Sinnlichkeit des Post-Punk sollte schließlich unterliegen, und Fisher stellt eine Verbindung zwischen dieser »anti-sinnlichen Einstellung« zu den kulturellen Yuppies der 1990er her, für die niemand so sehr stand wie die Young British Artists, aber auch zum gleichzeitigen Aufstieg der flegelhaften *laddishness* des Britpop.

So betrachtet lässt sich der Einfluss der überwiegend negativen Entwicklung der Counterculture schwer verneinen. Auf den ersten Blick erscheint es vielleicht so, als hätten John Lennon und Liam Gallagher von Oasis nicht viel mehr gemeinsam als eine Vorliebe für runde Teashade-Sonnenbrillen, doch die Sackgasse der Passivität, in welche die Counterculture mündete – oder in den Worten von Fisher, ihre Attitüde des »*Hey man*, es kommt alles auf den Gehirnzustand an« – war eine Triebfeder hinter der »bräsigen, verwaschenen, bierseeligen, argwöhnischen und verschlagenen« Ausstrahlung des Britpop-Hedonismus wie hinter den LSD-Experimenten der ungewaschenen Bohème.[13]

Dies wird klar, sobald wir den Blick auf die ganze Stumpfsinnigkeit des Acid-Trips richten, die sich in zwei Songs niederschlägt - »Lucy in the Sky with Diamonds« (1967) von den Beatles und »Champagne Supernova« (1995) von Oasis. Zwischen beiden Titeln liegen dreißig Jahre, und sie stammen aus zwei (politisch) grundverschiedenen Welten, doch sie verbindet die gleiche psychedelische Melancholie. Dieselbe Logik der »Hauntology« und melancholischen Übertragung ist erkennbar, wenn man John Lennons und Yoko Onos performatives Sit-In »Bed-Ins for Peace« betrachtet, dessen verrotteter Kadaver 1998 aus dem weißen Sarg der Tate Gallery in Form von Tracey Emins Installation »My Bed« wieder auftauchte.

Das oberflächliche Wiederkäuen der Themen der 1960er unter der Melancholie des Kapitalismus der 1990er ähnelt der Dekadenz des *fin de siècle* des vorangegangen Jahrhunderts - eine alptraumhafte und ungeschickte Autopsie eines schon längst gestorbenen Traums, bar jedes proto-modernistischen Bewusstseins der eigenen Position. Britpop war also eine wahrhaftige *atrocity exhibition*, ein Jahrmarkt der Scheußlichkeiten, ein Laufsteg neoliberaler Gespenster und Zombies, welche die Psyche heimsuchten und verfolgten.

Die abstrakte Ekstase der psychedelischen Vernunft

Man kann durchaus sagen, dass Fisher in dieser Zeit - dem besonders produktiven August 2004 - in seinem Blog kein Blatt vor den

Mund nahm. Seine Kritik ist scharf und oft ganz und gar negativ. Wie wurde also aus diesem Mark Fisher der Mark Fisher von *Acid Communism?* Entgegen seinem harten Urteil aus der Mitte der Nullerjahre scheint es, dass Fisher später begann, die Counterculture etwas ambivalenter zu betrachten. Doch der Schein sollte uns nicht trügen: Sein Sinneswandel war keinesfalls extrem. Fisher setzte sich schlicht die Aufgabe, über seine scharfen Polemiken hinaus am Aufbau eines positiven politischen Projekts zu arbeiten – ein Projekt, in dessen Zentrum immer noch die von Spinoza inspirierte »psychedelische Vernunft« stand.

Es scheint, als habe Fisher durch dieses Projekt eine neue Wertschätzung für das politische Potential der besten kulturellen und ästhetischen Errungenschaften der Counterculture entdeckt – zumindest in ihrem ursprünglichen soziopolitischen Kontext. Dieses Potential findet man nicht in den surrealen Abstraktionen eines gutbürgerlichen Konzerts von Pink Floyd, einer nostalgischen und apolitischen Wiederaneignung der Vergangenheit für die Gegenwart. Stattdessen sei es explizit in jenen kulturellen Artefakten zu finden, welche Brücken zwischen Klassenbewusstsein und psychedelischem Bewusstsein, zwischen Klassenbewusstsein und Gruppenbewusstsein schlagen, doch welche vor ihrer Zeit erstickt oder aufgegeben wurden.[14]

In der Einleitung zu *Acid Communism* nennt Fisher zum Beispiel »Sunny Afternoon« von den Kinks und »I'm Only Sleeping« von den Beatles als zwei Songs aus dem Jahr 1966, welche den Angsttraum des Schuftens, aus dem das Alltagsleben besteht, aus einer Perspektive betrachten konnten, die gewissermaßen daneben, darüber oder darunter schwebt: Ob es die geschäftige Straße ist, die vom hoch gelegenen Fenster eines späten Schläfers betrachtet wird, dessen Bett ein sanft vor sich her dümpelndes Ruderboot wird oder der Nebel und Frost eines Montagmorgens, von dem man sich an einem sonnigen Sonntagnachmittag, der nicht enden muss, lossagt; oder die Dringlichkeiten des kommerziellen Alltags, betrachtet vom Adlerhorst eines aristokratischen Hochsitzes, welcher von Träumern aus der Arbeiterklasse besetzt ist, die niemals wieder die Stechuhr bedienen werden.[15]

An dieser politischen Provokation hängt mehr als der Traum einer typischen Hörerin des [Kultursenders] BBC Radio 4 von einem stillen Sonntagnachmittag, der niemals endet. Generell interessiert sich Fisher – und hatte sich immer dafür interessiert – für die Möglichkeiten, eine radikale politische Botschaft durch die Popkultur ins öffentliche Bewusstsein zu schmuggeln. Auch für das Potential der Popkultur, uns nicht nur durch ihre ansteckende Euphorie zu umgarnen, sondern auch die kapitalistische Vereinnahmung des Lustprinzips in etwas Tieferes, etwas ganz und gar Unbewusstes, zu verwandeln und es mit aller Kraft wieder ans Licht zu ziehen.

Und doch bleiben eine ganze Reihe Fragen offen. Am wichtigsten war es Mark, herauszufinden, wohin dieses Potential verschwunden ist und warum. Es ist offensichtlich, dass sich das Establishment vor nichts mehr fürchtete als davor, dass die Arbeiterklasse Hippies werden könnten, wie er es formulierte – aber warum war das der Fall? Was an der Counterculture bedrohte die Herrschenden so sehr, dass eine aufkeimende neoliberale Ordnung es als notwendig empfand, eine feindliche Übernahme des neuen kollektiven Bewusstseins zu organisieren? Und könnte durch eine erneute Manifestation dieser verhinderten Potentiale das Establishment und der kapitalistische Realismus erneut herausgefordert werden? Diese Fragestellungen eröffnen eine neue Sichtweise auf die psychedelische Subkultur, die immer noch betont werden muss. Das ist der verborgene Zweck der psychedelischen Bewegung, nicht ihre wohl bekannte ästhetische Form, die für den gegenwärtigen Moment relevant bleibt: Die Art und Weise, in welcher die Welt selbst, neben allen ästhetischen Assoziationen, die Manifestation dessen konnotiert, was tief im menschlichen Denken verdeckt liegt und von der Oberfläche aus nicht zu erkennen ist.

Eine irreguläre Verbindung aus dem ins moderne Englische übernommenen Präfix »psyche« und dem griechisch verbliebenen Stamm »dēlos« – welcher »offenbaren« oder »manifestieren« bedeutet – ist das Psychedelische also das, was den Geist manifestiert. Hier klingt wieder Marx' an Spinoza angelehntes Motto an, dass es nicht ausreicht, die Welt zu interpretieren, sondern dass wir sie verändern müssen. Es wird hier jedoch kein Widerspruch zwischen Interpretation und Manifestation eröffnet – stattdessen muss erstere stets bestrebt sein, zu letzterer zu werden.

Benötigt wird also eine psychedelische Kultur, welche auf neue Art in die Politik einfließt, aber ganz anders aussieht, als wir es vielleicht erwarten. Tatsächlich sollten wir uns vor allem hüten, was sich zu vertraut anfühlt. Wir könnten gar argumentieren, dass die ästhetischen Konnotationen der psychedelischen Subkultur ganz und gar abgelehnt werden sollten. Wie Fisher einmal über den Surrealismus, einer der eindeutigsten Vorgänger der psychedelischen Counterculture, schrieb: »Wie Punk stirbt Surrealismus in dem Moment, in dem er auf einen ästhetischen Stil reduziert wird. Er kehrt als Untoter wieder, wenn er als ein delirisches Programm wiederbelebt wird (ähnlich wie Punk, wenn er zum antiautoritären, kopflosen Netzwerk der Ansteckung wird)«.[16]

Deswegen sollten wir die Counterculture mit Umsicht behandeln. Trotz oder vielleicht sogar gerade wegen ihrer zeitgenössischen Romantisierung scheint sie doch das letzte Beispiel dafür zu sein, dass eine kulturelle Revolution den Punkt erreicht hat, an dem sie fast eine politische ausgelöst hätte. Die Kultur hat sich dennoch weiterentwickelt, aber die Politik scheint Schwierigkeiten zu haben, nachzuziehen. Dennoch gibt es, trotz des gegenwärtigen Zustands des politischen Establishments, immer noch viel, über das man sich freuen kann. Fisher schreibt am Ende seiner Einführung zu *Acid Communism:* »Natürlich wissen wir alle, dass die Revolution ausgeblieben ist. Aber die materiellen Bedingungen für diese Revolution liegen heute eher vor als im Jahr 1977.«[17] Statt das Potential der Counterculture einfach zu feiern, stellt Fisher ernsthafte Fragen darüber, warum die Bewegung gescheitert ist, und was wir heute daraus lernen können. Er fährt fort:

»Was sich seitdem bis zur Unkenntlichkeit verändert hat, ist die existentielle und emotionale Atmosphäre. Die Bevölkerung ist heute resigniert, was die Trübsal der Arbeit anbelangt, während ihr gleichzeitig erzählt wird, dass Maschinen sie bald überflüssig machen werden. Wir müssen den Optimismus der Siebziger wiederentdecken und die Maschinerie, die das Kapital eingesetzt hat, um Zuversicht in Verzweiflung zu verwandeln, genau untersuchen. Zu verstehen, wie dieser Prozess der Bewusstseinsentschärfung funktionierte, ist der erste Schritt auf dem Weg dahin, ihn umzukehren.«[18]

Das Essay endet auf dieser unbeantworteten Frage, und die Aufforderung, diesen Prozess zu verstehen, verhallt, scheinbar ohne einen Hinweis, wie ein weiteres Vorgehen aussehen könnte. Mit dem Tod von Fisher im Januar 2017 schien es, als ob der besondere Ansatz des *Acid Communism* mit dem Autor verschieden sei. Und trotzdem verbleiben zahlreiche Brotkrumen, denen eine interessierte Leserin folgen könnte. Vielleicht ist die beste Vorgehensweise, die wir verfolgen können, die von Fisher propagierte Strategie auf sein eigenes Werk anzuwenden: Zu verstehen, wie das Projekt des *Acid Communism* überhaupt erst entstanden ist als ersten Schritt auf dem Weg dahin, es zu rekonstituieren.

Eine solche Strategie erfordert weniger Spekulation, als man zunächst annehmen könnte. Neben einer abwechslungsreichen Sammlung von Essays, die während seiner gesamten Laufbahn als Schriftsteller und Kritiker entstanden sind, und die sich mit vielen der Fragen befassen, mit denen er sich immer wieder auseinandergesetzt hatte, bleibt auch die Struktur von Fishers letztem Graduiertenseminar, »Postkapitalist Desire«, welches er für das Lehrjahr 2016/17 am Goldsmiths College der University of London konzipierte.

New Year, New You

Mit dem Beginn des akademischen Jahrs 2016/17 ergaben sich am Fachbereich Visual Cultures am Goldsmiths College verschiedene Änderungen. Dies traf auf die gesamte Abteilung zu, aber vor allem auf Mark Fisher und Kodwo Eshun. In vorherigen Lehrjahren hatten die beiden zusammen einen Masterstudiengang in *Aural & Visual Cultures* [Akustische und Visuelle Kulturen] konzipiert und angeboten – der, kurz gesagt, die Frage stellte: »Wie denken wir über die Relation von Ton und Bild in einer Ära der Allgegenwart von Medien nach?« Doch eine Reihe von administrativen Umstrukturierungen innerhalb der Universität hatte zur Folge, dass dieser Abschluss – zusammen mit einigen anderen, relativ kleinen Master-Programmen – mit einem bereits existierenden und nun allgemeineren Studiengang namens *Contemporary Art Theory* [Zeitgenössische Kunsttheorie] zusammengefasst wurde.

Diese Veränderungen hätten für Fisher und Eshun einen Verlust bedeuten können, doch sie nahmen dies zur Gelegenheit, um etwas Neues auszuprobieren. Sie ließen den Fokus des Programms Aural & Visual Cultures hinter sich und entwickelten zwei separate Module, die ihren damaligen Interessengebieten entsprachen. Während Eshun ein Seminar für »Geopoetik« entwickelte – ein fünfzehnwöchiges sehr intensives *close reading* von Reza Negarestanis sehr schwer zugänglichem Werk der Theoriefiktion, *Cyclonopedia*,[19] aus dem Jahr 2008 –, begann Fisher mit seiner Veranstaltung »Postcapitalist Desire« ein Seminar, in dem er die verhängnisvolle Verquickung zwischen Begehren und Kapitalismus untersuchte. Fishers Aufmerksamkeit galt dem Umfang, in welchem uns das Begehren bei unseren Versuchen hilft, dem Kapitalismus zu entfliehen, uns aber gleichzeitig zurückhält. Auch könnte man die Veranstaltung als Workshop zu seinem nächsten Buch verstehen: das inzwischen veröffentlichte, unvollendete Werk, das nun den Titel *Acid Communism* trägt.

Der Titel des Seminars ist gleichlautend mit dem eines Essays, das Fisher 2012 veröffentlicht hat und welches sich mit »dem Verhältnis von Begehren und Politik im postfordistischen Kontext«[20] beschäftigt. Fisher nimmt hierbei eine Bemerkung der konservativen Politikerin Louise Mensch aus dem britischen Fernsehen ernst, über die sich viele andere lustig gemacht hatten. Während der Occupy-Proteste von 2010 – bei denen Menschen gegen den Kapitalismus agitierten, während sie bei Starbucks in der Schlange standen und von ihren iPhones über Politik tweeteten – hatte sich Mensch über die Heuchelei der Protestierenden echauffiert. Fisher vertrat die Meinung, dass Menschs Einwand durchaus eine Antwort verdient habe. Er wollte damit sagen, dass uns, abgesehen von ihrem oberflächlichen Zynismus, die Implikationen ihrer Kritik an den Protestierenden beschäftigen sollten. Zu welchem Grad ist unsere Sehnsucht nach dem Postkapitalismus immer bereits vom Kapitalismus vereinnahmt und neutralisiert? Wie kann es uns gelingen, die »Steigerung des Begehrens nach Konsumgütern, bezahlt auf Kredit«[21] zu bekämpfen? Sollten wir überhaupt versuchen, dies zu tun? Für Fisher kann die Antwort auf dieses Problem nicht lauten, wie Mensch suggeriert, einem reaktionären Verlangen nach präkapitalistischem Primitivismus nachzugeben. »Der libidinösen Anziehungskraft des Konsumkapitalismus«, so Fisher, »muss eine Gegenlibido begegnen, nicht einfach eine antilibidinöse Abstumpfung.«[22]

Um aufzuzeigen, warum dies notwendig ist, setzt sich Fisher intensiv mit den »antimarxistischen« Schriften seines umstrittenen ehemaligen Dozenten Nick Land auseinander – insbesondere Lands Essay »Machinic Desire«. Land plädiert hier, ganz im Sinn der Cyberpunk-Bewegung der Neunziger, dafür, wir sollten gewissermaßen selbst zu Replikanten und dadurch den Kräften des Kapitalismus immanent werden. Für Land ist es nicht mehr »plausibel, dass das Verhältnis zwischen Kapital und Begehren entweder extern oder durch einen immanenten Widerspruch getragen ist, selbst wenn es noch einige schräge Ästheten gibt, die behaupten, dass ein libidinöses Verhältnis zur Ware durch kritische Vernunft überwunden werden kann.« Das Kapital ist hier »keine Essenz, sondern Tendenz.«[23] Ähnlich der lacanschen Auffassung des Todestriebs, die den inhärenten Nihilismus der menschlichen Existenz für einen Drang nach der präödipalen Ruhe des Mutterleibs hält, glaubt Land, dass der Kapitalismus heute nur überlebt, weil der Cyberspace bereits »unter unsere Haut« gelangt ist, und dass ein Rückzug hiervon nur als Rückkehr zu einer nicht existenten, präkapitalistischen Vorstellungswelt möglich wäre.[24] Die Chancen, dass wir dem Kapitalismus entfliehen können, stehen ungefähr so gut, wie in den Mutterleib zurückzukriechen. Deshalb ist der Versuch, unser Begehren vom Kapitalismus zu lösen, gleichbedeutend mit der Vivisektion des modernen Subjekts: Bei einem so gänzlich irrationalen Unterfangen das Mittel der Vernunft anzuwenden, muss scheitern.

Obwohl Land der Anwendung der Vernunft eine Absage erteilt, und sein Projekt so in scheinbarem Widerspruch zu Fishers steht, und so alptraumhaft uns Lands Einschätzung der gegenwärtigen Linken vorkommen mag, so wäre es für Fisher dennoch ein Fehler, sie zu ignorieren.

Fishers Hauptmotivation war die Frage, wie wir diese Kritik erwidern oder ethisch miteinbeziehen könnten, indem wir zum kapitalistischen Begehren eine Gegenlibido entwickeln – ein postkapitalistisches Begehren. In der ersten Sitzung zum Beispiel behandelt er diese Fragestellung, indem er die Provokation von Mensch aufgreift und gleichzeitig seine eigenen früheren Erwiderungen miteinbezieht – etwa aus *Acid Communism* –, die immer noch ungelöste Probleme aufweisen. Doch bevor er oder seine Studierenden in eine mögliche gegenlibidinale Zukunft blicken können, war es zunächst notwendig, zu untersuchen, warum jeder vorige Versuch einer Gegenlibido keinen echten gesellschaftlichen Wandel hervorrufen konnte.

Die ersten beiden Sitzungen versuchen, diese Fragen anhand einer Reihe von Texten zu beantworten, die von schwieriger Theorie bis zum Journalismus und der populärwissenschaftlichen Geschichtsschreibung reichen. In der zweiten Sitzung beschäftigt sich Fisher etwa mit dem vielleicht überraschenden Einfluss der freudschen Psychoanalyse auf die frühe, im entstehen befindliche Counterculture. Fisher präsentiert zwei verschiedene Ansichten auf diese Zeit: Zum einen die von Herbert Marcuse aus dem Jahr 1955, zum anderen die der feministischen Essayistin und Musikkritikerin Ellen Willis aus dem Jahr 1981. Zusammengenommmen gewähren sie Einblicke in die Zeit unmittelbar vor dem Aufflammen der Gegenkultur sowie eine vernichtende Kritik und Schilderung ihres letztendlichen Scheiterns.

Die Gegenüberstellung ist beunruhigend. Marcuses Text ist so erquicklich wie vor sechzig Jahren, doch auch Willis' Kritik erscheint heute so zutreffend wie nie. Wie Fisher 2013 in einem Essay für *e-flux* schrieb:

> Die Counterculture der Sechziger mag nun auf eine Reihe an »ikonischen« – übermäßig vertrauten, endlos zirkulierenden, geschichtslosen – ästhetischen Relikten reduziert worden sein, die jeglichen politischen Inhalts beraubt sind, doch Willis' Werk steht daneben wie ein peinliches Mahnmal des linken Scheiterns.

> Wie Willis in der Einführung zu ihrem Buch *Beginning to See the Light* [von 1981] klarstellt, fand sie sich oft in Konflikt mit dem autoritären Staatsglauben des damaligen sozialistischen Mainstreams. Während in der Musik, die sie hörte, von Freiheit gesungen wurde, schien es beim Sozialismus um Zentralisierung und staatliche Kontrolle zu gehen. Die Geschichte der Aneignung der Counterculture durch die neoliberale Rechte ist uns nun wohl vertraut, doch die Unfähigkeit der Linken, sich angesichts der neuen Formen des Begehrens, die in ihr Ausdruck fanden, zu wandeln, ist die andere Seite der Geschichte.[25]

Diese Kritik findet man auch in anderen Werken von Fisher aus dieser Zeit: 2013 veröffentlichte er zum Beispiel auch sein nun berüchtigtes Essay »Exiting the Vampire Castle« [»Raus aus dem Vampirschloss«]. Was Willis als dunkle Seite der 1970er beschreibt, stellte für Fisher eine kontinuierliche Gefahr für die Hoffnungen und Träume der Linken im 21. Jahrhundert dar.

Vom Bruch zwischen den Gewerkschaften und der Counterculture Mitte der Siebziger in den USA bis zur Aussage des stellvertretenden britischen Premierministers John Prescott aus dem Jahr 1997, dass »wir nun alle zur Mittelklasse gehören«, lässt sich die zweite Hälfte des zwanzigsten Jahrhunderts für Fisher als Periode der fast vollständigen Entkopplung der Klasse vom kulturellen und politischen Diskurs definieren. Im 21. Jahrhundert kehrt die Klasse allerdings zurück. Der Aufstieg von Grime in den Mainstream in den frühen Nullerjahren und die Veröffentlichung von Owen Jones' Buch *Chavs* [dt.: *Prolls. Die Dämonisierung der Arbeiterklasse.*] im Jahr 2011 signalisierten, dass sich in Großbritannien ein neues Klassenbewusstsein herausbildete, das sich auf vielfältige Weise präsentierte. Leider hatte dieses Bewusstsein weiterhin Schwierigkeiten, die, so Fisher, »fieberhafte Atmosphäre auf der moralisierenden Linken, die sich wie McCarthy aufführte«[26], zu durchbrechen.

Fisher schlägt in »Exiting the Vampire Castle« einen wütenden und ungeduldigen, enttäuschten und frustrierten Ton an. Schließlich war es die Ankündigung eines Ausstiegs – aber nur aus den sozialen Medien. Die Antwort auf das Essay, jedenfalls aus bestimmten Richtungen, hätte eine beiläufige Beobachterin glauben machen können, Fisher hätte sich von der Linken, die ihm so viel bedeutete, gänzlich verabschiedet. Man könnte auch anmerken, dass Fisher genau diesen Umstand von der Gegenseite aus kritisierte. Indem Klasse von den identitären Kämpfen der Zeit entkoppelt wurde, schien es, als sei der Kapitalismus nicht mehr der Feind. Stattdessen fallen wir in unserer Machtlosigkeit bereitwillig übereinander her.

Zum Zeitpunkt ihres Erscheinens wirkte diese Kritik des politischen Terrains durch und durch negativ. Für Fisher war es von einer vampirhaften Ansammlung energiefressender Trolle bewohnt, die die sozialen Medien, und Twitter im Besonderen, dazu benutzten, um jegliches politisches Gruppenbewusstsein im Keim zu ersticken. Fisher ruft hier die verschiedenen Beschreibungen von *Grey Vampires* aus seinem Blog *k-punk* wach – Freibeuter der Kommentarspalte, die »nicht direkt Energie fressen, sondern davon zehren, Projekte zu verhindern.«[27] –Fisher konnte das selbstgefällige identitäre Milieu der sozialen Medien, welches wild entschlossen schien, die aufregendste Verschiebung der Popkultur seit Jahrzehnten zu verhindern, nicht ausstehen. Obwohl viele Fishers Einschätzung von Anfang an für falsch hielten, so behielt er in den Jahren des Brexit-Referendums und Jeremy Corbyns Zeit als Vorsitzender der

Labour Party doch recht – vor allem letztere stellte eine potentielle Transformation linker Politik in Großbritannien dar: ein Wandel, der konsequent von außen wie von innen torpediert wurde.

Der Schaden, den diese politische Autoimmunkrankheit angerichtet hat, ist immens – und das Klassenbewusstsein hat nicht zuletzt auch darunter gelitten. »Das Klassenbewusstsein ist fragil und flüchtig«, argumentierte Fisher, aber der beste Weg, es aufrechtzuerhalten, war für ihn, es als Thema im Gespräch zu halten. Er fährt fort: »Das Kleinbürgertum, welches den akademischen und den Kulturbetrieb dominiert, hat alle möglichen subtilen Ablenkungs- und Störungsmanöver parat, die verhindern sollen, dass man über dieses Thema überhaupt spricht, und wenn man es doch zur Sprache bringt, stellt es sicher, dass man sich fühlt, als hätte man eine unverfrorene Frechheit, einen eklatanten Verstoß gegen die Etikette begangen.«[28]

Diese Art der Empörung ist weiter verbreitet als jemals zuvor. Doch allein die Tatsache, dass es notwendig ist, das Klassenbewusstsein andauernd zu untergraben, zeigt, welch enormes politisches Potential in ihm steckt. Dass Fishers »Vampire Castle« in der englischsprachigen Welt in den sozialen Medien die Runde machte und zum viralen Massenphänomen wurde, führte dazu, dass die gleiche Empörungsmaschinerie, die er eigentlich kritisieren wollte, auf ihn selbst ansprang und dafür sorgte, dass ihm genau das unterstellt wurde, vor dem er ausdrücklich warnte: eine Trennung des Klassenbewusstsein vom Bewusstsein über Gender, *race*, und andere minoritäre Kategorien der Selbstidentifikation. In Wirklichkeit hielt er, wie er später immer wieder betonen würde, eine ganz andere Position inne.

Bewusstseinsbildung

Fisher schärfte seine Polemik aus »Exiting the Vampire Castle« später nach, indem er seine rein negative Kritik in ein positives Projekt der Bewusstseinsbildung verwandelte. Diesem Projekt wandte er sich in der dritten Sitzung von »Postkapitalist Desire« zu.

»Bewusstseinsbildung« erlangte durch den Feminismus der zweiten Welle in den 1960ern und 1970ern Popularität und bezeichnet die Praxis gemeinsamer Diskussionen über die verschiedenen Ausprägungen von Ungleichheit und ihrer kollektiven Erfahrung im Leben von Menschen. Dieser Prozess war notwendig, so Fisher in seiner Veranstaltung zu »Postcapitalist Desire«, denn das Bewusstsein der eigenen materiellen Existenz ist, trotz allem, nicht unmittelbar und selbstverständlich greifbar. Stattdessen muss das Bewusstsein für die eigene Position innerhalb einer Struktur der Ungleichheit – sei es Kapitalismus, Patriarchat oder weiße Vorherrschaft – konstruiert werden, es ist nie einfach so gegeben. Der beste Weg, ein solches Bewusstsein herauszubilden, ist unter Mitwirkung von anderen, die eine ähnliche materielle Existenz teilen.

Für die politische Organisation *Plan C* schrieb Fisher über das psychedelische Potential, das immer noch in der Praxis der Bewusstseinsbildung in Gruppen schlummerte:

> Ein anderes Bewusstsein zu erlangen, bedeutet weit mehr, als sich bestimmte Fakten klarzumachen, von denen man vorher nichts wusste: Das ganze Verhältnis zur Welt verändert sich. Das Bewusstsein, von dem hier die Rede ist, ist kein Wissen über einen bereits anhaltenden Zustand. Stattdessen ist Bewusstseinsbildung ein produktiver Akt. Sie erzeugt ein neues Subjekt –

ein Wir, das sowohl zum Akteur im Kampf wird, um das aber auch selbst gekämpft wird. Gleichzeitig interveniert Bewusstseinsbildung am »Objekt« selbst, der Welt, welche nun nicht mehr als statisch gesetzt, undurchsichtig und von einem unveränderlichen Wesenskern bestimmt, sondern als etwas Veränderliches wahrgenommen wird. Um in der Welt etwas zu verändern, ist Wissen notwendig; dieses wird jedoch nicht durch Spontaneität oder Voluntarismus, durch die Erfahrung von Momenten des Durchbruchs oder durch reine Marginalität entstehen.[29]

In der Gegenwart mangelt es zwar nicht an »Subjekten des Kampfs«, doch worum gekämpft wird, ist unklar oder schwer vereinbar. Es scheint sogar, als dienten bestimmte Formen des politischen Bewusstseins, die sich der Kapitalismus selbst angeeignet hat, inzwischen dazu, Solidarität zu fragmentieren, statt sie zu schaffen. Während sich Individuen auf Twitter darüber kabbeln, wer privilegierter ist, lacht sich der wahre Feind, der Kapitalismus, ins Fäustchen.

Fisher hatte die Hoffnung, dass diese neu gebildeten und doch fragmentierten Formen des Bewusstseins, die sich unter dem Banner der sogenannten »Identitätspolitik« tummelten, trotzdem Gemeinsamkeiten finden könnten, und dass darunter auch das zuvor von ihnen entkoppelte Klassenbewusstsein fallen könnte. Das Resultat könnte ein kollektives Bewusstsein sein, das ein Verständnis über die Verschränktheit von minoritären Kämpfen entwickelt, um das System als ganzes, den Kapitalismus, aufzufassen. Dies wäre die Voraussetzung dafür, dass die Linke das »notwendige Subjekt – ein kollektives Subjekt«[30] herausbildet, wie es Fisher in seinem Buch *Capitalist Realism* [dt: *kapitalistischer Realismus ohne*

Alternative? Eine Flugschrift.] formulierte. Im Laufe des knappen Jahrzehnts, das auf die Veröffentlichung seines überraschenden Bestsellers folgen sollte, entwickelte Fisher seine Idee einer kollektiven Subjektivität weiter, für die er mehr und mehr den Begriff des »Gruppenbewusstseins« bevorzugte.

In seinem Essay für *Plan C* führt Fisher seine Argumente für die Notwendigkeit eines Bewusstseins, das über das Individuum hinausgeht, am ausführlichsten aus. Er schreibt:

> Da Bewusstseinsbildung von einer Vielzahl von unterdrückten Gruppen verwendet wurde, wäre es vielleicht besser, allgemein vom Bewusstsein unterdrückter Gruppen statt von Klassenbewusstsein zu sprechen. Das Bewusstsein dieser Gruppen ist zunächst einmal das Bewusstsein über die (kulturellen, politischen, existentiellen) Maschinerien, welche ihre Unterdrückung sicherstellen – die Mechanismen, die die dominante Gruppe normalisieren und in der unterjochten Gruppe ein Gefühl der Minderwertigkeit erzeugen. Doch zweitens ist es auch immer ein Bewusstsein der potentiellen Macht der unterdrückten Gruppe – einer Wirkmächtigkeit, deren Realisierung von genau dieser Bewusstseinsbildung abhängt.[31]

In den Jahren, die auf die vernichtende Rezeption von »Exiting the Vampire Castle« folgten, zerfiel dieses unterdrückte Gruppenbewusstsein leider weiter. Erst schien es, als verspräche die Ära Corbyn eine Wiederbelebung, doch das Brexit-Debakel zerbarst jegliche Hoffnung darauf, dass es sich wieder durchsetzen könnte. Fisher sollte die neuen Tiefen des kollektiven Bewusstseins, in welche das Land durch die Auseinandersetzung um den Brexit fallen sollte, nicht miterleben – so stellte er bis zuletzt die Fortschritte heraus, die auf diesem Feld vorher gelungen waren. Fisher hoffte, dass es ihm – ähnlich wie Owen Jones 2011 – gelingen könnte, ein Schlaglicht auf die richtigen Beispiele zur richtigen Zeit zu werfen und das Land dadurch aus seinem neoliberalen Rausch zu erwecken.

2014 wandte Fisher seine Aufmerksamkeit der kontroversen Dokuserie *Benefits Street* zu, welche das Leben der Einwohnerinnen und Einwohner der James Turner Street in Birmingham begleitete, wo angeblich mehr Menschen auf Sozialhilfe angewiesen waren als irgendwo sonst in Großbritannien. Im *New Humanist Magazine* argumentierte Fisher, dass das Programm durch seine ganze Machart einen »bürgerlichen Blick, welcher Angehörige der Arbeiterklasse als defizitär im Vergleich zu Menschen aus der Mittelklasse betrachtet«, einnehme. »Außerdem«, wie Fisher schreibt, »wird dieses Defizit auf hoch moralisierte Weise aufgeladen, es lässt sich nicht durch den Mangel an Ressourcen oder Lebenschancen erklären, sondern durch einen Defekt der Willenskraft und ein Manko an Anstrengung.«[32]

In diesem Sinn war *Benefits Street* eine noch gefährlichere Mutation des sich stetig weiterentwickelnden kapitalistischen Realismus. Nicht nur wurde der Kapitalismus von den »Realisten« als alternativlos angesehen, der Blick des zentralen phantasmatischen Subjekts, der unerschütterlichen »Mittelklasse«, wurde nun als Default-Position angenommen. Fisher lehnte die in den Neunzigern geäußerte Behauptung, dass »wir nun alle zur Mittelklasse gehören«, zwar ab, doch unsere Fernseher verkünden dies weiterhin, ohne groß Aufhebens darum zu machen. Die Botschaft, obwohl implizit, ist uns dennoch vertraut: Es gibt keine Alternative.[33]

Hang on Tight and Spit on Me

In der letzten Sitzung von »Postcapitalist Desire« vor den Weihnachtsferien nahm sich Fisher das Phänomen der Mittelklasse als subjektiver Default-Position vor. Hierbei wird die Möglichkeit, dass die Arbeiterklasse ihre eigene Unterdrückung heimlich genießen könnte, zu einer Herausforderung, der mit schwarzem Humor und morbider Faszination begegnet wird (hierbei klingt das Echo von Nick Lands Fragestellungen nach).

Fisher liest aus dem äußerst schwierig zugänglichen, 1974 erschienenen Buch *Ökonomie des Wunsches* von Jean-François Lyotard vor und kostet hierbei dessen kontroverseste Passagen aus. In Lyotard findet Fisher eine Prophezeiung des herablassenden Blicks auf die James Turner Street und stellt die Macher der Serie bloß, die es nicht wagen, »das einzig Wichtige [...] zu sagen [...]: man kann auch Lust empfinden, wenn man das Sperma des Kapitals, die Materialien des Kapitals verschlingt, die Metallbarren, die Polystyrene, die Groschenhefte, die Hot Dogs, wenn man das Zeug tonnenweise bis zum Platzen verschlingt«.[34]

Wenn man Lyotard glaubt:

> [sind] die arbeitslosen Engländer [...] nicht zu Arbeitern geworden, um zu überleben, sie haben – haltet euch gut fest und verachtet mich meinetwegen *[hang on tight and spit on me]* – diese hysterische, masochistische (und ich weiß nicht, was sonst noch) Erschöpfung *genossen,* sie haben es genossen, es in den Minen, den Gießereien, den Fabriksälen, in der Hölle *auszuhalten,* sie haben die verrückte Zerstörung ihrer organischen Körper genossen, die ihnen sicher aufgezwungen wurde, sie haben die Auflösung ihrer persönlichen Identität genossen, derjenigen, die die

> bäuerliche Tradition ihnen geschaffen hatte, sie haben die Auflösung der Familien und Dörfer genossen, sie haben die entsetzliche neue *Anonymität* der Vorstädte und der Pubs in den Morgen- und Abendstunden genossen.[35]

Fisher nimmt Lyotards Herausforderung und ihren schwarzen Humor sehr ernst. In seinem Essay »Terminator Versus Avatar« etwa passt er sie für das 21. Jahrhundert an:

> Es melde sich, wer suburbane Anonymität und Bars gegen das organisch-schlammige Kleinbauernleben eintauschen möchte. Es melde sich also, wer wirklich zum präkapitalistischen Raum, zum Familien- und Dorfleben der Vergangenheit zurückkehren möchte. Und es melde sich auch, wer wirklich glaubt, dass die Sehnsucht nach der Wiederherstellung eines organischen Ganzen nichts mit der spätkapitalistischen Kultur zu tun hat, statt eine vollständig integrierte Komponente der libidinösen Infrastruktur des Kapitalismus zu sein.[36]

Die Arbeiterklasse des 21. Jahrhunderts ist in ihrem unterdrückten Begehren und Begehren nach Unterdrückung genauso verstrickt wie im zwanzigsten. Doch dieses scheinbare Paradox sadomasochistischer Wünsche hat seinen Nutzen. Wie Fisher weiter anmerkt: »Nicht weit unter Lyotards ›Ja der Trunkenheit des Begehrens‹ liegt das Nein des Hasses, der Wut und der Frustration: Keine Befriedigung, kein Spaß, keine Zukunft. Dies sind die Ressourcen der Negativität, mit denen, wie ich glaube, die Linke wieder in Kontakt kommen muss.«[37]

Es mag sein, dass die Linke insgesamt dafür noch nicht bereit ist – und Fisher mag sein Verlangen nach Negativität in späteren Jahren etwas gezügelt haben. Doch genau wie die im Entstehen befindliche Counterculture den kommenden politischen Wandel immer wieder ankündigte, so lassen sich Lyotards Provokationen in der Musik und Kultur der Gegenwart wiederfinden. Denn was ist eine Gegenkultur, wenn nicht eine kulturelle Hegemonie, negativ aufgefasst?

Während viele gegenwärtige Beispiele zur Auswahl stehen, so sind vielleicht die Sleaford Mods die offensichtlichsten spirituellen Nachfolger dieser Tradition. Ihre Musik trieft vor Wut, dem Zusammenfluss sexueller und ökonomischer Frustration, die Lyotard in seiner kontroversen, transgressiven Theorie der Ökonomie der Libido untersucht hatte. In ihrem Song »Jobseeker« hält uns der Sänger Jason Williamson fest und spuckt uns durch den Lautsprecher an, indem er sich in einem inneren Monolog den Frust von der Seele schreit und die Worte ausspricht, die er den oberflächlich freundlichen Bürokraten beim Jobcenter gerne an den Kopf werfen würde:

> »Also, Mr. Williamson, was haben Sie denn seit unserem letzten Termin unternommen, um Arbeit zu finden?« Einen Scheiß! Ich habe zuhause rumgesessen und habe mir einen runtergeholt. Und ich wüsste gerne, warum es hier keinen Kaffee gibt. Und mein Termin war um zehn nach elf. Jetzt ist es zwölf. Und manche von euch stinkenden Schweine sollte man hinrichten. ... »Mr. Williamson, Ihr Lebenslauf sieht ziemlich imposant aus. Sie hatten schon drei leitende Positionen bei bekannten Unternehmen inne. Ist das nichts, was Sie gerne wieder machen würden?« Nee, würde nur damit enden, dass ich sie beklauen würde. Man sitzt den ganzen Tag vor einer Kasse voller Zwanziger. Auf mich ist da kein Verlass.[38]

Der Arbeitssuchende lehnt hier die ihm zugeschriebene moralisierte Rolle des glücklosen armen Schluckers ab. Es ist die Umkehr einer Figur wie etwa Daniel Blake aus Ken Loachs vielfach gelobten Film *I, Daniel Blake* von 2016. Bewusstseinsbildung findet hier nicht über den Weg des Mitgefühls statt, indem die brutale Realität des britischen Sozialstaats durch eine fiktionale Figur erzählt wird. Stattdessen erfolgt sie bei Williamson durch Aggression und Konfrontation, indem die Scham der Erniedrigung seiner Klasse in konzentrierter Form zur Waffe wird. Damit soll nicht gesagt sein, dass die Sleaford Mods Ken Loachs Methode der Bewusstseinsbildung ablehnen würden; sie zeigen uns lediglich ein invertiertes Bild der proletarischen Subjektivität auf: ausgeschlossen aus dem System, und dadurch ganz und gar in ihrem Element. »Jobseeker« füllt Lyotards »Ja der Trunkenheit des Begehrens« mit neuem Leben und unterstreicht aufs Neue, dass es ihre spannungsgeladene Unterdrückung ist, welche die Arbeiterklasse zu einer Gefahr für das System macht. *Fickt euren gutbürgerlichen Anstand! Ich habe Triebe, und ich werde ihnen folgen!*

Fishers psychedelische Vernunft ist hier weiterhin relevant. Was hier unterstellt wird, ist, dass die Ablehnung der Arbeit, wie sie etwa bei den Beatles *(»stay in bed, float upstream«)* Ausdruck findet, für die Arbeiterklasse heute leichter zu erreichen ist als jemals zuvor. Was gut für John und Yoko war, ist allemal gut genug für den arbeitslosen »Jobseeker«. Und ist es nicht umso besser, in seiner Wohnung in Grantham im Bett liegen zu bleiben statt in einer Privatsuite im Hilton Hotel?

Fisher bemerkt 2014 über die Zugänglichkeit dieses potenten Affekts in einer Rezension von zwei Alben der Sleaford Mods für *The Wire,* dass die Form der Unzufriedenheit, welche Williamson ausdrückt, »heute überall in Großbritannien zu finden ist, aber meistens privat und verborgen bleibt: Abgestumpft durch Alkohol und Drogen, oder umgeleitet in die impotente Wut von Kommentarspalten und Empörung in den sozialen Medien.«[39] Doch trotz allem ist sie »getragen von einem Klassenbewusstsein, das schmerzhaft realisiert hat, dass es nichts gibt, was diese Malaise in politische Handlungsfähigkeit verwandeln könnte.«[40] Viele Fragen bleiben offen: »Wem wird es gelingen, den Frust, den sich Williamson von der Seele schreit, aufzufangen? Wer könnte diesen negativen Affekt in ein neues politisches Projekt ummünzen?«[41] Wer könnte die chemisch abgestumpfte Unzufriedenheit bündeln und sie auf das Establishment richten?

Der hier beschriebene Frust ist jedoch nur der Zunder für eine größere Bewegung. Ist sie zur Machtlosigkeit verdammt, wenn das Feuer nicht die ganze gesellschaftliche Gruppe erfasst, für die sie spricht? Ende 2016, als Fisher mit seinen Studierenden über Lyotard spricht, über die »fabelhaft verklemmte Qualität« des Philosophen, fragt er sich jedoch, ob Lyotards wüstes Schimpfen der »fabelhaften Autonomie und Suffizienz des Textes, oder seiner Impotenz und Nutzlosigkeit« geschuldet ist. Diese Fragen suchen uns in kultureller Hinsicht heim – und dadurch unweigerlich auch in politischer. Politische Stärke muss aus kultureller Stärke erwachsen, oder wir riskieren, uns wieder in derselben negativen Rückkopplungsschleife zu finden.

Den Prozess beschleunigen

Fishers Seminar »Postcapitalist Desire«, ähnlich wie seine Einführung zu *Acid Communism,* sind vom Versuch geprägt, diese Vereinnahmung zu umgehen. Fisher stellt sich in beiden Fällen die Frage, was wirklich notwendig wäre, um endlich mit dem Kapitalismus zu brechen.

Die fünfte Sitzung legt folgende Antwort nahe: Es muss uns eine Beschleunigung jenseits des Lustprinzips gelingen, jenseits unserer Kultur der Retrospektive und Pastiche, jenseits der fortwährenden Entschärfung des Gruppenbewusstseins, jenseits des kapitalistischen Realismus. So verstanden versucht Fisher hier, seinen Studierenden eine von Grund auf neue Praxis des linken Akzelerationismus näherzubringen.

Überhaupt wird der Akzelerationismus im Seminar oft erwähnt – Fisher geht sogar so weit zu behaupten, dass der Diskurs hierzu »wahrscheinlich der größte Einfluss auf den Kurs« gewesen sei, doch aus der Perspektive von 2020 muss man anmerken, dass hier sein weiterer Kontext betrachtet werden sollte.

Der Akzelerationismus hat heute einen schlechten Ruf. Ihm haftet heute eine (vielleicht vernichtende) Assoziation mit der extremen Rechten an – am abstoßendsten ist seine Verwendung im 2019 verfassten Manifest des rassistischen Massenmörders Brenton Tarrant. Dem allgemeinen Verständnis nach besagt diese Ideologie, dass der Kapitalismus (oder der »Status quo« generell) zu einem kaum funktionalen, unhaltbaren Geflecht an Widersprüchen geworden sei. Deshalb sollten wir die Mechanismen des Kapitalismus (oder des »Status quo«) beschleunigen und sie damit ihrem unausweichlichen Zusammenbruch näherbringen. Oft wird diese Position noch vereinfachender als »es muss erst schlimmer werden, bevor es besser werden kann« wiedergegeben. Wie der Philosoph Pete Wolfendale 2015 feststellte, ist dies aber »keine Position, die jemals irgendjemand vertreten hat.«[42]

In Wahrheit übte sich der Akzelerationismus in Kritik an dem Umstand, dass alles ständig nur noch schlimmer wurde. Krisen – seien sie nun solche des Kapitalismus (wie der Crash am Finanzmarkt von 2007/08) oder politische Massenproteste (wie die Occupy-Bewegung, die darauf folgte) – führen nicht mehr zum Wandel; Negativität zerstört das Alte, aber ist nicht mehr in der Lage, Neues hervorzubringen.

Es war in diesem Zusammenhang, dass der »Akzelerationismus« – ein Begriff, den Benjamin Noys in seiner Kritik der Kontinentalphilosophie nach 1968, *The Persistence of the Negative*[43] prägte – durch Fisher aufgegriffen und – widersinniger Weise – bejaht wurde. Noys Buch war im Wesentlichen eine Kritik derkontinentalen Philosophie in Bezug auf ihre obsessive Affirmation des Negativen. Im Rückblick war es vielleicht ein Fehler von Fischer, sich diesen Begriff anzueignen, aber er ist uns im Guten wie im Schlechten erhalten geblieben und deckt nun eine bizarre Mischung verschiedener, teils widersprüchlicher Positionen ab.

Man könnte behaupten, dass Fisher den Begriff von Noys gekapert habe, um aufzuzeigen, dass dessen im Grunde gutmütiger Versuch, Ordnung in das Gewirr der Negationen und Affirmationen zu bringen, der falsche Weg war. Statt wie Noys zu versuchen, das Chaos zu entflechten, bejahte Fisher es aus allen Blickwinkeln, als sei Noys' Projekt selbst eine Reifikation des Negativen – eine Fortführung der gleichen Problematik, die es eigentlich kritisieren will. Fisher hatte dennoch ein Gespür dafür entwickelt, dass die negative Rückkopplungsschleife aus Affirmationen und Negationen den Hauptgrund für das »Feststecken« des 21. Jahrhundert darstellte, was er in seinen Betrachtungen zu Derridas *Hauntology* untersuchte.

Tatsächlich entstammt der Online-Diskurs zum Akzelerationismus explizit der Periode um den Finanzcrash von 2007/08, einer Situation, in welcher die Linke und ihre Protestbewegung unfähig schienen, einen echten Wandel herbeizuführen. Während sich Noys hauptsächlich Gedanken dazu machte, warum die Negativität in der Philosophie nicht zu überwinden möglich schien, war Fisher darauf fokussiert, in welche politische Krise sie geführt hatte. Seine akzelerationistischen Schriften befassen sich mit der Frage, wie diese Krise überwunden werden könnte.[44]

Fisher und andere betrachteten den Akzelerationismus, der hyperaktive Cousin der *Hauntology*, als Analyse des immer schneller voranschreitenden technologischen Wandels im Kapitalismus, sowie dessen Auswirkungen auf die kulturelle Produktion und unsere Subjektivitäten.[45] Diese akzelerationistischen Theoretikerinnen stellten die Beobachtung auf, dass sich zwar der Kapitalismus immer schneller weiterentwickelt, die Subjekte der Gegenwart aber mit dem System, in welchem sie sich befinden, nicht mehr mithalten können. Als Resultat stagniert die Kultur und übt einen Bremswiderstand auf das System selbst aus, welches reagiert, indem es unsere Sehnsüchte durch oberflächlichen Spaß ruhigstellt und uns dazu verdammt, am Ende der Geschichte dahinzusiechen. Die kontinentalen Philosophen, die Noys kritisiert, waren vielleicht nicht in der Lage, diesen postmodernen Zustand aufzubrechen, aber für Fisher war es nutzlos, ihnen hierfür die Schuld zuzuschreiben. Denn niemand kam einer philosophischen Beschreibung unserer Eingehegtheit in einem Zustand, den Fisher später als »rasenden Stillstand«[46] beschrieb, näher.

Die meisten Kritiken des Akzelerationismus nehmen Noys' ursprüngliche Argumentation heute als Ausgangspunkt. Den Theorien, die er kritisch ins Auge fasste, schrieb er den Glauben daran zu, dass »wenn der Kapitalismus seine eigene Auflösung verursacht, es notwendig ist, den Kapitalismus selbst zu radikalisieren: Je schlimmer, desto besser.«[47] Dies bezeichnete er als die akzelerationistische Tendenz der Kontinentalphilosophie; eine Tendenz, die von der extremen Rechten dazu herangezogen wird, um einen »Rassenkrieg« zu rechtfertigen. Mit seiner Aussage, niemand habe jemals tatsächlich diese Position vertreten, wollte Pete Wolfendale klarstellen, dass der Akzelerationismus seiner Auffassung nach »nicht zum Ziel hat, die Zuspitzung der Widersprüche des Kapitalismus zu beschleunigen. Was auch immer beschleunigt wird, und darüber gibt es schwerwiegende und signifikante Differenzen, es sind nicht die Widersprüche, und welche Transition diese Beschleunigung auch herbeiführen soll, der gesellschaftliche Zusammenbruch ist damit jedenfalls nicht gemeint.«[48]

Heute fallen diese Einwände gegen das Cliché des Akzelerationismus zu oft auf taube Ohren. Die Reduzierung von Noys' Kritik an der Kontinentalphilosophie auf diesen Punkt hat sich, zumindest in Bezug auf die allgemeine Auffassung des Akzelerationismus, leider durchgesetzt.

Wiedereinstieg in die Geschichte

Wenn wir uns die weitere Lektüre für das Seminar zu »Postcapitalist Desire« ansehen, könnten wir zu dem Schluss geraten, dass

Fisher den Verlauf der Geschichte selbst beschleunigen will. Wir könnten zum Beispiel Francis Fukuyamas berühmten Text von 1992, *Das Ende der Geschichte* [Englisch: *The End of History and the Last Man*], heranziehen, in dem nicht das Ende von Geschehnissen in der Welt angekündigt wird, wohl aber der schlussendliche ideologische Sieg des Kapitalismus – dessen Nebenprodukt die vollumfängliche Verdinglichung der Geschichte und unsere gegenwärtige Gefangenschaft und Heimsuchung durch die Geister der Vergangenheit sind.

Diese Frage bestimmt die dritte Sitzung des Seminars, in welcher sich Fisher den 1923 erschienen Text *Geschichte und Klassenbewusstsein* des ungarischen Philosophen György Lukács vornimmt. Fishers Fokus liegt auf der zweiten Hälfte des Titels, doch Lukács unterscheidet zwischen einem fortwährenden Prozess der Bewusstseinsbildung und einem unmittelbar gegebenen – das heißt oberflächlichen und unveränderlichen – Verständnis des eigenen Platzes in der Geschichte. Schließlich wissen wir, dass Geschichte von den Siegern geschrieben wird. Für Lukács war die Verdinglichung der Geschichte eine der Hauptstrategien des Kapitalismus zur Erhaltung seiner Vorherrschaft. Er schreibt:

> Ist also die Verdinglichung die notwendige unmittelbare Wirklichkeit für einen jeden im Kapitalismus lebenden Menschen, so kann ihre Überwindung keine andere Form annehmen als die ununterbrochene, immer wieder erneute Tendenz, durch konkrete Beziehung auf die konkret zutage tretenden Widersprüche der Gesamtentwicklung, durch Bewußtwerden des immanenten Sinnes dieser Widersprüche für die Gesamtentwicklung die verdinglichte Struktur des Daseins praktisch zu durchbrechen.[49]

Viele Anhängerinnen des Akzelerationismus glauben, es ginge darum, die Widersprüche zuzuspitzen. Doch dies ist nicht der Fall. Wie Lukács anmerkt, müssen wir die Totalität der Widersprüche erst verstehen, bevor wir anders handeln können. Dieses Argument greift wiederum Fishers psychedelische Vernunft voraus. Wie Lukács schreibt, müssen wir uns daran erinnern, dass die Geschichte wandelbar ist. Sie ist nicht, wie seit Hegel angenommen worden war, »Schranke der Erkennbarkeit«[50].

Für Lukács bedeutet dies, dass die menschliche Geschichte und die Naturgeschichte grundverschieden sind. Unsere Geschichte ist ideologisch von unserer Position in der Gegenwart beeinflusst; auf die geologische Geschichte trifft dies – wenn man von aktuellen Debatten über das »Anthropozän« absieht –, nicht zu. Die Ereignisse der menschlichen Geschichte – unsere Kriege, Wahlen, unsere Kultur – sind keine Fossile, die in den geologischen Schichten der Erde abgelagert sind – obwohl der Kapitalismus möchte, dass wir dies denken.[51]

Im Gegenteil, die Geschichte ist nicht das, was in der Vergangenheit liegt, sondern was hier und heute geschieht. Die Geschichte ist der Prozess unserer Selbstwerdung, und um dies zu erfüllen, muss sich auch die Geschichte selbst weiterentwickeln. Lukács schreibt, dass es »eben in der Geschichte, im geschichtlichen Werden, im ununterbrochenen Entstehen des qualitativ Neuen, und nur hier« möglich sei, »jene vorbildliche Ordnung und Verknüpfung der Dinge«[52] vorzufinden.

Geschichte passiert für ihn nur, wenn sich Dinge verändern. Und wer hat die wahre Macht, dies zu erreichen? Nur das Proletariat. Die Geschichte – das heißt, die wahre Geschichte – »ist gerade die Geschichte der ununterbrochenen Umwälzung der Gegenständlichkeitsformen, die das Dasein des Menschen gestalten«[53]; sie ist »vielmehr einerseits das – freilich bisher unbewußte – Produkt der Tätigkeit der Menschen selbst, andererseits die Aufeinanderfolge jener Prozesse, in denen sich die Formen dieser Tätigkeit, diese Beziehungen des Menschen zu sich selbst (zur Natur und zu den anderen Menschen) umwälzen«[54].

Das Problem an unserem gegenwärtigen postmodernen Moment ist aber, dass wir nur schwer erfassen können, inwieweit die Arbeiterklasse es, grob gesagt, durchaus *mag*, wenn die Geschichte verdinglicht bleibt, und sich in der Gewissheit ihrer Narrativs und der statischen Lesbarkeit unserer Existenzen *wohlfühlt*. Dieser Umstand ist vor allem für Lyotard relevant, der als Figur sowohl in Noys' Kritik als auch Fishers Affirmation des Akzelerationismus eine wichtige Rolle spielt.

Wolfendale demonstriert in seinem Artikel, dass, indem er einige der zentralen philosophischen Annahmen der umstrittenen Theorie darlegt, Lyotards »Versuch, Marxismus und Psychoanalyse zu kombinieren, zwar viele Schwierigkeiten mit sich bringt [...], aber dennoch eine wichtige Problematisierung der Begriffe des Begehrens und der Entfremdung liefert.«[55] Lyotard argumentiert, so Wolfendale, »dass es keine reine, authentische, oder natürliche präkapitalistische Lebensform gibt, zu der wir zurückkehren könnten«, und dass wir deshalb »die Formen des Lebens und Begehrens, die unter dem Kapitalismus entstanden sind, nicht einfach aufgrund dieses Umstands ablehnen dürfen«.[56] Louise Menschs zynische Kritik wird hierbei dreißig Jahre vorweg antizipiert und zurückgewiesen. Doch welchen Weg wir von diesem Ausgangspunkt einschlagen sollten, wird weiterhin lebhaft debattiert; wie eine postkapitalistische Gesellschaft aussehen wird, bleibt abzuwarten. Wolfendale sagte die Spaltung des akzelerationistischen Online-Diskurses, die Mitte der 2010er Jahre erfolgte, bereits voraus, als er schrieb, dass

> »Spekulation über diese Themen in ein perverses Abfeiern der destruktiven und unterdrückerischen Tendenzen des Kapitalismus abgleiten kann (wie bei Lyotard). Doch ebenso kann darauf ein Ruf nach einem umfänglicheren Verständnis dafür erfolgen, wie wir unser Begehren und uns selbst konstruieren (wie bei Foucault), eine ehrliche Bestandsaufnahme, die sich weigert, in einem nostalgischen falschen Bewusstsein gefangen zu bleiben, welches sich so oft ungebeten in den linken Diskurs einschleicht.«[57]

Hier taucht Fischers psychedelische Vernunft wieder auf. Der Akzelerationismus – zugegeben, eine ziemlich diverse Denkschule – verhandelt, wie ein von der Unwirklichkeit der kapitalistischen Moderne belagertes Bewusstsein immer noch – wie Spinoza erklären würde – tatsächlich existierende menschliche Freiheit erschaffen kann.

Für Lukács ist offensichtlich, was zu tun ist. Wenn Akzelerationisten argumentieren, dass »der einzige Ausweg hindurch führt«, meinen sie damit, dass wir uns in der Zeit und der Geschichte nur vorwärts bewegen können. Es gibt keinen Rückweg in die verdinglichte Vergangenheit. Jeglicher Versuch, dorthin zurückzufinden, würde bedeuten, das Schicksal, das die Ideologinnen des Kapitalismus für uns vorgesehen haben, zu akzeptieren. So wenig sich die verschiedenen Strömungen des Akzelerationismus sonst einig sind, so stellen sie doch alle fest, dass der Prozess, der im Lukács'schen Sinn beschleunigt werden soll, die Geschichte selbst ist.

Was würde Mark Fisher tun?

Leider wurde das Versprechen einer weiteren Ausführung dieser Überlegungen durch Mark Fisher nie eingelöst. Nach den Weihnachtsferien 2016 sollte die Vortragsreihe im neuen Jahr nicht wieder aufgenommen werden. Sein letzter Vortrag über Lyotard liest sich deshalb mit einer gewissen Wehmut. Wenig wird aufgelöst, aber nur aus den ersten fünf uns vorliegenden Vorträgen erschließt sich uns ein neues Wissen – und ein neues Bewusstsein – über die Zustände, in denen wir leben, und in vielerlei Hinsicht schon immer gelebt haben.

Der sechste Vortrag des Seminars sollte sich mit der autonomen Bewegung im Italien der späten 70er Jahre beschäftigen. Fischer bat seine Studierenden darum, ein Kapitel aus Nicholas Thoburn Buch *Deleuze, Marx and Politics* von 2003 zu lesen. Obwohl sich Fisher auf das fünfte Kapitel des Buchs konzentrieren wollte – das sich mit den politischen Implikationen der Arbeitsverweigerung beschäftigt – ist es dennoch interessant, dass sich Thoburn ebenfalls mit den unverwirklichten Plänen eines großen Denkers beschäftigt.

Vor seinem Tod im Jahr 1995 hatte Gilles Deleuze angekündigt, dass sein letztes Buch den Titel *Grandeur de Marx* tragen würde. Dieser Titel hat etwas Rätselhaftes an sich, denn Deleuzes scheinbar unorthodoxer Marxismus plagt die politische Rezeption seines Werks in den Augen vieler Wissenschaftlerinnen. Dennoch betont Thoburn, das unerfüllte Versprechen einer finalen Beschäftigung mit Marx »hinterlässt Deleuzes Werk in einer gebührenden Offenheit und stellt ein interessantes Rätsel dar«.[58]

> Wie kommt es, dass dieser Philosoph der Differenz und Komplexität – für den Resonanz, statt erklärender Argumentation, die Basis philosophischer Auseinandersetzung darstellte – vorhatte, ein Buch über die »Größe« von Marx zu schreiben? Éric Alliez greift diese Frage auf [und argumentiert]: »Es wird deshalb klar, wie bedauernswert es ist, dass Deleuze sein letztes geplantes Werk nie schreiben konnte…« Aber dieses Bedauern ist keinesfalls unproduktiv. Denn, so Alliez, das fehlende Buch kann uns neue Beziehungen zu Deleuzes Schriften erschließen. Durch seine Abwesenheit wird eine Auseinandersetzung mit dem »virtuellen Marx« in Deleuzes Texten ermöglicht.[59]

Das Gespenst des *Acid-Kommunismus* sucht Fishers Werk auf dieselbe Weise heim. Dies war auch der Grund, warum die fünf Vorträge des Seminars in dieser Form gesammelt und veröffentlicht wurden. Sie können als reichhaltige Werkzeugkiste für Neugierige dienen und zu einer Auseinandersetzung mit dem »virtuellen Kommunismus«, den Fisher im Sinn hatte. Fisher selbst hatte nicht die Intention, seine Überlegungen in dieser Form zu publizieren. Da seine Werke inzwischen aber für alle möglichen Projekte herangezogen werden, gibt es wohl keine bessere Person, um seine Position klarzustellen, als er selbst – und diese Klärung ist auch sicherlich notwendig.

Gegen Ende des Jahres 2017 versammelte sich unter dem Banner des »Acid-Kommunismus« in Großbritannien eine Fraktion der *»soft left«* mit direkten Verbindungen zur Labour Party in einem Versuch, einen wiedererstarkenden demokratischen Sozialismus durch eine ausgeprägte Hippie- und Rave-Nostalgie weiter zu unterfüttern. Sie gingen sogar so weit, für eine erneute Auseinandersetzung mit den Elementen der Hippie-Kultur zu werben, denen Fisher am meisten misstraute. Später gab man sich das Label »Acid Corbynismus«, um noch deutlicher Bezug auf die Tagespolitik zu nehmen. Zwar blieb diese Bewegung vielen von Fishers wichtigsten Zielen treu, wie etwa der Schaffung eines neuen kollektiven Bewusstseins, ihr hafteten aber auch viele der Eigenschaften an, in denen Fisher Hindernisse für die Entstehung einer neuen Gegenkultur sah.[60]

Letztlich ignorierte diese Bewegung die zentrale Problematik seines Gesamtwerks: Die Krise des Negativen. Denn kollektiver Genuss ist ein oberflächlicher Trost für individualisierte Melancholie, wenn aus beidem nichts Neues erwächst. Wir müssen Wege finden, wie wir in beides intervenieren können, in ihre verstrickte Totalität, denn nur so kommen wir voran. Jeder posthume »Acid-Kommunismus«, der dieses Spannungsverhältnis außer Acht lässt, das den Kern von Fishers dialektisch-psychedelischem Projekt bildet, ist dazu verurteilt, wenig mehr als »volkstümliche Politik« zu bleiben – und nach den ersten fünf Vorträgen seines Seminars zu urteilen, hatte Fisher seiner Leserinnenschaft sehr viel mehr zu bieten.

In diesem Sinne ist es unsere Hoffnung, dass diese Vorträge eine nützliche Ressource bieten, um den Acid-Kommunismus auf eine neue Basis zu stellen, die bisher nicht verfügbar war. Es ist erstaunlich, dass das Interesse am Acid-Kommunismus auf so wenig und vor allem so unvollständigem Material gründet – was von der Klarheit von Fishers Entwürfen zeugt, um nicht von seinen fertigen Texten zu sprechen. Obwohl man die hier gesammelten Texte ebenfalls als »Entwürfe« bezeichnen könnte, bieten sie dennoch sehr viel mehr als eine Einführung. Vor uns liegt stattdessen ein (teilweise) entrollter Ariadnefaden – und wir sind dazu eingeladen, ihn in Fishers Abwesenheit weiter zu entrollen.

Vielleicht mögen manche von dieser Vorstellung irritiert sein. Es ist zweifelsohne Fishers Talent als ein Pfadfinder – vielleicht sogar als Nachsteller – in den seltsamen und unheimlichen Zonen des Kapitalismus – das seit seinem Tod zu einem wachsenden Interesse an seinem Werk geführt hat. Selbst von denen, die sein Denken vor 2017 gar nicht kannten, hört man immer wieder dasselbe: »Wäre doch nur Mark Fisher noch unter uns!« – um uns Orientierung zu bieten, uns zu informieren, uns Selbstvertrauen zu geben und uns zum Lachen zu bringen.

Jedenfalls ist offensichtlich, dass die Fragen, die Fisher an Lyotard und die Sleaford Mods stellte, für sein eigenes Projekt relevant bleiben, wie auch für alle, die sich von seinem Werk inspirieren haben lassen. Wer wird die Wut und die Frustration, die er artikulierte, aufgreifen? Wer wird die Freude und Energie, die er zum Ausdruck brachte, ebenfalls neu hervorrufen? Dies wird nicht individuell, sondern nur kollektiv möglich sein. Fisher selbst wird dies nicht leisten können; es bleibt eine Aufgabe für eine Bewegung, die es noch nicht gibt.

Anmerkung zum Text

Die fünf vorliegenden Vortragstranskripte wurden auf Grundlage von Tonaufnahmen erstellt, die von Nace Zavrl zu Verfügung gestellt wurden.

Den Leserinnen begegnet hier ein neuer Fisher, der den meisten so nicht vertraut sein wird. Er experimentiert, entwickelt seine Argumentation in Echtzeit, und versucht, seine Studierenden zu überzeugen und ihr Bewusstsein dafür zu entwickeln, dass eine andere Welt möglich ist. Dies ist der ungeschliffene Fisher in seinem Element. Er referiert ausschweifend über eine ganze Reihe von Themen und schafft es, seinen Studierenden komplexe Begriffe näherzubringen. Es ist einleuchtend, dass Mark seine Ideen zum Acid-Kommunismus auch in diesem Kontext entwickelte. *Capitalist Realism* war ebenfalls implizit als Lektüre für seine Schülerinnen des Abschlussjahrgangs an der Oberschule, an der er Mitte der 2000er unterrichtete, gedacht, in der Hoffnung, sie aus ihrer machtlosen Apathie zu reißen. Mark wollte eine neue Generation, oder vielleicht dieselbe Generation ein Jahrzehnt später, mit Werkzeugen ausstatten, um die Oberflächlichkeit des erzwungenen Individualismus, der Gefangenschaft des Touchscreens und endlosen Rackerei zu durchbrechen.

Da diese Vorträge an einer modernen Universität aufgenommen wurden, sind die Aufnahmen immer wieder durch die Geschehnisse im Seminarraum durchzogen. Diese Unterbrechungen wurden beibehalten, um aufzuzeigen, wie Mark sie in seinen Gedankengängen aufgriff, zwischen Referenzen hin- und hersprang, und verlorene Stränge später wieder aufgriff. Dennoch wurde der Inhalt dahingehend bearbeitet, um die Auswirkungen dieser Störungen auf die Lesbarkeit des Texts zu begrenzen. Ansonsten wurde versucht, dem gesprochenen Wort möglichst treu zu bleiben, selbst wenn dabei eigentümliche Formulierungen entstanden. Marks Stimme sollte, soweit möglich, erhalten bleiben, und, was wichtiger ist, um den klaren, dynamischen und improvisatorischen Vortragsstil, für den ihn seine Studierenden so schätzten, zu vermitteln.

Bei anderen Projekten dieser Art werden solche Inkonsistenzen und Unterbrechungen normalerweise übersprungen oder korrigiert, doch da es sich bei dieser Vortragsreihe um ein unvollendetes Werk handelt, ein »offenes Experiment«, wie es Mark formulierte, sollte auch die Atmosphäre dieser Montagmorgen erhalten bleiben. Diese waren unverwechselbar, vielseitig und mäandernd – aber alles andere als trist. Die Identität der Studierenden wurde anonymisiert, um ihre Privatsphäre zu achten. Eine vollständige Literaturliste des Seminars findet sich in Anhang Eins. Fußnoten erhalten detailliertere Referenzen. Zusätzliche Fußnoten enthalten weitere Hinweise und Erläuterungen – wie etwa präzisere Hinweise auf Lektüre, die im vorübergehenden erwähnt wird, und den Inhalt von Folien, vor allem zur Einführungsveranstaltung. Des Weiteren finden sich dort Kommentare, die den Lesefluss ansonsten unterbrechen würden.

Endnoten

1 Mark Fisher, »k-punk, or the glampunk art pop discontinuum« in k-punk: *The Collected and Unpublished Writings of Mark Fisher (2004-2016)*, hrsg. v.. Darren Ambrose. London: Repeater Books, 2018, 273.

2 Ebd., 275.

3 Mark Fisher, »Megalithic Astropunk«, *Hyperstition* blog, 6. Februar 2005: http://hyperstition.abstractdynamics.org/archives/004932.html

4 Mark Fisher, »Why Burroughs is a Cold Rationalist«, *k-punk* blog, 29. August 2004: http://kpunk.abstractdynamics.org/archives/004035.html

5 Mark Fisher, »Psychedelic Reason«, *k-punk* blog, 19. August 2004: http://k-punk.abstractdynamics.org/archives/003926.html

6 Mark Fisher, »Emotional Engineering«, *k-punk* blog, 3. August 2004: http://k-punk.abstractdynamics.org/archives/003767.html

7 Ebd..

8 Ebd..

9 Fisher, »Psychedelic Reason«.

10 Ebd.

11 Ebd.

12 Fisher, »k-punk, or the glampunk art pop discontinuum«, 275.

13 Ebd., 275–276.

14 Man denke beispielsweise an das seltsame Schicksal des Albums *Sgt. Pepper's Lonely Hearts Club Band* der Beatles aus dem Jahr 1967. Viele brachten diese maximalistische Studioaufnahme weiterhin als revolutionären Moment für die Popmusik. Doch in den Augen politisch bewussterer Kritiker ist seine überquellende Energie mit dem Ende der Counterculture versiegt. Andere meinten, dass es durch die Ereignisse im Mai 1968, fast unmittelbar nach seinem Erscheinen, bereits veraltet war.

15 Mark Fisher, »Acid Communism (Unfinished Introduction)«, *k-punk*, 759. [eigene Übersetzung]

16 Mark Fisher, »Portmeirion: An Ideal for Living«, *k-punk*, 120. [eigene Übersetzung]

17 Ebd., 770. [eigene Übersetzung]

18 Ebd.. [eigene Übersetzung]

19 Eine unvollständige, fiktionalisierte Schilderung des Seminars findet sich

hier: Colquhoun, Matt, »Experiments in the Summoning of an AxSys Demon (Part 0)«, *Vast Abrupt*, 2. März 2018: https://vastabrupt.com/2018/03/02/experiments-in-the-summoning-of-an-axsys-demon-part-0/.

Siehe auch: Reza Negarestani, Cyclonopedia: *Complicity with Anonymous Materials.* Victoria: re.press, 2008.

20 Mark Fisher, »Postcapitalist Desire« in *What Are We Fighting For: A Radical Collective Manifesto,* hrsg. v. Federico Campagna and Emanuele Campiglio. London: Pluto Books, eBook, 2012, 328–329.

21 Ebd., 330.

22 Ebd.

23 Nick Land, »Machinic Desire« in Fanged Noumena: *Collected Writings 1987–2007.* Falmouth und New York: Urbanomic; Sequences Press, 2011, 339.

24 Ebd., 343.

25 Mark Fisher, »'A social and psychic revolution of almost inconceivable magnitude': Popular Culture's Interrupted Accelerationist Dreams«, *e-flux,* Juni 2013: https://www.e-flux.com/journal/46/60084/a-social-and-psychic-revolution-of-al-most-inconceivable-magnitude-popular-culture-s-interrupted-accelerationist-dreams/ [eigene Übersetzung]

26 Mark Fisher, »Exiting the Vampire Castle«, *k-punk,* 738–739.

27 Mark Fisher, »Mommy, What's a Grey Vampire?«, *k-punk* blog, 21. Juni 2009: http://k-punk.abstractdynamics.org/archives/011192.html

28 Fisher, »Exiting the Vampire Castle«, 739.

29 Fisher, »No Romance Without Finance«, *k-punk,* 421.

30 Siehe: Mark Fisher, *Capitalist Realism: Is There No Alternative?,* London: Zer0 Books, 2009, 66.

31 Fisher, »No Romance Without Finance«, 420. [eigene Übersetzung]

32 Fisher, »Classless broadcasting: Benefits Street«, *k-punk,* 237.

33 Die moralisierenden Tendenzen von *Benefits Streets* und ähnlichen Erzählungen scheinen in den letzten Jahren außer Mode gekommen zu sein. Trotzdem bleibt der bürgerliche Blick auf die Gesellschaft die Norm, selbst in Fernsehserien, die sich als progressiv geben. So zum Beispiel im Reboot von *Queer Eye for the Straight Guy* – nunmehr nur noch bekannt als *Queer Eye* –, das sich selbst in der Rolle gefällt, gesellschaftliche Konventionen herauszufordern. Doch die sogenannten »Fab 5« vermitteln die Werte der Wellness und Selfcare, die inzwischen zum Kern der Etikette der Mittelklasse gehören. Klasse kommt in der Show praktisch nicht vor.

34 Jean-François Lyotard: *Ökonomie des Wunsches.* Übersetzt von Gabriele Ricke und Ronald Voullié. Implus-Verlag, Bremen, 1984, 174. Englische Übersetzung *Libidinal Economy* von Iain Hamilton Grant. Bloomsbury Academic, London und New York, 2015, 128.

35 Ebd., 168.

36 Mark Fisher, »Terminator Versus Avatar« in *#ACCELERATE*: The Accelerationist Reader, hrsg. v. Robin Mackay und Armen Avanessian. Falmouth und Berlin: Urbanomic; Merve, 2014, 339.

37 Ebd., 340.

38 Sleaford Mods, »Jobseeker«, The Mekon (A52 Sounds, 2008); *Chubbed Up: The Singles Collection* (Ipecac Recordings, 2014).

39 Mark Fisher, »Review: Sleaford Mods' Divide and Exit and Chubbed Up«, *k-punk*, 413.

40 Ebd.

41 Ebd.

42 Pete Wolfendale, »So, Accelerationism, What's All That About?«, *Deontologistics* blog, 18. Februar 2018: https://deontologistics.wordpress.com/2018/02/18/ofta-so-acceler-ationism-whats-all-that-about/

43 Siehe: Benjamin Noys, *The Persistence of the Negative: A Critique of Contemporary Continental Theory.* Edinburgh: Edinburgh University Press, 2012.

44 Der Begriff der Krise des Negativen stammt vom Philosophen Alain Badiou, der in einem Interview von 2007 argumentierte: »Im Gegensatz zu Hegel, für den die Negation des Negativen eine neue Affirmation erzeugt, müssen wir heute darauf bestehen, dass die Negativität an sich nichts Neues erzeugt. Sie zerstört selbstverständlich das Alte, aber es entsteht dabei nichts Neues.« Seitdem können wir Fishers Schriften zum Akzelerationismus und zur *Hauntology* nicht als parallele Interessen, sondern als gemeinsames Unterfangen begreifen. Während *Hauntology* die Krise untersucht, versucht der Akzelerationismus, sie zu lösen. Siehe: Badiou, Alain, Smith, Jason, und del Luchesse, Filippo, »We Need a Popular Discipline: Contemporary Politics and the Crisis of the Negative — Interview with Alain Badiou«, *Lacanian Ink*, 7 February 2007: https://www.lacan.com/baddiscipline.html

45 Für eine weitergehende Analyse der inhärent produktiven Natur von Fishers *Hauntology* siehe: Matt Colquhoun, »Music Has The Right To Children: Reframing Mark Fisher's Hauntology«, *The Quietus*, 15. März 2020: https://thequietus.com/articles/27968-matt-colquhoun-egress-mark-fisher-hauntology-essay

46 Dieser Begriff wurde ursprünglich durch den französischen Philosophen Paul Virilio geprägt (Anm. d. Übers.)

47 Noys, Benjamin, *The Persistence of the Negative: A Critique of Contemporary Continental Theory*. Edinburgh: Edinburgh University Press, 2010, 5. [eigene Übersetzung]

48 Wolfendale, »So, Accelerationism, What's All That About?«

49 Georg Lukács: *Geschichte und Klassenbewusstsein. Studien über marxistische Dialektik.* Malik-Verlag, Berlin, 1923, 182 .

50 Ebd. 142.

51 Deleuze und Guattari haben die Besonderheiten dieser Geschichtsauffassung und ihre Auswirkungen auf unser Verständnis der modernen Subjekts und seiner Werte bekanntermaßen eingehend analysiert. Siehe: Gilles Deleuze und Félix Guattari, »10,000 B.C.: The Geology of Morals (Who Does the Earth Think It Is?)« in *A Thousand Plateaus.* London: Bloomsbury Academic, 2013.

52 Lukács: Geschichte und Klassenbewusstsein, 143.

53 Ebd. 174.

54 Ebd. 173f.

55 Wolfendale, »So, Accelerationism, What's All That About?«

56 Ebd.

57 Ebd.

58 Nicholas Thoburn, *Deleuze, Marx and Politics*. London: Routledge, 2003, 1.

59 Ebd.

60 Für weitere Ausführungen zum »Acid Corbynism«, siehe: Casper Hughes, »Why Acid Corbynism is the new counterculture we need«, *The Independent*, 28. Februar 2018: https://www.independent.co.uk/voices/acid-corbynism-labour-jeremy-corbyn-counter-culture-a8231936.html

Erster Vortrag
Was ist Postkapitalismus?

7. November 2016

Mark Fisher: ... Lasst uns einfach die Struktur einmal durchgehen, wie ich sie mir im Moment vorstelle. Wie gesagt, ihr könnt gerne dazu beitragen und sie mitgestalten – dieser Kurs ist ein offenes Experiment, das jetzt beginnt ...

Okay, zu Beginn wollte ich euch die negative Inspirationsquelle für diesen Kurs zeigen, indem ich euch drei Videos vorspiele, aber ich muss sie gleichzeitig erklären, weil der Sound aus irgendeinem unerfindlichen Grund nicht funktioniert.

(Fisher zeigt den Werbespot von Apple zum Superbowl von 1984, in welchem eine Frau in bunter Sportbekleidung, die von Sicherheitskräften in voller Montur verfolgt wird, einen Vorschlaghammer in einen gigantischen Bildschirm wirft, vor dem eine Armee an ausdruckslosen, grauen Arbeiterdrohnen sitzt. Die Szene erinnert an die Reden des Großen Bruders in George Orwells 1984. *Am Schluss des Werbespots wird verkündet: »Am 24. Januar wird Apple Computer den Mcintosh vorstellen, und Sie werden sehen, warum 1984 nicht wie* 1984 *sein wird«.*[1]*)*

Das ist das erste Video – erkennt es jemand wieder? Hat es irgendjemand schon einmal gesehen? (*Allgemeines Gemurmel*) Ja, es kommt in dem Film über Steve Jobs vor, nicht wahr? Hat es jemand davor schon einmal gesehen? Ja? Wo hast du es gesehen?

Studierende #1: Also, ich habe den Steve-Jobs-Film nicht gesehen...

MF: Oh, du hast den Film also nicht gesehen...

Studierende #1: ... Aber ich glaube, jemand hat es auf Facebook oder so gepostet. Ich kann mich an den Kontext nicht erinnern, ich weiß nur, dass es ein Apple-Werbespot zum Superbowl war.

MF: Ja, es lohnt sich definitiv, sich ihn später nochmal mit Ton anzusehen... Wie ich bereits erwähnte, funktioniert er leider im

Moment nicht... Das Bild selbst erzählt hier die Geschichte. Ich stelle oft die polemische Behauptung auf: »Dies ist der einflussreichste Film der letzten fünfunddreißig Jahre«. Er wurde von... Weiß jemand, wer der Regisseur war?

Studierende #2: Ridley Scott.

MF: Ja, es war Ridley Scott, und man sieht es auch, oder? Stilistisch ist es sehr nah an seinen neueren Filmen. Er hatte mit *Alien* und *Blade Runner* die Mainstream-Science-Fiction aus Hollywood neu definiert, von '79 bis '82, glaub' ich, und der Spot ist zwei Jahre später erschienen. Ich glaube wirklich, dass es seitdem sein bester Film ist. Wahrscheinlich sein einziges Werk von Bedeutung seit damals.

Er hat damit viele Bilder fest in unserer Vorstellung verankert: Die Idee von *top-down,* bürokratischen Kontrollsystemen, welche der Dynamik vernetzter Individuen und ihrer Sicht auf die Welt gegenübergestellt wird.

Was wirklich clever ist – oder wenigstens bemerkenswert, glaube ich – ist, dass es sich bei allen Formen von Werbung um eine Art von Traumarbeit handelt – Traumarbeit, wie Freud sie beschreibt, bedeutet die Gleichsetzung, Komprimierung und Kondensation verschiedener Ideen. Alles, was hier geschieht, wenn ihr euch die Bildsprache anschaut, ist, dass die Bilder des Kalten Kriegs kondensiert werden – und keiner von euch ist alt genug, um sich wirklich daran zu erinnern, außer an historische Darstellungen, glaube ich – vor allem Bilder, die wir mit der Sowjetunion in Verbindung bringen; negative Vorstellungen von Trostlosigkeit und der bürokratischen Unterordnung von Individuen.

Wenn ihr euch den Film anseht, dann stapfen diese grauen Drohnen umher und werden dabei letztlich durch Top-Down-Kommandos des sprechenden Kopfes kontrolliert, ein klarer Verweis auf Orwells *1984* (Orwells Nachlass war überhaupt nicht begeistert von diesem Werbespot, aber das ist eine andere Geschichte, die wir jetzt einmal beiseite lassen[2]). Diese Bildsprache, die seit langem mit dem Sowjetblock in Verbindung gebracht wird, wird hier mit Bildern über große IT-Konzerne wie IBM verknüpft, die damals die Welt der Datenverarbeitung dominiert haben.

Apple positioniert sich hier als ein Emporkömmling, als farbenfrohe Intervention in diese graue, trostlose, bürokratische Welt. Apple ist neu. Und es ist weiblich, was interessant ist. Es ist die Farbe, die in die graue Welt der bürokratischen Monolithe interveniert, wo IBM, durch die Traumarbeit der Werbung, zum Äquivalent der Sowjetunion wird. Dies ist also die neue Welt, welche im Begriff ist, aus diesem monolithischen, trüben, grauen, langweiligen System der Kontrolle auszubrechen. Und das ist auch, was passiert ist! Auf seine Art war der Spot prophetisch, und mehr als das: Man kann sagen, dass hier Hyperstition[3] betrieben wird. Der Zustand, welcher hier beschrieben wird, wird zugleich auch miterschaffen.

Aus meiner Sicht ist hier vor allem interessant, dass sich ein Problem des Begehrens für das Kapital zeigt. Die Sache mit der Bildsprache des Kalten Kriegs ist ja, dass sie suggeriert, dass es kein wirkliches Begehren für... oder besser gesagt, es gibt *nur* das Begehren für den Kapitalismus. Die kommunistische Welt, wie auch IBM und die damals vorherrschende Welt der Konzerne, ist langweilig und trüb, und deshalb ist sie abzulehnen! Die neue kapitalistische Welt wird aber ganz anders. In der neuen kapitalistischen Welt wird es um das Begehren gehen, anders als in der kommunistischen Welt.

Auch deshalb interessiert mich der Spot. Ich lade die PowerPoint

[Präsentation] später auf VLE[4] hoch, sodass ihr euch das später mit Ton anschauen könnt. Es gibt einfach dauernd diese verdammten technischen Probleme – das widerlegt auch sofort die These: dass Apple und Microsoft so glatt und funktional seien. Wir haben jetzt fünf Minuten damit verbracht, und wir können sehen, dass das nicht der Fall ist (*Lachen*). Also ich kann keinen Grund erkennen, warum der Ton nicht funktionieren sollte, aber er tut es einfach nicht.

Gut, das Zweite, was ich zeigen wollte, ist ebenfalls ein Werbespot, aus der gleichen Zeit, glaube ich. Hat ihn jemand schon einmal gesehen? *(Mark spielt »Levi's 1984 Russia«*[5]*, währenddessen beschreibt er die Handlung: Ein nervöser Mann passiert bei der Einreise die Grenzkontrolle, ein sowjetischer Grenzbeamter durchwühlt seinen Koffer und findet dabei westliche Zeitschriften. Sein Vorgesetzter unterbricht ihn, und sie erlauben dem Mann die Einreise. Mit einem Seufzer der Erleichterung betritt er die Sowjetunion. Später, in seiner Wohnung, nimmt er ein verstecktes Paar Levi's Jeans aus seinem Koffer.)*

In seinem Koffer hat er... eine Ausgabe von *The Face*, der damaligen Stilbibel, dem Magazin für Style in London... Er ist in der trüben Welt der Sowjetunion. Alles ist schwarzweiß. Schaut euch seine erbärmliche Wohnung an. Aber was ist das! (*Lachen.*) Sein Leben ist erlöst, denn er hat es geschafft, eine Levi's in die Sowjetunion zu schmuggeln.

Das ist nichts, was für den Werbespot einfach so erfunden wurde. Levi's wurden in der Sowjetunion tatsächlich stark fetischisiert. Also, was zeigt uns das wieder? Die Sache mit der Sowjetunion war nicht nur, dass sie repressiv – politisch repressiv – war, sondern dass sie Begehren verweigert und blockiert hat.

Diese Werbespots wurden zu einem Zeitpunkt ausgestrahlt,

als, im Rückblick betrachtet, der Kalte Krieg schon fast zu Ende war. Doch Mitte der Achtziger schien das noch nicht so. Der Kollaps der Sowjetunion und des Sowjetsystems kam so plötzlich, Ende der Achtziger, dass ihn damals noch niemand vorausgesehen hatte. Es fühlte sich Mitte der Achtziger immer noch wie ein vollumfänglicher Kalter Krieg an, der noch Jahrzehnte weitergehen könnte.

Also, diese Werbespots stammen aus dieser Zeit. Das dritte Video, das ich euch zeigen wollte, kann ich jetzt nicht vorführen, denn ohne Sound bringt das nichts...

Studierende #3: Darf ich fragen, wo der Spot für Levi's ausgestrahlt wurde?

MF: Im Vereinigten Königreich. Es war eine britische Werbung. Ja, sie wurde für den britischen Markt produziert.

(*Mark spielt einen Videoclip, der den Auftritt von Louise Mensch bei der Comedy-Quizshow* Have I Got News for You*) zeigt.*[6])

Das ist die ehemalige konservative Abgeordnete und »Chick Lit«-Autorin Louise Mensch – ich kann kaum fassen, dass sie tatsächlich »Mensch« heißt; wie eine Figur aus einem Manuskript von Martin Ames – Louise Mensch, die bei *Have I Got News for You*, einer ziemlich langweiligen, politischen Satireshow der BBC, auftritt, als Occupy London gerade stattfand.

Bekannterweise hat sie damals behauptet, dass die Demonstrantinnen von Occupy keine moralische Autorität hätten und man ihre Anliegen nicht ernst nehmen müsse, weil sie zu Starbucks gehen und vielleicht iPhones besitzen. Bestimmt haben andere das ebenfalls behauptet. Weil sie iPhones besitzen, können sie nicht wirklich antikapitalistisch sein.

Es gibt also eine Verbindung, nicht wahr, zwischen den ersten beiden Werbespots und dem Standpunkt von Louise Mensch. Dahinter steckt ein Narrativ, eine Erzählung über das Begehren. Diesen Demonstrantinnen stehen die Produkte des fortgeschrittenen Kapitalismus zur Verfügung, deshalb... ist es nicht nur so, dass sie Heuchler sind, sondern auch, dass sie nicht wirklich wollen, was sie vorgeben zu wollen. Was sie wollen, sind alle Früchte des Kapitalismus - und deshalb wird der Kapitalismus am Ende gewinnen. Sie behaupten zwar, auf der ethischen Ebene, dass sie in einer anderen Welt leben möchten, aber auf der Ebene der Libido, in ihrem Begehren, hängen sie an der gegenwärtigen kapitalistischen Welt.

Diese drei Dinge bilden die negative Inspiration für den Kurs, und ich werde hier die Frage stellen: Gibt es das Begehren für etwas jenseits des Kapitalismus? Teilweise wurde diese Fragestellung von den jüngsten Debatten über den Akzelerationismus inspiriert - wahrscheinlich hatten sie den größten Einfluss auf den Kurs. Ich wurde mit diesen Ideen eigentlich in zwei Phasen konfrontiert. Zum ersten Mal in den Neunzigern, als ich mich intensiv mit dem Werk von Nick Land befasst habe, den wir uns später ansehen werden, eine sehr kontroverse Figur, welche eine Art von - man kann nicht wirklich sagen rechtem - kapitalistischen Akzelerationismus entwickelt hat. Seine Idee war, dass das Kapital die stärkste Kraft war, die jemals auf Erden existiert hat - dass die ganze Geschichte des Planeten zum Entstehen dieser gewissermaßen planetaren künstlichen Intelligenz geführt hat, welche deshalb in der Retrospektive die ganze Geschichte auf ihre eigene Emergenz gerichtet haben zu scheint - ein bisschen wie Skynet in den Terminator-Filmen.

Land hat die Macht des Kapitals auf intensive, lyrische Weise beschrieben. Es ist interessant, dass sein Werk in den Neunzigern in einem triumphalen Moment für das Kapital erschienen ist, nachdem das Sowjetsystem am Ende der Achtziger zusammengebrochen ist. Lands Werk spielt mit und vermischt frühere, angeblich linke Ideen – vor allem die Werke von Deleuze, Guattari und Lyotard – und entwickelt sie weiter. Sie haben versucht, die Art von Postkapitalismus zu entwerfen, welche nicht voraussetzen würde, sich von der kapitalistischen Moderne zurückzuziehen, sondern gewissermaßen durch sie hindurchzugehen.

In den letzten Jahren ist die linke Idee des Akzelerationismus – dieser Begriff wurde zuerst von Benjamin Noys in seinem Buch *The Persistence of the Negative* eingeführt, und er wurde von Alex Williams und Nick Srnicek... *(Mark spricht »Srnicek« betont als »Ser-nek« aus.)*. So spricht man seinen Namen aus, hat er mir selbst gesagt. Ich glaube, als Nicks Vorfahren nach Kanada ausgewandert sind, haben sie es aufgegeben, den Leuten die richtige Aussprache beibringen zu wollen (*Lachen*). Aber wie dem auch sei, sie haben versucht, die Idee des Akzelerationismus, diese Bewegung hin zum Postkapitalismus von links – es gab hier ein Symposium an der Goldsmiths University, vor vier oder fünf Jahren, wo Nick und Alex begonnen haben, diese Ideen zu entwickeln, glaube ich.

Also die Grundfrage – die Frage hinter vielen der Debatten um den Akzelerationismus – ist: Ist Postkapitalismus überhaupt vorstellbar? Ist es möglich, Teile der libidinalen, technologischen Infrastruktur des Kapitals zu erhalten, aber das Kapital selbst hinter sich zu lassen? Diese Debatten haben mein Denken in den letzten Jahren beeinflusst – wahrscheinlich eine der Debatten, die auf mich den größten Einfluss gehabt hat – und deshalb hat sie auch die Struktur des Kurses beeinflusst.

Lasst mich also kurz über die Struktur der fünfzehn Wochen gehen. Also, wir schauen uns diese drei Theorien des Postkapitalismus an. Was ist Postkapitalismus? Ich glaube, heute werden wir nicht mehr dazu kommen, das zu beantworten, aber wir werden uns die drei Beschreibungen etwas genauer ansehen: Nicks und Alex', Gibson-Grahams, und die von Paul Mason. Paul Mason liefert eine Art von synkretistischer Beschreibung, welche auf vielen verschiedenen Theorien aufbaut, und ich glaube die Lektüre diese Woche ist typisch für die Art von Material, die ich für den Kurs herausgesucht habe: Eine Mischung aus Theorie, journalistischen Texten, und etwas Kultur- und Politikgeschichte. Es wird kein sehr theoretischer Kurs werden, glaube ich, wir werden jedenfalls nicht jede Woche »*Theorie*« im engeren Sinne lesen.

Also, diese Woche gibt es eine generelle Einführung. Dann, danach folge ich einer mehr oder weniger chronologischen Herangehensweise. Wir werden uns ansehen, was eigentlich hinter dieser Akzelerationismusdebatte steht, aber was bis jetzt nicht wirklich offen besprochen wurde, das betrifft die eher ästhetische Seite der Frage, die man auf jeden Fall bei Lyotard und Deleuze und Guattari, etc. entdecken kann. Sie entfaltete sich in den Siebzigern, zu einem gewissen Grad aus der Gegenkultur der Sechziger, und ihrer potentiellen Fusion mit der Linken. Wir hören im Mai '68 viel darüber – ich werde dem Mai '68[7] in meiner Erzählung hier im Kurs aber eine etwas andere Rolle zuweisen. Die Siebziger interessieren mich eher, in mehrerer Hinsicht – nicht nur die Siebziger in den USA, sondern auch in Italien. Mir geht es darum, darüber nachzudenken, was passiert wäre, wenn diese Fusion der Gegenkultur und der Linken erfolgreicher und von Dauer gewesen wäre. Wir werden uns einige Momente ansehen, in denen sie zeitweilig aufgeblüht ist, ohne dass sie angehalten hätte. Die Periode, die wir uns ansehen, ist tatsächlich auch die des neoliberalen Triumphs.

Nächste Woche wollen wir uns dann zwei Herangehensweisen an dieses Thema ansehen. Marcuse, der für mich die Gegenkultur vorweggenommen hat. Sein Buch *Triebstruktur und Gesellschaft* ist wirklich beeindruckend! Ich habe das dieses Wochenende wieder realisiert, als ich darüber nachgedacht habe. Deleuze und Guattari habe ich schon einige Male erwähnt, aber sie stehen nicht auf der Literaturliste. Sie sind gewissermaßen Gespenster hinter allem, worüber wir hier sprechen. Es ist schon fast pervers, dass wir sie auslassen mussten... Aber das ist, weil sie auf gewisse Art schon präsent sind. Aber ich glaube auch, dass es interessant ist, sich Marcuse als eine Art Vorläufer zu Deleuze und Guattari anzusehen, denn er hat ebenfalls versucht, sich Freud und der Frage des Begehrens anzunehmen. Marcuses Buch *Triebstruktur und Gesellschaft* ist interessanterweise vergriffen, wie viele seiner Werke. Von Marcuses *Eindimensionalem Menschen* wurden einmal hunderttausende Exemplare verkauft - es wird auch heute noch gedruckt - und es wird als sein Hauptwerk angesehen, und jetzt sind viele seiner Bücher vergriffen. Ich glaube, Marcuse wurde von der Gegenkultur viel gelesen, denn er hat viele ihrer Positionen vorweggenommen.

Nächste Woche wollen wir das mit Ellen Willis kontrastieren, einer Journalistin und Kulturkritikerin, welche die Gegenkultur miterlebt, aber auch ihre Grenzen verstanden hat. Was ich an dem Artikel von Willis besonders mag, ist, dass er eine Frage aufwirft, der wir uns später annehmen werden, dem Phänomen, das Helen Hester »domestischen Realismus« genannt hat und was gewisse Parallelen mit dem, was ich als »kapitalistischen Realismus« beschrieben habe, hat, also die Idee, dass häusliche Strukturen - die Art, wie wir unseren Alltag zuhause organisieren - fix und unveränderbar sind, und wir sie uns gar nicht anders vorstellen können. In den Sechzigern haben die Leute versucht, anders zu leben, auf eine kollektivere und gemeinschaftlichere Art und Weise. Es hat nicht funktioniert. Man ist stecken geblieben. Es ist gescheitert. Es ist schiefgelaufen. Interessanterweise argumentiert Willis, dass ein Teil des Problems Ungeduld war. Die Leute dachten, dass wir diese Strukturen sehr leicht überwinden könnten. Doch sie sind sehr hartnäckig und werden immer wieder auftauchen, wenn wir sie nicht andauernd auseinandernehmen.

Okay, das legt also die ungefähren Koordinaten zwischen dem demokratischen Sozialismus oder libertären Kommunismus, den Marcuse wollte, fest - und Marcuse war ein ausgesprochener Kritiker des tatsächlich existierenden Sowjetsystems.

Teil dessen, worüber ich in diesem Kurs nachdenken möchte - eines der Module, wie ich es nennen sollte - ist die Frage des Bewusstseins, welche in den letzten Jahren in den Hintergrund getreten ist. Was ich als »kapitalistischen Realismus« bezeichnen würde, steht also im Schatten dieses Kurs - er trägt den Titel »Postkapitalistisches Begehren«, aber es geht auch um den kapitalistischen Realismus und um seinen Aufstieg. Während er aufsteigt, wird die Idee, dass es zum Kapitalismus keine Alternative gibt, zu einer politischen Hintergrundannahme - damit dies der Fall sein muss, muss das Bewusstsein zurückgehen. Bewusstsein - zuerst von Lukács theoretisch als »Klassenbewusstsein« eingeführt - wurde durch Nancy Hartsocks unschätzbare Arbeiten zur Bewusstseinsfrage aus einem sozialistisch-feministischen Blickwinkel erweitert – zu einer Art »Gruppenbewusstsein«, dessen Wichtigkeit sie beschreibt.

In Woche zwei lesen wir einen Abschnitt von Marcuse, in der er das Gespenst einer Gesellschaft beschreibt, welche frei sein könnte, ein schon fast proto-akzelerationistischer Teil seines Werks. Er sagt, nun ja, wenn das Problem der Knappheit erst einmal gelöst ist – und das ist im Spätkapitalismus ja effektiv der Fall: Das Problem ist nicht, dass es nicht genug zu essen für alle gibt, das Problem ist die Verteilung. Knappheit ist nicht das Problem, es ist im Gegenteil die Aufrechterhaltung der Knappheit, welche für den Kapitalismus das Problem darstellt. Was tatsächlich stattfindet, ist die Produktion von künstlicher Knappheit, um den wirklich vorhandenen Überfluss zu verschleiern, wie man sagen könnte, und eine Knappheit eher von Zeit als von tatsächlichen Gütern, Dienstleistungen, etc. Marcuse sagt, dass wenn die Knappheit einmal überwunden ist, der Kapitalismus sehr hart daran arbeiten muss, die Leute davon abzuhalten, ihr Leben in die eigene Hand zu nehmen und auf autonomere Art zu handeln. Hier, würde ich sagen, liegt einer der Hauptgründe für die Entwicklung des kapitalistischen Realismus – und der Neoliberalismus ist Teil davon: Die Notwendigkeit, das Potential des Postkapitalismus andauernd auszubremsen, die Möglichkeit, dass Menschen jenseits der Zwänge des Kapitalismus leben könnten. Wir werden sehen, dass Gibson-Graham[8] argumentieren, dass wir dies im Prinzip die ganze Zeit tun.

Es wird also gewissermaßen zum Problem der Verhinderung der Bewusstseinsbildung. Wir werden das in Woche drei bei Lukács und Hartsock sehen, und das wird sich in den folgenden Wochen immer wieder niederschlagen.

In Woche vier geht es um die Geschichte der Gewerkschaftsbewegung, um den unglaublichen Moment in den frühen Siebzigern, als in den USA all diese Strömungen zusammentrafen und eine neue Liste an Forderungen vorbrachten; als Bürgerrechte, Feminismus und Klassenkampf vereint waren. Wenn wir heute das Wort »Intersektionalität« verwenden, bedeutet das meistens fürchterlichen Zoff auf Twitter, Callouts, und so weiter. Das Problem tritt auf, wenn sich die Dinge nicht richtig überschneiden; dort, wo statt eines konsolidierten Gruppenbewusstseins identitäre Streitereien zwischen diesen Gruppen auftreten. Doch was, wenn das Gegenteil der Fall wäre? Was, wenn es möglich gewesen wäre, eine Art von politischem Kampf zu führen, in dem alle diese Arten der Unterdrückung wirklich gemeinsam adressiert werden, um sie zu überwinden? In den USA der frühen siebziger Jahre gab es Anzeichen für so etwas.

Es ist ein großartiges Buch – großartige Kulturtheorie – aber nicht wirklich Theorie, sondern kulturelle und politische Zeitgeschichte – Jefferson Cowies Buch *Stayin' Alive: The 1970s and the Last Days of the Working Class.* Ein Buch mit zwei Hälften, definitiv: Die erste beschäftigt sich mit dem libertären Kommunismus, der existenziellen Linken, etc., Bewegungen, die damals förmlich explodiert sind. In der zweiten Hälfte geht es um die Niederlage der Neuen Linken, aber auch der Alten Linken. Die Alte Linke wurde betrogen, und die Neue Linke wurde blockiert.

Im Anschluss daran beschäftigen wir uns mit Lyotards Text »Der Wunsch Namens Marx« aus seinem berüchtigten, seinem »bösen« Buch – *Ökonomie des Wunsches.* Die Argumentation, und sie ist sehr stichhaltig, lautet hier, dass es unmöglich ist, vom Kapitalismus loszukommen – dass es keinen Raum des Primitiven außerhalb des

Kapitalismus gibt, in den wir uns zurückziehen könnten, dass wir durch den Kapitalismus hindurch müssen. Diese spezifische These vertritt er sehr nachdrücklich.

Dann konzentrieren wir uns auf Italien, wo Federici und Nicolas Thoburn über die Arbeitsverweigerung berichten. Wir werden uns anschauen, wie dies in der Praxis ausgesehen hat, vor allem im Italien der siebziger Jahre.

Die nächsten Wochen danach werden wir uns mit der Konterrevolution selbst beschäftigen und das postkapitalistische Begehren im negativen Sinn betrachten, durch seinen Schattenschlag. Wir können über die letzten vierzig oder fünfzig Jahre als Zeitraum sprechen, welche vom Gespenst einer Welt heimgesucht wurden, die frei sein könnte. Dann sehen wir auch die Maßnahmen, welche das Kapital ergriffen hat, um dem Bewusstsein der Autonomie und Arbeitsverweigerung Einhalt zu gebieten. Der furchtbare Testfall dafür war Chile – ein demokratisches sozialistisches Projekt, nahe an den USA, und sehr verschieden von allem, was im Sowjetblock passiert ist. Das Land war technologisch entwickelt, sie hatten Cyber-Syn, das sogenannte sozialistische Internet, doch es wurde zerstört. Man kann nicht einfach sagen: »Ah, das hat alles nicht funktioniert damals in Chile«. Es hat nicht funktioniert, weil es einen von der CIA unterstützten Putsch gab – das Militär hat die Regierung Allende gestürzt – und damit eine Art Präzedenzfall dafür geschaffen, was danach passieren sollte. In Ländern wie Großbritannien ist es natürlich nicht so unmittelbar gewaltsam abgelaufen. Es gab Gewalt – die Niederschlagung des Bergarbeiterstreiks, usw. – aber dort gab es eine Art von kapitalistisch-realistischem Labor, wo das Kapital mit diesen neuen Formen der Unterdrückung experimentiert hat.

In Woche acht schauen wir uns »die Erfindung der Mitte« an. Die Lektüre stammt aus Carl Freedmans Buch *The Age of Nixon* und Penny Lewis' *Hard Hats, Hippies and Hawks*. Hier geht es auch um die Unterdrückung des Bewusstseins – vor allem des Klassenbewusstseins.

Die Rolle, die Nixon hier meines Erachtens gespielt hat, wie wir von Carl lernen werden, bestand darin, eine Form des Bewusstseins, die Marx als »kleinbürgerliche Psychologie« charakterisiert hat, zu verallgemeinern. Die Grundidee ist die einer Klassenposition, in der man sich gänzlich außerhalb der Kategorie Klasse verortet – »es gibt ein Klassensystem, aber du gehörst nicht wirklich dazu«. Das ist das Angebot, was Nixon den Leuten gemacht hat. Er hat sie dazu ermutigt, sich als Teil des sogenannten »Middle America« zu sehen und eine kleinbürgerliche Perspektive einzunehmen, welche so verallgemeinert werden konnte, um das Klassenbewusstsein zu unterdrücken. Die Arbeiter begannen, sich als Teil des Kleinbürgertums zu sehen. Nixon war aufgrund seiner eigenen Herkunft in der Lage, ihnen diese Perspektive glaubhaft zu verkaufen. Anders als jemand wie Kennedy stammte er nicht aus sehr privilegierten Kreisen – er hat sich hochgearbeitet – und das ist der Schlüssel zur kleinbürgerlichen Psychologie: Die Idee, dass man seine eigene Position in der Gesellschaft durch harte Arbeit erreichen kann.

Wir werden uns ansehen, wie Nixon, obwohl er am Ende kläglich gescheitert ist, ein Paradigma geschaffen hat, welches bis heute fortdauert. Thatcher war Nixon in vielerlei Hinsicht sehr ähnlich – sie hatte einen ähnlichen Hintergrund, ähnliche Werte, und sie hat sich auch zur Fürsprecherin dieser allgemeinen kleinbürgerlichen Psychologie gemacht – wir werden sehen, wie sich das im Konflikt »Hippies gegen *hard hats*« [Schutzhelme] niedergeschlagen hat. Ich glaube, es war 1970, als bekannterweise einige Bauarbeiter Demonstrierende gegen den Vietnamkrieg angegriffen haben. Damit haben sie das Bild des Konflikts einer reaktionären Arbeiterklasse gegen verweichlichte Studierende geprägt, das bis heute verbreitet ist. Die Arbeiter sind deshalb auf der Seite der »Mitte«, der schweigenden Mehrheit des *middle America*, usw.., und diese Produktion einer »Mitte« erzeugt einen paradoxen Raum. Wie kann es sein, dass alle zur Mitte gehören? Das ist unmöglich. Als der *New-Labour*-Politiker John Prescott behauptete, dass wir »jetzt alle zur Mittelschicht gehören«... na ja, wenn alle zur Mitte gehören, wovon bilden sie dann die Mitte? Aber dieses Angebot scheint anzukommen und zur direkten Unterdrückung des Klassenbewusstseins zu führen.

Als Nächstes werden wir uns »Post-Fordism and New Times« zuwenden – Stuart Halls Text über die New Times. Hall analysiert sie hier aus einer bestimmten Perspektive, während Virno und die italienischen Postautonomen eine andere gewählt haben. Der Postfordismus bedeutet einen großen Umbau der Infrastruktur des Kapitalismus – einen Wandel hin zu dem, was wir heute als Prekarität, Flexibilität, Flexibilisierung, Informalisierung, usw.. bezeichnen, und eine zentrale Rolle der Informationstechnologie. Das schauen wir uns in Woche neun an.

In Woche zehn geht es um Technofeminismus und Cyberfeminismus. Sie sind Teil der Genealogie des Akzelerationismus. Dazu gehören der Technofeminismus von [Shulamith] Firestone, sie dachte wirklich, dass viele der Problematiken von Gender materiell und technologisch lösbar seien. Zum Beispiel würden sich die Geschlechterverhältnisse offensichtlich radikal ändern, sobald es möglich wäre, Kinder in künstlichen Gebärmüttern wachsen zu lassen. Vergleichen wir sie mit Sadie Plant, die in den Neunzigern eine neoliberale Version des Cyberfeminismus avancierte. Sie hat in den Neunzigern tatsächlich eng mit Nick Land zusammengearbeitet. Ich habe die berühmteste Cyberfeministin, Donna Haraway, übersprungen, weil ich denke, dass ihr sie wahrscheinlich sowieso kennt und wir uns lieber einen anderen Aspekt der Debatte anschauen sollten. Diesen Teil könnt ihr euch selbst dazudenken. Ein bisschen wie Deleuze und Guattari – sie können ein Zusatz sein.

In Woche elf geht es dann um den Akzelerationismus. Ich habe mich erst gegen Nick und Alex entschieden, weil wir sie uns jetzt gleich anschauen und sie den ganzen Kurs inspiriert haben. Wir werden uns stattdessen Jamesons Text »Utopia as Replication« ansehen, wo er die berühmte – okay, vielleicht nicht ganz so berühmte – die in bestimmten Kreisen berühmte Behauptung aufstellt, dass Walmart eine Art Utopie darstellt. Er fasst das dialektisch auf. Das ist wirklich ein typisches Merkmal der Akzelerationisten, zu sagen: Was wäre, wenn die Infrastruktur von Walmart für ganz andere Funktionen umfunktioniert werden könnte? Nein, Unsinn, ich meinte... für ganz andere Zwecke umfunktioniert werden könnte. Aber wir lesen trotzdem Nick Lands »Machinic Desire«, die klassische Formulierung seines Akzelerationismus. Wir befassen uns also mit linken und rechten Formen des Akzelerationismus.

Die akzelerationistische Debatte entzündet sich in vielerlei Hinsicht am Scheitern der antikapitalistischen politischen Bewegungen seit 2008. Der Horizontalismus – die Kritik hierarchischer Strukturen – spielt hier eine Rolle. Es gab eine Problematisierung hierarchischer Strukturen in politischen Organisationen. Sobald sie eingeführt wurden, waren sie automatisch repressiv. Wenn wir die postkapitalistische Welt also vorwegnehmen wollen, müssen wir uns auf horizontale Weise organisieren. Wir müssen daran arbeiten, Hierarchien abzuschaffen, wo immer sie auch auftauchen. Ein wichtiger Impuls für den linken Akzelerationismus war die Unzufriedenheit damit.

Teil dieses Denkens ist also eine Art Fusion von Anarchismus und Netzwerktheorie. Ein Beispiel für diese Art von Peer-to-Peer-Politik, welches wir uns in Woche dreizehn ansehen, wahrscheinlich das berühmteste, ist das Denken von Michel Bauwens. In Woche zwölf schauen wir uns auch die berühmtesten Netzwerktheoretiker an, Hardt und Negri, inoffizielle Theorie – was wäre eine nicht-theoretische Art, das auszudrücken? – die »Inspiration« hinter Occupy, etc. Hardt und Negri waren im Italien der Siebziger in die Autonomia und ihre Kämpfe involviert.[9] Es gibt also eine direkte Abstammungslinie zu dem, was wir uns vorher angesehen haben werden. Aber auch Jodi Deans Kritik daran werden wir uns vornehmen. Wir werden zwei Wochen mit Netzwerktheorie verbringen. Zuerst lesen wir einen langen Abschnitt aus *Commonwealth* [von Hardt und Negri] – ihr bestes Buch, wenn man mich fragt – und dann werden wir uns sowohl Peer-to-Peer als auch Jodi Deans Kritik daran ansehen.

Woche vierzehn wird dann wieder düster – »Gefangenschaft des Touchscreens«[10], wie ich es genannt habe. Wir schauen uns Baudrillard an, der seine »taktile Macht«, wie er es nannte, auf bemerkenswerte Weise voraussah. »Sie kommen, um zu berühren«, schreibt er. Viele Passagen von ihm aus den Siebzigern lesen sich, als sei er als Zeitreisender in die Gegenwart gelangt und würde von Twitter und Touchscreens berichten.

Dazu kommt dann Franco Berardis berühmte Kritik der gegenwärtigen Informationsarbeit und Prekarität. Berardi ist einer der wenigen Denker der Gegenwart, der Baudrillard ernst nimmt.

Dann, um etwas positiver zu enden, »Die Wiedergeburt des Prometheus« – obwohl das etwas zu organisch ausgedrückt wäre. Ich glaube, dass viele dieser Strömungen auf interessante Art und Weise im *Xenofeminist Manifesto* von 2015 – also erst letztes Jahr – und in Helen Hesters Essay »Promethean Labours and Domestic Realism« zusammenkommen. Ich glaube, dass sich hier viele spannende Möglichkeiten für eine postkapitalistische Politik der Gegenwart eröffnen, wir werden also jedenfalls versuchen, den Kurs mit etwas Positivem ausklingen zu lassen.

Das habe ich mir jedenfalls bei der Struktur des Ganzen gedacht. Gibt es Fragen dazu? Unterbrecht mich einfach jederzeit. Ich hoffe, dass ich in den kommenden Wochen nicht so viel sprechen werde, aber wir müssen uns erst mal aufwärmen, schätze ich. Ergibt das Sinn? Habt ihr im Großen und Ganzen so etwas erwartet oder ist jemand schwer enttäuscht? (*Lachen.*)

Was meiner Ansicht nach fehlt, und was ich gerne mehr Präsenz einräumen würde, sind Fragen der Ästhetik – vielleicht könnt ihr das beisteuern. Die Frage der Ästhetik, der Kunst und Kultur, und ihrer Rolle in diesem Themenkomplex, ist ein Schlüsselelement, das von der sogenannten Alten Linken unterschätzt wurde.

Lasst uns also weitermachen, sonst werden wir hier nie fertig. Ich habe gerade im Wesentlichen einige der Hauptthesen zusammengefasst. Okay, bevor wir damit anfangen... es ist viel zu viel, aber na gut, besser zu viel als zu wenig.

Okay. Was sind also die Vorteile des Begriffs des Postkapitalismus?[11] Zu Anfang ist es, glaube ich, lohnenswert, darüber nachzudenken, warum wir »Postkapitalismus« statt »Kommunismus«,

»Sozialismus«, etc. benutzen sollten. Nun, erstens ist der Begriff nicht mit gescheiterten, unterdrückerischen Projekten der Vergangenheit belastet. Der Ausdruck »Postkapitalismus« ist auf eine Art neutral, die bei »Kommunismus« und »Sozialismus« nicht gegeben ist. Obwohl das teilweise auch eine Generationenfrage ist, glaube ich: Das Wort »Kommunismus« hat für Leute in meinem Alter und ältere eine sehr negative Konnotation.

Der Begriff impliziert einen Sieg – das ist der zweite wichtige Aspekt, oder? Wenn man über Postkapitalismus spricht, impliziert das, dass es etwas jenseits des Kapitalismus gibt. Es setzt auch eine Richtung voraus, nicht wahr? Der Postkapitalismus bedeutet einen Sieg über den Kapitalismus, aber auch einen Sieg, der *durch* den Kapitalismus erreicht werden wird. Er ist dem Kapitalismus nicht einfach entgegengesetzt – Postkapitalismus ist, was passieren *wird*, wenn der Kapitalismus vorbei ist. Er fängt an, wo wir uns befinden. Es ist kein ganz anderer Raum – ich glaube, das ist alles in dem Begriff angelegt. Das Konzept des Postkapitalismus entwickelt sich *aus* dem Kapitalismus. Es entwickelt sich aus dem Kapitalismus und überwindet ihn gleichzeitig. Deshalb müssen wir ihn uns nicht als etwas *vollständig anderes*, als etwas *rein* Externes vorstellen. Dies wird beim Postkapitalismus betont. Wir können hier damit anfangen, mit den angenehmen Dingen im Kapitalismus zu arbeiten, zusätzlich zu seinen unterdrückerischen Aspekten. Wir stecken also nicht notwendigerweise in der Welt von Louise Mensch fest, in der wir, sofern wir iPhones besitzen, den Postkapitalismus nicht wirklich wollen können. Obwohl ich nicht glaube, dass wir im Postkapitalismus iPhones haben wollen würden...

Wie dem auch sei – ja?

Studierende #4: Aber klingt das nicht ein bisschen mehr nach einer Theorie statt nach einem politischen System?

MF: Es hört sich nach einer Theorie an? Ja, das ist ein potentielles Problem daran. Ich habe tatsächlich ein paar Probleme damit...[12] (*Zeigt auf Stichpunkte auf den Folien.*) Ich habe das mit dem zweiten [Punkt] dort angesprochen. Ich glaube, du willst aber etwas anderes ansprechen...

Studierende #4: Der Sozialismus und der Kommunismus haben ein aktives...

MF: Ja, sie haben ein positives, greifbares Projekt, während der Postkapitalismus möglicherweise zu theoretisch ist. Das ist auch ein Problem – potenziell, zumindest. Gibson-Graham sprechen von »Kapitalozentrismus«. Wenn wir vom Postkapitalismus sprechen, wenn wir das Resultat unserer politischen, kulturellen, sozialen Ambitionen als postkapitalistisch auffassen, werden sie immer noch im Verhältnis zum Kapitalismus definiert. Es gibt also keine Verbindung zu einem positiven Projekt.

(*Liest von der Folie ab.*) »Bleibt in der Temporalität des ›Post-‹.« Es klingt also wie »postmodern« – es ist also durch etwas definiert, was vorher kam, statt was es selbst ist. Das ist nicht unbedingt progressiv. Es gibt ein neues Buch von Verso, *Four Futures: Life After Capitalism*, ich glaube, Teile davon gibt es online – [das Buch vertritt die Position, dass] nur weil etwas postkapitalistisch ist, das noch nicht heißt, dass es auch erstrebenswert ist.[13] »Aussterben« ist eines der Formulierungen oder Modelle für Postkapitalismus [in dem Buch]. Ein anderes wäre ein verschärfter Rentierkapitalismus und damit eine Form der Akkumulation, die in einem gewissen Sinn nicht mehr berechenbar ist...

Wir könnten noch weitere Punkte hinzufügen, vielleicht fallen euch ja noch mehr ein.
Ja? Bitte...

Studierende #5: Ja, ich habe zwei weitere...

MF: Zwei? Zwei weitere Probleme? Okay.

Studierende #5: Ja... Die Sache ist nicht nur, dass es kein positives Projekt gibt, sondern dass auch kein negatives Projekt benannt wird. Zum Beispiel negative Aspekte des Kapitalismus, die wir ablehnen sollten. Ich denke hier an die Strategien der Verweigerung der Autonomen, beispielsweise. Auch ist es sehr einfach, sich in diesem Präfix des »Post-« zu verlieren. Ein postmodernes Narrativ... überhaupt nichts zu definieren. Man spricht vom Postkapitalismus, als würde er vom Himmel fallen.

MF: Ja, das sind alles potentielle Probleme in diesem Kurs. Wir können über sie reflektieren, während wir unser Verständnis hier entwickeln. Wahrscheinlich habt ihr im Lauf der Zeit noch mehr hinzuzufügen. Einige von euch wollen vielleicht auch darüber schreiben, ob das Konzept des Postkapitalismus »gut« ist. Lohnt es sich, daran festzuhalten?

Ich selbst schwanke da hin und her. Ich war vor einigen Jahren sehr dagegen, irgendwelche Begriffe zu verwenden, die etwas mit »Kommunismus« zu tun haben, vor allem weil der Begriff einfach so belastet ist. Doch ich bin mittlerweile davon überzeugt, dass es gerade der Antagonismus, die Alterität des Begriffs »Kommunismus« ist, der ihm sein Potential leiht.

Studierende #4: Warum sollte es überhaupt wie Kommunismus aussehen? Um ein altes...

MF: Ja, ich denke, wenn man ihn mit neuen Begriffen kombiniert – dann wird es interessant. Das Auftauchen von sowas wie »Luxuskommunismus« als Formel, weil es unmittelbar... vielleicht sprechen wir später noch über Luxuskommunismus...[14] Ich glaube, das hat vor allem deshalb eine solche Kraft, weil es von der gegenwärtigen Konzeption oder den gängigen Stereotypen ablenkt oder sie entschärft, oder besser, sprengt: Genau das, was wir im ersten Werbespot gesehen haben, die grauen Bilder, die mit dem kommunistischen Sowjetsystem assoziiert werden. Wie könnte das Luxus sein? Etwas wie Luxuskommunismus, das ist eine Art kognitive Bombe.

Ich habe auch versucht, ein Konzept des »Acid Communism« zu entwickeln. Deleuze und Guattari argumentieren ja, und das werden wir uns im Zusammenhang mit Jefferson Cowie ansehen... in den frühen Siebzigern... psychedelisches Bewusstsein plus Klassenbewusstsein... davor hatte das Kapital in den späten Sechzigern und frühen Siebzigern Angst: Was ist, wenn die Arbeiterklasse zu Hippies wird? Denn sicher war der Schlüssel zur Gegenkultur – bei allen ihren Fehlern, und davon gab es viele – ihre arbeitsfeindliche Ethik, die sie in den Mainstream brachte. Den Beatles ist es gelungen. »*Stay in bed... Float upstream...*« war arbeitsfeindlich. Die Frage der Ablehnung von Arbeit, der Ablehnung der Geschäftigkeit – einem anderen existenziellen Modus – war auch eine Frage des gemeinschaftlichen Lebens.

Meine gegenwärtige Position wäre: Ja, benutzen wir das Wort »Kommunismus«, aber mit einem Zusatz, um es von den Assoziationen, mit denen es behaftet ist, zu befreien, obwohl viele jüngere Leute sie nicht zu haben scheinen, wie ich bereits erwähnte, aber wenn ihr damit nicht glücklich seid...

Studierende #4: Na ja. Es ist eine schwierige Angelegenheit. Wo es ein sozialistisches System gab, in Deutschland, Österreich oder wo auch immer, kann man sich immer noch daran erinnern, und es ist sehr schwierig, mit diesen Begriffen zu hantieren.

MF: Aber das ist zum Teil auch eine strategische Frage, oder nicht? Wann und in welchem Kontext man diese Begriffe benutzt...

Studierende #4: Ja, klar, natürlich...

MF: ... und welche Wirkmächtigkeit sie entfalten können. Es kann sein, dass man sie gar nicht universell verwenden kann...

Okay, dies sind die großen Fragen, aber lassen wir uns jetzt den Spezifika zuwenden... Oh nein... (*Lachen, da weitere technische Probleme auftreten.*)

Gut, das hier habe ich online gefunden. (*Mark zeigt zwei Diagramme, die eine weite Spannbreite an gegenwärtigen Ideen zum Postkapitalismus, ihre Einflüsse und verwandte Projekte zeigen.*) Hier könnt ihr die Spanne verschiedener Arten von Postkapitalismus sehen.... Und fast nichts davon habe ich gerade angesprochen... (*Lachen.*) Es lohnt sich, das später im Detail anzusehen...[15]

Okay, dann schauen wir uns die Lektüre für heute an – Gibson-Graham. Ich glaube, eines der wichtigsten Dinge, die sie ansprechen, sind die Schwierigkeiten der Linken, eine Theorie – oder eine Vorstellung, ich glaube, Vorstellung ist der bessere Ausdruck hier, statt Theorie – von einem Weg aus dem Kapitalismus zu bekommen. Als Erstes haben wir diese misstrauische, paranoide, starke Theorie [des Postkapitalismus], welche sie von Sedgewick übernehmen:

> Obwohl es uns die Freuden der Anerkennung, der Auffassung, der intellektuellen Eroberung des letzten Postens bietet, so verweigert es uns doch jegliche Entlastung und jeden alternativen Raum. Wenn wir uns neue gedankliche Angewohnheiten für eine

> postkapitalistische Politik aneignen wollen, haben wir viel Arbeit vor uns, was die Lockerung von Gefühlsstrukturen angeht, welche nicht mit Unsicherheit leben und die Hoffnungslosigkeit nicht überwinden können.[16]

Was Gibson-Graham hier sagen, ist, dass dies [das Versagen der Vorstellungskraft] eine linke Krankheit ist. Es hat mit linker Melancholie zu tun. Wenn ihr Wendy Browns Essay über linke Melancholie noch nicht gelesen habt, es lohnt sich unbedingt! Sie beziehen sich hier sehr stark darauf. Wie sie es ausdrücken:

> ... in welchem das Festhalten an politischen Analysen oder Identitäten der Vergangenheit stärker ist als die gegenwärtigen Möglichkeiten für Mobilisierung, Allianzen oder Transformationen. Sicher hat die Linke monumentale Niederlagen erlebt, und vielleicht ist ihr das Selbstvertrauen verloren gegangen – in die Überlebensfähigkeit des Staatssozialismus, die Resilienz der Sozialdemokratie, die Glaubwürdigkeit des Marxismus, dem Auftrieb und der Wirkmächtigkeit sozialer Bewegungen. Statt zu trauern und loszulassen, identifiziert sich das melancholische Subjekt mit verlorenen Idealen und nimmt ihre Abwesenheit als ein Gefühl der Verlorenheit und Verlassenheit wahr... ›Wir verlieben uns in unsere linken Gefühle und Gedanken, unsere Analysen und Überzeugungen, und wir lieben sie mehr als die bestehende Welt, die wir angeblich verändern wollen.‹[17]

Ich glaube jeder, der jemals einen Bericht über linke Politik gelesen hat, wird diese Pathologien wiedererkennen. Zwischen unserer Fixierung auf die Vergangenheit – die, so denke ich, mit dem Problem zusammenhängt, mit den Unsicherheiten und Unwägbarkeiten der Gegenwart umzugehen – und paranoider totaler Theorie gibt es einen klaren Zusammenhang, da sie effektiv aussagt, dass sich nichts ändern kann. Ich nenne das das strenge leninistische Über-Ich, und ich glaube, es hat damit zu tun. Das strenge leninistische Über-Ich war sofort zur Stelle, als Syriza in Griechenland aufstieg: »Das wird nicht funktionieren!« – Nun, es hat nicht funktioniert, aber es war besser, dass es versucht wurde, könnte man sagen. Das strenge leninistische Über-Ich ist immer gleich präsent, wenn es um Jeremy Corbyns Labour Party geht: »Oh, das wird nicht funktionieren, solche Dinge funktionieren nicht.« – Nun, was würde funktionieren? Nur, dass sich alles vollständig ändert, was wir uns aber nicht wirklich vorstellen können. Was also typischerweise passiert, ist, dass es ein Modell für die politische Transformation gibt – die der bolschewistischen Art – welches positiv ist. Das ist die einzige Möglichkeit, die Dinge wirklich zu verändern, und alles, was sich daran nicht messen lässt, wird als Scheitern wahrgenommen. Die Tatsache, dass die bolschewistische Revolution letztlich ebenfalls gescheitert ist – nicht nur letztlich, sondern gleich zu Anfang, würden manche sagen – wird hier nicht beachtet...

Ich kann mich darin sehr stark wiedererkennen, in dieser linken Melancholie...

Nun, zum Moralismus: Ich glaube, dass... es gibt ein weiteres wichtiges Essay von Wendy Brown, auf das sie sich beziehen, »Wounded Attachments«[18]. Es beschreibt die heutige Linke auf eine wirklich hochgradig prophetische Art. Brown wiederum bezieht sich hier auf Nietzsche, um zu zeigen, wie bestimmte linke Begehren dafür mobilisiert wurden, Identitäten als eine Art von Verletzungen zu beschreiben. Über den Moralismus sagt sie, dass er eine emotionale Stütze für den reaktiven Standpunkt der Schwachen darstellt, »die sich im Widerspruch zu den Starken definieren«. Durch den Zerfall von positiven sozialistischen Projekten in der jüngsten Vergangenheit hat der linke Moralismus an Kraft gewonnen, da Verletzungen, Scheitern und Opfertum stärker aufgeladen werden. Wenn die Macht mit allem, was gnadenlos und dominant ist, identifiziert wird, muss sich die Linke davon distanzieren, um nicht kooptiert oder kompromittiert zu werden.[19]

Die Idee ist also, dass die Macht selbst pathologisch ist. Macht zu haben, ist inhärent unterdrückerisch, und deshalb ist es besser, verletzt zu werden; besser, zu den Verletzten und Erbärmlichen zu gehören, denn man hat dann keine Macht und wird nicht zum Unterdrücker. Dies wird dann zum Namen eines in vielerlei Hinsicht unmöglichen Verlangens. An wen richten sich diese Appelle? Welches politische Projekt würde nicht darauf abzielen, auf die eine oder andere Art Macht zu erlangen? Ich glaube, wir können unschwer erkennen, wie dieser Wunsch die linke Politik in letzter Zeit geprägt hat. Browns Essay ist sehr tiefgründig, beide sind es: »Wounded Attachments« und das Essay über die linke Melancholie, welche auf [Walter] Benjamins Betrachtungen darüber aufbaut.[20]

Statt eines positiven politischen Projekts bekommen wir also ein moralistisches Projekt der Verurteilung. Wir verurteilen die Machthaber:

> Aus Angst, uns mit den Mächtigen zu verstricken, hängen wir daran fest, unsere Reinheit zu schützen und zu demonstrieren, statt uns mit Alltagspolitik die Hände schmutzig zu machen. Diejenigen, die sich solchen Dingen zuwenden, könnten mit Anschuldigungen konfrontiert werden, sie würden ihre Werte verraten, mit dem Feind schlafen, mit dem Teufel handeln – alle Arten von Grenzüberschreitungen und Verrat.[21]

Es ist interessant, wie diese Anschuldigung aus zwei Richtungen kommt, wie man sagen könnte – erstens vom Standpunkt der Verwundeten aus, welche sagen, dass man sich mit den bestehenden Machtstrukturen niemals abgeben sollte, und von denen, die gerne die ultimative Macht hätten, wie den Leninisten. Sie würden die gleiche Kritik vorbringen: Lasst euch nicht dazu verführen, euch an den bestehenden politischen Strukturen oder Machtstrukturen zu beteiligen, denn ihr werdet dadurch kompromittiert werden.

Und dann... ich meine, ich mag ihre Analyse, aber die Filme [auf die sie sich beziehen] sind fürchterlich, oder? (*Lachen.*) Ich glaube nicht, dass irgendjemand, der nicht britisch ist, *Brassed Off – mit Pauken und Trompeten* gesehen haben wird, aber ihr kennt wahrscheinlich *Ganz oder gar nicht* – ja? Ja! Es ist wirklich unglaublich, wie sie schreiben, dass sie buchstäblich ekstatisch auf den Film reagiert haben. Diese Filme: Kannste in die Tonne kloppen. (*Lachen.*) Dass ich sie hier aufführe, verstößt wohl ein bisschen gegen meine ästhetischen Präferenzen. *(Lacht.)* Aber die Analyse, denke ich... Ich meine, sie schreiben etwas ähnliches zu *Brassed Off*... Wahrscheinlich habt ihr den Film nicht gesehen, aber ihr könnt euch denken, worum es geht... Ihr wisst schon, eine Blaskapelle, eine Zeche... alles drin, diese Art linker Melancholie... Kontextfreie politische Nostalgie für diese alten Formen der männlichen Arbeit... Versteht ihr, diese Besessenheit mit... ich glaube, ein Teil des Problems ist diese Besessenheit mit Widerstand, eine Art reaktives Modell – das Kapital tut Dinge, wir leisten Widerstand. Ich denke, sie haben recht, wenn sie die Sackgassen der »modernistischen Klassenpolitik«[22], wie sie es nennen, in einem Film wie *Brassed Off* identifizieren, der dafür wirklich exemplarisch ist.

Laut ihnen... Entwurzelung...[23] die Überwindung des Kapitalozentrismus:

> Wir können damit beginnen, ökonomische Identität zu ›entfestigen‹, indem wir den dominanten kapitalozentrischen Diskurs über die Wirtschaft dekonstruieren, in der kapitalistische ökonomische Aktivität als Modell für die ganze Wirtschaft dient. Wir können die Einheit und die Hegemonie des neoliberalen globalen kapitalistischen Diskurses durch proliferatives Unterlaufen *[queering]* der Wirtschaftslandschaft und die Konstruktion einer neuen Sprache der ökonomischen Diversität verdrängen.[24]

Ich glaube, das Schlüsselelement hier ist, dass es für sie so etwas wie »die Wirtschaft« nicht gibt. Die Wirtschaft – mit dem bestimmten Artikel – ist ein Trugbild, eine Art operative Fiktion, welche die kapitalistische Hegemonie sichert. Auf der Ebene der empirischen Realität gibt es eine ganze Reihe ökonomischer Aktivitäten, aber auf der Ebene der Hegemonie geht alles um den Kapitalismus. Kapitalozentrismus ist also, was das Kapital tut, aber ich glaube, sie machen sich Gedanken darüber, ob sie ihn durch linke Theorie und Praktiken reproduzieren.

Wir haben hier also dieses Modell.[25] Wenn wir uns ansehen, was in der Welt vor sich geht, dann sagen sie – »Lohnarbeitende produzieren in kapitalistischen Firmen für den Markt«[26] ist nur ein kleiner Aspekt, wenn wir uns alle anderen Formen der Arbeit ansehen, die verrichtet werden – in Schulen, auf der Straße, in der Nachbarschaft und Familie, unbezahlte Zeit, Zeit, die wir mit Freunden verbringen... ihr versteht, worum es geht.

Wenn ihr dieses Modell nehmt, dann gibt es nicht nur eine Wirtschaft, sondern viele verschiedene Verhältnisse zur Produktion. Es muss also Ökonomien geben, die bereits postkapitalistisch sind. Also argumentieren sie, dass dies auch dabei hilft, dem strengen leninistischen Über-Ich oder diesen leninistischen Modellen[27] zu entkommen. Sie glauben, dass wir alternative Organisationsformen brauchen, die von feministischen Experimenten inspiriert sind: »Organisatorischer Horizontalismus... direkte und gerechte Teilhabe, kein Monopol auf das gesprochene Wort oder auf Informationen, die Rotation von gelegentlichen Aufgaben und Verantwortlichkeiten, Verzicht auf die Spezialisierung von Funktionen und die Delegation von Macht.«[28]

Die Sache ist dann, dass man massive Veränderungen haben könnte – das sagt das zweite lange Zitat aus –, ohne dass es dafür eine Avantgarde-Partei bräuchte, wie die Leninisten immer dachten. Mit »Leninismus« ist hier die Idee gemeint, dass die Revolution von einer kleinen Elite innerhalb einer politischen Partei angeführt werden wird – die Partei organisiert die unterdrückten Klassen und führt sie an. Sie sprechen sich hier für dieses horizontalistischere Modell aus, das aus dem Feminismus kommt: »verkörperte Praktiken, Selbstentwicklung, situierte Handlungen«,[29] etc. Es geht also um neue Affekte:[30] »[Die mit ihr verbundenen Affekte] der sich entwickelnden Gemeinschaft sind nicht dieselben, welche traditionell mit linker Politik verbunden werden...«[31] Es geht also nicht um Wut und Entrüstung, Zynismus und Rechthaberei; Verwunderung, Freude, etc. »In dieser utopischen Atmosphäre werden Misstrauen, mangelnde Anerkennung und Verurteilung zeitweise aufgehoben und es entwickelt sich eine Solidarität, die nicht auf Gleichförmigkeit basiert, sondern auf der Einsicht, dass der oder die Andere das Selbst erst ermöglicht.«[32]

Also ich möchte jetzt wirklich *Ganz oder gar nicht* hinter uns bringen. Es ist ein starkes Stück.

Ihr wisst, wovon der Film handelt, oder? Er handelt in Sheffield, glaube ich, ja? Jedenfalls in einer nordenglischen Stadt... hohe Arbeitslosigkeit... Die Männer sind arm dran... Was machen sie also? Sie entscheiden sich eben, Stripper zu werden... Also für Gibson-Graham wird dadurch ein neuer Affekt frei... Eine Befreiung aus dieser alten Form der Männlichkeit – und das ist gut! Aber ich glaube, Žižek hat hier die Kritik vorgebracht, die sie auch erwähnen: Ist das nicht einfach eine neue Form des kleinbürgerlichen Unternehmertums? Eine Form der Selbstkasteiung? »Die Fabriken haben geschlossen, dann gründen wir eben unsere eigene Firma...« Sie gewinnen daraus etwas anderes, ist der Punkt hier. Ich glaube, es ist zentral, dass diese Formen des Affekts wichtig sind.

Ein Aspekt, würde ich sagen – ein entscheidender Punkt, den ich in diesem Modul behandeln möchte, ist: Was ist die Alternative zum *Ressentiment*? Wir werden darüber sprechen, wenn wir uns Carl Freedmans Werk über Nixon anschauen. Das neoliberale Programm – trotz der Betonung auf der Freiheit – hat in Wirklichkeit, so glaube ich, viel mit *Ressentiment*[33] zu tun. Was wäre die Alternative dazu? Solidarität ist ein Begriff dafür, aber ich glaube hier ergibt sich wieder das Problem der Assoziation mit dem Leninismus, zumindest für mich. Was ist mit einem Wort wie »Gemeinschaft«? Wie könnte sie sich entwickeln? Was wären die Räume und Voraussetzungen dafür? Ich glaube, das ist eines der Dinge, die ich in diesem Seminar herausfinden möchte.

Sie sprechen von der Ökonomie der Gemeinschaft im Gegensatz zur kapitalistischen Wirtschaft.[34] (Ich werde jetzt etwas schneller durch den Rest des Buches gehen.) Dies sind die Prinzipien, von denen sie sprechen: Gemeinschaftlich, gut und gerecht überleben und leben; Mehrwert verteilen, um die soziale und ökologische Gesundheit zu erhöhen; andere unterstützen und ihr Leben wie unser eigenes zum Besseren verändern; nachhaltig konsumieren; sich um unsere natürlichen und kulturellen Gemeingüter kümmern, indem wir sie erhalten, wiederherstellen und wachsen lassen – unseren Wohlstand in künftige Generationen investieren, sodass auch sie gut leben können...

Eine Wirtschaft, welche auf diesen ethischen Überlegungen aufbaut, nennen wir eine gemeinschaftliche Ökonomie – ein Raum für Entscheidungsfindung, wo wir unsere gegenseitige Abhängigkeit von anderen Menschen, Spezies und der Umwelt anerkennen und verhandeln. Und durch diesen Aushandlungsprozess werden wir zur Gemeinschaft.[35]

Das ist ihr Modell des Postkapitalismus. Achtet darauf, dass sich viel davon nach unverfänglicher Mainstream-Rhetorik anhört. Man könnte sich das als Teil der Werbung für eine Bank vorstellen... Nachhaltigkeit... das bedeutet nicht, dass sie es tatsächlich tun werden, aber dass dieser Diskurs einen gewissen Druck auf den Mainstream auswirkt.

Okay. Aber ist das nur »Folk-Politik«? Das ist hier die Frage...

Hier ist ihr Diagramm des Gegensatzes zwischen »Der Wirtschaft« und der gemeinschaftlichen Wirtschaft.[36] Die Wirtschaft ist unverortet und global, die Gemeinschaft ist lokalisiert... Die Wirtschaft ist spezialisiert, die Gemeinschaft ist diversifiziert... Die Wirtschaft ist zentralisiert, die Gemeinschaft ist dezentral... Privateigentum, Gemeinschaftseigentum..., etc. Ihr versteht, worum es geht.

Aber ist das nur Folk-Politik? Der Begriff der Folk-Politik [wurde] von Alex Williams und Nick Srnicek eingeführt, teilweise aufgrund des Scheiterns des Antikapitalismus in der Krise von 2008/2009. Es gab ein bestimmtes Erfolgsniveau, das einzelne Gruppen erreicht haben, aber es war beschränkt, und, so behaupten Nick und Alex, ein Grund dafür war der Effekt von Folk-Politik. Nick und Alex behaupten, dass die wichtigste Spaltung innerhalb der heutigen Linken zwischen den Anhängerinnen der Folk-Politik des Lokalismus, der direkten Aktion und des kompromisslosen Horizontalismus auf der einen und auf der anderen Seite zwischen jenen, die eine akzelerationistische Politik entwerfen, welche in eine Moderne der Abstraktion, Komplexität, Globalität und Technologie passt, verläuft. Erstere geben sich damit zufrieden, kleine und zeitlich begrenzte Räume zu schaffen, in denen soziale Relationen stattfinden können, die nicht kapitalistisch sind, und entgehen so den echten Problemen, welche damit verbunden sind, sich Feinden zu stellen, die unausweichlich nicht lokal, abstrakt und in der Infrastruktur des täglichen Lebens tief verwurzelt sind. Das Scheitern dieser Art von Politik war von Anfang an vorprogrammiert. Eine akzelerationistische Politik hingegen möchte die Errungenschaften des Spätkapitalismus erhalten, aber weiter gehen, als ihr Wertesystem, Herrschaftsstrukturen und Massenpathologien erlauben.[37]

Ist das, was Gibson-Graham vertreten, in diesem Sinne Folk-Politik?

Studierende #6: Tut mir leid, kannst du das wiederholen?

MF: Oh, das war zum Teil eine rhetorische Frage. Vertreten Gibson-Graham in diesem Sinne Folk-Politik?

Um bei diesem Begriff zu bleiben: Er stammt von einer Kritik der volkstümlichen Psychologie, die von den Neurophilosophen entwickelt wurde. Neurophilosophen argumentieren, dass die volkstümliche Psychologie nichts taugt – also die Konzepte, die wir im Alltagsleben verwenden – sogar Dinge wie Emotionen – die Art und Weise, wie wir beschreiben, was in unserem Gehirn passiert, könnten wir nicht dafür verwenden, zu begreifen, was *tatsächlich* in unseren Gehirnen stattfindet, und hindert uns daran, zu erforschen und zu verstehen, was das Gehirn tatsächlich tut. Auf die gleiche Art erweitern Nick und Alex diese Analogie dann auf einen politischen Prozess, und sie argumentieren, dass spontane Konzepte, die wir im Alltagsleben gebrauchen, um unsere politischen Systeme zu verstehen – also einfach das gesamte politische und wirtschaftliche System – sich auf die zugrundeliegende Realität des Kapitals – Finanzkapital etc. – gar nicht anwenden lassen. Das eine passt irgendwie nicht zum anderen. Und oberflächlich betrachtet scheint es so, als ob Gibson-Graham in Folk-Politik verfallen könnten. Ich glaube aber nicht, dass sie das wirklich vollständig tun. Es gibt ein Modell der Hegemonieübernahme. Sie glauben nicht, dass man nur auf lokaler Ebene tätig werden kann. Es muss einen Kampf um die Hegemonie geben. Ich glaube, wir können hier ein Spannungsverhältnis zwischen dem Ansatz, den Nick und Alex in ihrem *Manifest für eine Akzelerationistische Politik* vertreten, und der Herangehensweise von Gibson-Graham erkennen. Aber während sie das Argument in ihrem Buch entwickeln, welches einige von euch erhalten haben, – *Inventing the Future* –, schwächen sie ihre Thesen etwas ab im Vergleich zum *Akzelerationistischen Manifest*.

Wie erreichen wir das? Wir brauchen Forderungen. Es war von einer Politik ohne Forderungen die Rede.[38] Aber hier sagen sie: Forderungen sind essentiell! »Eine Politik ohne Forderungen ist einfach eine Ansammlung von ziellosen Körpern«[39] – eine provokative Behauptung – und diese Forderungen sollten die Form von »nicht reformistischen Reformen«[40] annehmen. Diese Reformen haben utopische und antagonistische Komponenten, und basieren »auf den tatsächlichen Tendenzen der heutigen Welt« – pragmatischen Interventionen.[41]

Lasst uns kurz durchgehen, was ihre tatsächlichen Forderungen sind.

Vollständige Automatisierung: »Ohne vollständige Automatisierung müssen postkapitalistische Zukunftsentwürfe gezwungenermaßen Wohlstand um den Preis der Freiheit erkaufen, oder die Freiheit um den Preis des Wohlstands, in einer primitivistischen Utopie«.[42] Und wie viel Freiheit kann man ohne Überfluss wirklich haben? Das Argument für vollständige Automatisierung ist also: Sie kann zu einer Gesellschaft führen, welche die Menschheit von der Schufterei befreit und gleichzeitig das Wohlstandsniveau erhöht, und das geschieht bereits (zwischen 47 und 80 Prozent der heutigen Jobs könnten automatisiert werden). Dies kann dazu führen, dass wir bestimmte Arten von Carearbeit überdenken oder sogar eliminieren, und dadurch die häusliche Sphäre radikal verändern.[43]

Die Forderung nach einer verkürzten Arbeitswoche[44] – nun, das ist interessant, oder?: Wie man aufgehört hat, diese [Forderung zu stellen]. Es gab Druck, die Wochenarbeitszeit zu senken. Das Wochenende einzuführen. Jetzt hängen wir irgendwie bei vierzig Stunden fest, und sie erhöht sich wieder, vor allem um die postfordistische Arbeitswelt zu ermöglichen. Sie könnte eine positive Antwort auf die fortschreitende Automatisierung bieten.

In einer kapitalistischen Dystopie, in welcher wir uns im Moment befinden, bedeutet mehr Automatisierung auch mehr Verelendung. Weil es dann weniger Arbeit gibt und die Arbeitslosigkeit steigt. Es bedeutet, dass die Macht der Beschäftigten am Arbeitsplatz schwindet.

Vorteile einer kürzeren Arbeitswoche: Weniger Pendeln, weniger Konsum, der mit dem Arbeitsweg zusammenhängt, die Verhandlungsmacht der Arbeiterinnen wird erhöht, statt wie in der Dystopie, wo sie verringert wird.

Ein bedingungsloses Grundeinkommen, das zum Leben reichen und universell sein muss. [Es muss] den bestehenden Sozialstaat ergänzen, nicht ersetzen – denn das ist die Vision der Rechten für ein Grundeinkommen.[45]

Vier Hauptargumente dafür – politische Transformation: Das Proletariat kann von einem Job leben und würde in der Gesamtbetrachtung Macht hinzugewinnen. Aus Prekarität wird Flexibilität zu Bedingungen, die für die Beschäftigten günstig sind. Zum Teil war der Postfordismus auch eine bösartige Antwort eines Flaschengeists auf die Wünsche der Arbeiter. Okay, ihr wollt nicht vierzig Jahre lang den ganzen Tag gelangweilt in der Fabrik sitzen? Gut, dann führen wir eben Zeitarbeit und Befristungen ein. Die Bewertung der Arbeit verändert sich – langweilige, repetitive Arbeit müsste höher bezahlt werden, wenn es ein bedingungsloses Grundeinkommen gäbe. Niemand würde einfach so dröge Arbeit verrichten.

Studierende #7: Aber wer entscheidet dann eigentlich, was langweilige Arbeit ist? Ich meine, vielleicht gibt es jemanden, dem es gefällt, in der Fabrik zu arbeiten...? (*Lachen.*)

MF: Kann sein! Entscheidend ist, dass Arbeiterinnen viel mehr selbst entscheiden könnten, was sie tun möchten oder nicht. Gewissermaßen kann der Markt ja entscheiden, was langweilige Arbeit ist.

Studierende #8: Und wir können ja bereits sehen, dass es hier im Vereinigten Königreich nicht wirklich optimistisch...

Studierende #7: Ja, klar, das verstehe ich.

MF: Es wären ja nicht [die Arbeiter selbst], die das entscheiden. Marktmechanismen würden das entscheiden, denn es gäbe ja die Notwendigkeit, dass bestimmte Tätigkeiten verrichtet werden, die manche Leute [langweilig] finden könnten... Für sie wäre das aber toll, oder? Für sie wäre es sogar noch besser. Wenn manche Leute langweilige Arbeit interessant fänden – also Arbeit, die die meisten Menschen langweilig finden – dann wären sie in dieser Welt viel besser dran als jetzt, oder?

Studierende #9: Kann ich fragen, wie das Grundeinkommen mit der Inflation zusammenhängt?

MF: Oh Gott...

Studierende #9: Ich bin aus Finnland, und dort wurde gerade angefangen, ein bedingungsloses Grundeinkommen einzuführen, aber das richtet sich gegen...

MF: ... den Sozialstaat...

Studierende #9: ... ja, aber was ich in der Schule gelernt habe, ist, dass wenn die Löhne steigen, auch die Inflation steigt, also dass es sehr schwierig ist, gute Einkommen zu erzielen, denn wenn man ein Grundeinkommen einführt...

MF: ... oh je, ich kenne mich mit Wirtschaftswissenschaften überhaupt nicht aus... (*Lacht.*) Ich habe versucht, das zu überspringen. (*Lacht.*)

Studierende #10: Vielleicht denken wir hier in kapitalistischen

Begriffen... oder in keynesianischen... Aber alle diese Maßnahmen brauchen einen anderen ökonomischen Rahmen, also vielleicht ist Inflation hier nicht das Problem? Weil das Wirtschaftssystem ein anderes wäre?

MF: Ja, es würde nicht automatisch zu Inflation führen, oder? Es muss zum Leben reichen. Das bedingungslose Grundeinkommen muss auskömmlich sein, damit Leute davon leben können.

Studierende #9: Aber sagen wir mal in Finnland, wo alle 1000 Euro pro Monat bekommen, würde das nicht bedeuten – vielleicht will ich das Geld, weil ich nach London ziehen will oder so, und ich würde meinen Job in Großbritannien behalten wollen, würde also immer noch mehr Geld bekommen. Man bräuchte die höher bezahlten Jobs immer noch, man bräuchte immer noch jemanden, der die App von Uber entwickelt, und es wird wahrscheinlich jemand wie ich sein, keine Ahnung, und dann wird man mich gut bezahlen, weil ich die einzige Person auf der Welt bin, welche an der App arbeitet. Also würde ich nicht nur 2000 Pfund verdienen, ich würde viel mehr bekommen, weil alle anderen...

MF: Ja, aber wo ist das Problem?

Studierende #9: Die Gehälter steigen, und wenn sie alle ansteigen, dann bedeutet das, dass Menschen sich vom bedingungslosen Grundeinkommen sich nicht das Gleiche werden leisten können, was ich mir leisten kann.

MF: Sind das nicht zwei verschiedene Probleme? Man löst damit nicht auf einen Schlag die Ungleichheit, und das ist doch eine andere Angelegenheit als die Inflation?

Studierende #9: Ich schätze, wenn wir den Sozialstaat nicht abschaffen... dann bekommt man immer noch das Grundeinkommen...

MF: Ja, und das Grundeinkommen muss angepasst werden, denke ich, damit es weiterhin ausreichend bleibt...

Tut mir leid, ich bin hier etwas abgedriftet, ich habe versucht, nachzudenken... Aber ich glaube, dass [Studierende #10] das auch schon gesagt hat: Ich denke, dass, was hier vorschlagen wurde, Interventionen sind, die uns zu einem gewissen Grad aus dem neoliberalen, kapitalistischen Modell befreien und andere Räume eröffnen, die momentan noch schwer vorstellbar sind. Wie wäre das eigentlich, wenn es ein Grundeinkommen gäbe, das tatsächlich zum Leben reicht? Dann verändert sich doch etwas im Kopf, oder nicht? Dinge, die jetzt zugänglich sind... Also, Moment mal, wenn die Leute ein Grundeinkommen haben, würden sie die Scheißjobs nicht mehr machen, die Packerei... ah, Moment, aber gibt es da nicht die Automatisierung? Kann man die Schufterei dann nicht weg automatisieren? Alles wird vom Kopf auf die Füße gestellt. Was ist dann das Problem – Automatisierung ist jetzt etwas Positives. Ich weiß nicht, ob, das die Frage direkt beantwortet – aber deshalb ist es eine revolutionäre Reform, denn es verschiebt die Koordination und Modelle des Lebens, der Arbeit, der Gesellschaft, etc.

Studierende #11: Aber würden bestimmte Branchen dann nicht sehr vernachlässigt werden, und andere sich sehr schnell entwickeln? Zum Beispiel, in aller Fairness, ist der Kreativsektor bereits heute ärmer – das ist interessant – aber würde er in dieser Welt, würde das nicht vollständig vernachlässigt werden? Was wären die Anreize?

Studierende #9: Ich bin Designer, und ich mache das nicht, weil ich dafür bezahlt werde. Ich mache diesen Job, weil ich ihn mag... und ich frage mich, ob ich, wenn es ein Grundeinkommen gäbe, nicht Aufträge machen würde, die ich für sinnvoll erachte, statt nur danach zu gehen, für was ich bezahlt werde.

Studierende #12: Ja, ich frage mich, ob es etwas gibt, was in dieses Wertesystem nicht eingebaut ist, wenn man von der Idee ausgeht, dass wir Freude daran haben sollten. Ist das wirklich etwas, was wir fördern wollen?

MF: Das ist nur ein potenzieller Aspekt - und das wäre nicht unbedingt das Einzige, was passieren würde - denn wollen wir nicht insgesamt die Bezahlung weniger betonen? Ich glaube, für Gibson-Graham geht es vor allem um eine diverse Wirtschaft, und für Nick und Alex um das Ende der Arbeit, oder? Man verabschiedet sich insgesamt von der Lohnarbeit als Modell. Die Tatsache, dass Leute Kreativarbeit verrichten würden, ohne dass sie gut bezahlt würden - nun, wenn wir uns auf eine postkapitalistische Welt hinzu bewegen, spielt die Bezahlung dann noch eine so große Rolle?

Studierende #12: Also geht es mehr um die Idee, dass im Moment die Arbeiter vom System ausgebeutet werden...

MF: Ja, möglicherweise. Teilweise ist es die Bescheidenheit des Modells, oder? Es schwimmt mit dem Strom gegenwärtiger Tendenzen und erreicht recht schnell einen Punkt, der weit entfernt davon scheint, wo wir uns im Moment befinden. Obwohl es machbar ist - logistisch machbar - und kein großer Schritt. Deshalb ist es ja so clever...

Also, ein feministischer Vorschlag - sie sagen, dass es Experimente mit der Familienstruktur erlaubt. Es bricht die Verbindung zwischen Leiden und Bezahlung.[46] Ich glaube, dass hier der Schlüssel liegt - die fast schon religiöse Dimension dessen, worüber sie da schreiben - die protestantische Arbeitsethik, die dem Leiden einen bestimmten religiösen Wert zuspricht - das Leiden hat einen intrinsischen Wert.

Ein Ansatz für eine Gegenhegemonie wäre hier, sich den bereits vorhandenen Hass auf Jobs zunutze zu machen. Hier ist ein Foto aus einer Fernsehserie, die vor einigen Jahren lief, vielleicht können sich einige von euch daran erinnern. Sie heiß *Benefits Street* [etwa *Eine Straße lebt vom Amt*, A.d.Ü.] und war sehr kontrovers, aber typisch für [den Sender] Channel 5 im Vereinigten Königreich, [der] sich auf solche Serien über Leute, die von Sozialhilfe leben, und das Schüren von Ressentiments spezialisiert hat.[47] Es wird die Idee verbreitet, dass sie es irgendwie besser haben. Sie bekommen Geld vom Sozialamt, aber sie sind besser gestellt als du – du gehörst zur hart arbeitenden Mitte, musst die Windschutzscheibe freikratzen und im Winter zur Arbeit fahren. Aber was hier wirklich zutage tritt, ist, dass die Leute ihre Scheißjobs hassen (*Lachen.*). Die Leute hassen ihre Jobs, deshalb denken sie, es sei besser, Sozialhilfe zu beziehen als arbeiten zu gehen.

Lasst uns noch kurz Paul Mason anschauen.[48] Tut mir leid, uns läuft die Zeit davon, heute haben wir uns wirklich viel vorgenommen.

Paul Mason bedient sich der Theorie von Kondratiev-Wellen. Die Idee war, dass der Kapitalismus sich durch lange Wellen der Entwicklung erneuert – und ich glaube, er kombiniert das mit ein bisschen Autonomia – Theorien, nach denen der Kapitalismus teilweise durch den Antagonismus der Arbeiterklasse angetrieben wird; dass sie dem Kapital Widerstand leistet und dadurch das Kapital zur Innovation zwingt. Teilweise ist die gegenwärtige Situation also dadurch zu erklären, dass das Kapital so gut darin geworden ist, die Arbeiterklasse klein zu halten, dass es im Stillstand verharrt. Das könnte auch erklären, warum es diesen Fall – dieses Abflachen der Wachstumsraten und diese Dinge – ihr wisst schon, Wirtschafts-Zeugs... (*Lacht.*)

Ich werde hier nicht so tun, als würde ich mich mit Wirtschaftswissenschaften auskennen – nicht im Geringsten. Es sind die kulturellen Dimensionen, die ich einigermaßen überblicken kann.

Aber es geht Paul Mason doch hauptsächlich um Information, nicht wahr? Das betont er immer wieder. Peter Druckers *Post-Capitalist Society*[49] – Peter Drucker war Unternehmensberater. Ich habe sein Buch nicht gelesen – würde mich aber interessieren... Für ihn ist Wissen in der postkapitalistischen Gesellschaft entscheidend. »Der universell gebildete Mensch« – laut Mason existiert diese Person heute als »vernetztes Individuum«.

Laut Mason ist die Entwicklung von Information und wissensbasierten Gütern entscheidend – »Informationsgüter«[50] – die, so argumentiert er, nach dem Prinzip der Nichtrivalität operieren. Wenn ich diesen Kugelschreiber besitze, besitzt du ihn nicht, er ist ein physischer Gegenstand. Wenn ich ein PDF von Masons Buch habe, hält dich nichts davon ab, auch eines zu haben. Information funktioniert so. In vielerlei Hinsicht ist es für uns alle von Vorteil, wenn wir sie alle besitzen. Dadurch, dass du es besitzt, verliere ich nichts. Laut Mason führt dies ein neues Prinzip ein, dass im Widerspruch zum Kapitalismus steht. Ein Grundgesetz der Ökonomie – oder der kapitalistischen Ökonomie – besagt, dass alle Güter knapp sind – aber das sind sie nicht. Man kann digitale Dateien praktisch unendlich oft kopieren. Sie sind nicht knapp.

Open Source gegen Microsoft: »Könnte Wikipedia allein durch kapitalistische Dynamiken erschaffen worden sein?«[51] Hätte man durch Marktanreize... Manche Menschen müssen durch andere Dinge als den Profit motiviert werden, wie sonst könnte es Wikipedia geben? Ein Peer-to-Peer-, auf Gemeingütern basierender Produktionsprozess – eine Open-Source-Form der Produktion – würde das Profitmodell kapitalistischer Konzerne bedrohen.

Tut mir leid, ich hetze jetzt durch das Material, damit wir etwas mehr Zeit für die Diskussion haben.

Er spricht vom »general intellect«[52] – hier sehen wir wieder den Einfluss der Autonomia, Negri und dergleichen, der ersten, die sich der Entwicklung dieser Passage aus Marx angenommen haben… [das »Maschinen-Fragment« aus Marx' *Grundrissen der Kritik der Politischen Ökonomie*].

General Intellect (so viel wie »allgemeines Wissen« oder »allgemeiner Verstand«): Eine wissensbasierte Gesellschaft, in welcher Arbeiterinnen den Maschinen vorstehen und sie überwachen… überwachen, nicht bedienen… Das Wissen ist in dieser Welt des allgemeinen Wissens vergesellschaftet. Es geht also um Wissen und Sozialität.

> Technologisch bewegen wir uns auf eine Welt der Nullpreisgüter zu, der nicht messbaren Arbeit, einem exponentiellen Anstieg der Produktivität und weitgehenden Automatisierung physischer Prozesse. Aber gesellschaftlich stecken wir in einer Welt der Monopole und Ineffizienzen, ruinösen finanzialisierten Märkten und weit verbreiteten »Bullshit-Jobs« fest.[53]

… einem Ausdruck, der von David Graeber stammt – sein Essay darüber ist sehr lesenswert, übrigens.[54]

> Heute besteht der Hauptwiderspruch zwischen der freien Verfügbarkeit reichlich vorhandener, gemeinschaftlich produzierter Güter und einem System von Monopolen, Banken und Regierungen, welche versuchen, über Macht und Information die Kontrolle zu behalten. Der Kampf zwischen Netzwerk und Hierarchie durchdringt alles.[55]

> Tatsache ist, dass dem Kapitalismus – der die Tendenz hat, Einkommensungleichheit, Informationsmonopole und die Macht der Finanzmärkte zu befördern – der Treibstoff ausgeht. Es ist Zeit, dass wir über Alternativen nachdenken.[56]

Okay, für Mason ist dieses Modell von Information und Wissen die Hauptbedrohung für den Kapitalismus. Er sieht hier eine Analogie zum Kollaps des Feudalismus und zum Aufstieg des Kapitalismus selbst.

Die fünf Prinzipien der Transition sind:[57]

Ein Verständnis für die Grenzen der menschlichen Willenskraft. Leninisten verstehen das nicht – die klassischen leninistischen Linksparteien dachten, dass Voluntarismus ausreicht, um den Kapitalismus zu bezwingen.

Ökologische Nachhaltigkeit. Wir müssen die Menschen verändern, nicht nur die Wirtschaft – es geht um Selbsttransformation, nicht nur darum, etwas außerhalb von uns, »die Wirtschaft«, umzugestalten. Hier klingen sicherlich Gibson-Graham an – ein großer Teil ihres Werkes dreht sich um diese Frage, sie betonen es wirklich mehr als alles andere. Und vielleicht, um die Perspektive des *Akzelerationistischen Manifests* einzunehmen, macht genau diese Betonung, ohne all das andere, dies so politisch.

Das Problem muss aus allen Richtungen angegangen werden. Um wieder auf Gibson-Graham zu rekurrieren: Wir brauchen eine Art Diversität. Die Macht der Information muss maximiert werden. Ich glaube, hier geht es um Transparenz, Wissen – vielleicht auch im Zusammenhang mit Wikileaks und all diesen anderen Dingen.

Die Schritte dahin wären die folgenden:[58]

Eine akkurate Open-Source-Simulation der gegenwärtigen wirtschaft-

lichen Verhältnisse. Er denkt, das sei möglich, denn die Rechenleistung dafür steht jetzt zur Verfügung, anders als in der Vergangenheit.

Ein Wechsel hin zum Modell eines »Wiki-Staats«. Das Modell der Privatisierung muss überwunden werden. Märkte müssen so gelenkt werden, dass es zu nachhaltigen, kollaborativen und sozial gerechten Effekten führt. Konzerne müssen dazu gezwungen werden, den Wandel voranzutreiben. Monopole müssen unterdrückt oder vergesellschaftet werden, Marktkräfte müssen verschwinden.

Einige Märkte können übrig bleiben, aber es besteht hier, glaube ich, ein Unterschied zwischen Märkten und Marktkräften – das ist ziemlich interessant. Er schreibt, dass, was Energie angeht, die Marktkräfte vollständig unterdrückt werden müssen, um Nachhaltigkeit erreichen zu können. Das Finanzsystem muss vergesellschaftet werden. Jeder Mensch muss ein Grundeinkommen erhalten – wie bei Nick und Alex – und Netzwerke müssen befreit werden.

Okay, fassen wir zusammen: Gibson-Graham betonen ökonomische Vielfalt und die Produktion neuer Subjektivitäten und Affekte. Bei Nick und Alex sind es die ökonomischen Forderungen nach einem Grundeinkommen, Automatisierung, kürzeren Wochenarbeitszeiten, ein bedingungsloses Grundeinkommen, das Überkommen der Arbeit in einer Post-Work-Gesellschaft. Und bei Paul Mason geht es um eine Art Modell von Information und Wissen – eine Art Open-Source-Politik.

Also, was denkt ihr? Mason sind wir jetzt ziemlich schnell durchgegangen... mich würde vor allem interessieren, was eure ersten Gedanken dazu wären.

Macht ein Ranking! Wer ist am besten, wer am schlechtesten?

Studierende #9: Also ich habe jetzt nicht wirklich ein Ranking...

(*Lachen.*)

MF: Nein, Quatsch, ihr sollt nicht wirklich ein Ranking erstellen...!

Studierende #9: Währned der Lektüre musste ich an einen Artikel denken, den ich vor Kurzem gelesen habe. Es ging um einen sehr hippen, trendy Chef von einer Firma, und er spricht davon, dass er einen Burnout bekommen hat, weil er in einem Job gearbeitet hat, wo es keine Hierarchien gab, und wo ihm keiner gesagt hat, was er zu tun hat. Davon hat er dann einen Burnout bekommen, weil er Schwierigkeiten hatte, sich selbst zu managen, und so weiter. Ich habe mich gefragt, wie das mit der Arbeitsethik von »Ohne Fleiß kein Preis« zusammenhängt. Was passiert, wenn man keine Arbeit hat? Würden alle nur Spaß auf Wikipedia haben, oder würden die Leute faul werden? Ich habe darauf keine Antwort, aber ich wollte die Frage in den Raum stellen.

MF: Gute Frage, nicht wahr? Aber ziemlich düster. Beantwortet Wikipedia das nicht schon? Wikipedia ist ja keine »Arbeit« – niemand wird dafür bezahlt. Vielleicht werden insgesamt zweihundert Leute bezahlt, aber die meisten, die zum Projekt beitragen, tun dies unbezahlt – das ist also bereits eine Antwort darauf.

Studierende #9: Ja, aber jetzt, wo ich [studiere], lese ich viel, weil ich dazu gezwungen bin, aber ich lese auch gern viel, wenn ich nicht an der Universität bin. Ich mache das nicht, weil man mich dazu zwingt... Ich weiß nicht – was glaubt ihr? Ich glaube, das ist das Argument des Neoliberalismus: Wenn man einmal einen Job hat, erledigt man Sachen – weil man es muss – aber was passiert, wenn man sich nicht in diesem Kontext befindet?

MF: Nein, das ist eine wirklich gute Frage, aber das Argument lautet: Ist nicht eine Menge kultureller Produktion bereits eine Antwort darauf? Die meiste Kulturproduktion findet unbezahlt statt – überhaupt nicht bezahlt, nicht einmal in kleinem Umfang.

Studierende #13: Man könnte argumentieren, dass sich dadurch die kulturelle Produktion erhöhen würde, weil alle mehr Zeit hätten.

MF: Ja! Ich glaube, das ist gut...

Studierende #14: Was ist mit Kultur, die unter anderen Umständen produziert wird? Ich glaube, einige der besten Dinge, die Leute schreiben, werden deshalb geschrieben, weil die Leute an einem System leiden, von dem sie nicht ausgebeutet werden möchten. Also, stellt euch vor, was produziert würde, wenn es da draußen nichts Schlechtes gäbe. (*Lachen.*) Die interessantesten kulturellen Erzeugnisse kamen immer aus der Gegenkultur, deshalb denke ich gerade darüber nach, wie eine Gegenkultur in einer Post-Work-Gesellschaft aussehen könnte?

MF: Okay, das ist sehr interessant, aber hier zeigt sich, wie einflussreich der Kult ums Leiden ist, den Nick und Alex erwähnen: Die Idee, dass dieses Leiden nicht entscheidend ist. Das ist das eine, [aber] das steht nicht unbedingt im Widerspruch zu dem, was du gerade gesagt hast.... (*Mark und mehrere Studierende fallen sich gegenseitig ins Wort.*)

Studierende #15: ... Vielleicht gibt es eine Art Resublimierung unserer Fähigkeit, etwas anderes zu tun, durch mehr Zeit...

MF: Ja, wir sind immer noch mit unserer Sterblichkeit konfrontiert, wir müssen immer noch mit Verlust umgehen. Arbeit ist nicht die einzige Form des Leidens... Entschuldigung, das klang etwas sarkastisch... aber es gäbe weiterhin andere Formen des Leidens. Die vollumfängliche prometheische Ambition wäre es, unsere Sterblichkeit ebenfalls zu überwinden, was die Sowjets eine Zeit lang für möglich hielten – und warum nicht? Wo sind die Grenzen? Das ist die prometheische Haltung...

Aber [Studierende #12] – ich glaube, du wolltest etwas sagen.

Studierende #12: Ich wollte nur etwas zur gesellschaftlichen Frage der Freizeit anmerken: In einer Post-Work-Gesellschaft müssten wir das neu bewerten. Warum würden wir überhaupt Dinge herstellen? Die Motivation wäre eine andere. Wir würden aus einem anderen Antrieb heraus handeln. Ich weiß nicht, aber das lässt mich nicht los.

MF: Ich denke dabei an die Beatles. Wie sieht eine Gesellschaft aus, welche die Arbeit überwunden hat? Wäre das Leben in ihr nicht ein bisschen wie ihres? Sie mussten nicht arbeiten. Anfang der Sechziger Jahre hatten sie sicherlich so viel Geld verdient, dass sie nicht arbeiten mussten. Zu dieser Zeit entstanden ihre interessantesten, experimentellsten Werke. Das geschah zum Teil, weil sie sich keine Gedanken mehr über ihr Gehalt machen mussten – und sie haben dadurch am Ende sogar mehr verkauft!
Ist das ein dummes Beispiel oder nicht? Ist das nicht, was die Gegenkultur der Sechziger heimsucht? Es gab einige Anzeichen dafür, wie eine Gesellschaft jenseits der Arbeit aussehen könnte. Ermöglicht haben das – um auf deinen Gedanken zurückzukommen – teilweise die Stipendien für Kunstschulen und dergleichen, welche die Leute für einige Zeit von der Packerei befreit haben...

Das gibt uns einige Hinweise, wie kulturelle Produktion in einer Post-Work-Gesellschaft aussehen könnte, aber das beantwortet natürlich nicht die Frage, die du gestellt hast, denn das hat ja in einem Kontext stattgefunden, in dem die Gesellschaft allgemein immer noch gearbeitet hat. Aber man könnte sich die Beatles oder andere erfolgreiche Künstlerinnen ansehen, die weiterarbeiten und Interessantes erschaffen – zählen sie nicht als Gegenargument? Wenn lediglich ihr frühes Werk interessant wäre, bevor sie vom Arbeitszwang befreit waren, dann wäre das ein valider Einwand, aber nachdem sie für einige Zeit vom Druck der Erwerbsarbeit befreit waren, wird ihr Werk – nun, was wäre der richtige Ausdruck für das, was sie produzieren? – es bleibt auf jeden Fall interessant, und wird sogar noch interessanter!

Studierende #9: Das ist interessant, weil es den Mythos offenbart, dass Kreativität nur möglich ist, wenn man leidet – Bullshit, wenn man mich fragt...

MF: Nun, vielleicht ist es auch kein Mythos...

Studierende #9: Für mich ist es einer.

MF: Vielleicht ist es ein Mythos, vielleicht auch nicht – die Sache ist eben, dass es schwierig ist, das zu testen, denn unsere Welt ist voller Leiden, und wir können sie uns kaum anders vorstellen. Aber wenigstens können wir eine Vorstellung davon bekommen, wie eine Welt ohne bestimmte Formen des Leidens aussehen könnte, denn wir können beobachten, was mit bestimmten Leuten passiert, wenn sie davon befreit werden.

Wäre das ein guter Anfang? Ich glaube, dies sind die Dinge, über die wir nachdenken sollten. Es besteht hier ein direkter Zusammenhang zu dem, über was Marcuse gerne sprechen würde – diese Fragen...

Ich hätte gerne, dass jede Woche jemand die Texte vorstellt – nicht ich. Ihr könnt sie vorstellen, wie ihr mögt, es muss keine formale Präsentation sein, ihr könnt einfach die Diskussion einleiten, so dass es jemand anderes macht, nicht ich. Offensichtlich habe ich heute diesen Part übernommen. Und ich werde wahrscheinlich für nächste Woche so etwas vorbereiten, als eine Art Backup... Ich habe heute viel zu viel gesprochen, aber ich glaube, der Grundstein für die weitere Diskussion ist gelegt.

Gibt es vielleicht eine Freiwillige, die Marcuse nächste Woche vorstellen möchte?

Studierende #16: Ich mach' das.

MF: Fantastisch! Jemand für Ellen Willis...?

Studierende #17: Das kann ich machen.

MF: Ah, vielen Dank! Wenn ihr gerne Handouts oder eine PowerPoint-Präsentation erstellen würdet, könnt ihr das gerne tun. Oder ihr könnt einfach ein paar Punkte ansprechen. Macht das ganz, wie ihr wollt, Hauptsache es bin nicht ich, der anfängt...

Studierende #16: Also nur einige Minuten?

MF: Ja, genau, nur ein paar Minuten. Ein paar wichtige Punkte, Dinge, die ihr diskutieren wollt, etc.

Okay, also, das war's... das war die erste Sitzung. (*Lachen.*)

Endnoten

1 Der Werbespot kann hier angesehen werden: https://youtu.be/2zfqw8nhUwA

2 Da sich der Spot so direkt auf das Werk von Orwell bezog, sah der Nachlass darin eine Urheberrechtsverletzung und schickte eine Aufforderung zur Unterlassung seiner Ausstrahlung an Apple. Siehe: William R. Coulson, »'Big Brother' is Watching Apple: The Truth About the Super Bowl's Most Famous Ad«. *Dartmouth Law Journal.* Winter 2009, 7 (1): 106–115.

3 »Hyperstition« ist ein Begriff aus Fishers Werk während seiner Zeit am Cybernetic Culture Research Unit an der Universität von Warwick in den späten 1990ern. In seiner grundlegenden Form ist sie ein Prozess, bei dem sich Fiktionen selbst verwirklichen. Am CCRU wurde folgende Definition verwendet: »Ein Element der effektiven Kultur, was sich selbst verwirklicht, durch fiktionale Quantitäten, die als Zeitreisepotentiale fungieren. Hyperstition fungiert als Zufallsverstärker und verursacht einen Ruf an die Alten.« Siehe: CCRU: »Appendix 1: Ccru Glossary«, *CCRU Writings 1997-2003.* Falmouth: Urbanomic Media, 2017, 363.

4 VLE steht für das »Virtual Learning Environment« der Universität – ein Server, auf dem Lehrmaterialien und andere Informationen für Studierende und Personal geteilt werden können.

5 »Levi's 1984 Russia« kann unter folgendem Link auf YouTube angesehen werden: https://www.youtube.com/watch?v=Z3pe-3ZnL8Y

6 Der betreffende Ausschnitt der Sendung *Have I Got News for You* kann unter folgendem Link auf YouTube angesehen werden: https://www.youtube.com/watch?v=3252FSW7OC4

7 Dies bezieht sich auf die Aufstände im Mai 1968 in Frankreich, als linke Studierendenproteste sich einem Generalstreik anschlossen. Der Aufstand, der auf Universitäten und in Fabriken konzentriert war, brachte die Wirtschaft des Landes zum Erliegen und führte fast zum Sturz der französischen Regierung.

8 Julie Graham und Katherine Gibson, die unter dem gemeinsamen Pseudonym J.K. Gibson-Graham schreiben, Anm. d. Übers.

9 Nur Antonio Negri war Teil der Autonomia; Michael Hardt, der 1960 geboren wurde und 20 Jahre jünger als Negri war, lebte als Teenager in den USA, als die Bewegung begann.

10 Die »Gefangenschaft des Touchscreen« [*touchscreen capture*] ist ein anderes Seminarthema, dessen Namen direkt aus einem Essay Fishers stammt: Siehe: Mark Fisher, »Touchscreen Capture«, n*oon: An Annual Journal of Visual Culture and Contemporary Art*, Vol. 6: Post-Online. Gwangju, South Korea: Gwangju Biennale Foundation, 2016.

11 Text von Folie 5:
Was sind einige der Vorteile des Konzepts des Postkapitalismus (gegenüber Kommunismus, Sozialismus usw.)?

1. Er ist nicht durch Assoziationen mit gescheiterten und unterdrückerischen Projekten belastet.
2. Er impliziert den Sieg – der Kapitalismus wird enden und durch etwas anderes ersetzt werden.
3. Er geht vom hier und jetzt aus – was der Kapitalismus bereits geschaffen hat – seine Annehmlichkeiten wie auch seine unterdrückerischen Elemente.

12 Text von Folie 6:
Was sind die Nachteile des Konzepts des Postkapitalismus?

1. Es bleibt an den Kapitalismus gebunden (d.h. es könnte des Kapitalozentrismus schuldig sein).
2. Es benennt kein positives Projekt.
3. Es verbleibt in der »Post-«Temporalität.
4. Nicht notwendigerweise progressiv (siehe Peter Frases Four Futures: Life After Capitalism *– nur zwei der vier Zukünfte sind progressiv!)*

13 Siehe: Peter Frase, *Four Futures: Life After Capitalism*. London: Verso Books, 2016.

14 Der Begriff »Luxuskommunismus« stammt aus den Protestbewegungen in Folge der Finanzkrise. Siehe Brian Merchant, »Fully automated luxury communism«, *The Guardian*, 18 March 2015: https://www.theguardian.com/sustainable-business/2015/mar/18/fully-automated-luxury-communism-robots-employment. Siehe auch: Aaron Bastani, *Fully Automated Luxury Communism*. London: Verso Books, 2019.

15 Die Abbildungen auf den Folien 7 und 8 stammen aus: »Mapping the Emerging Post-Capitalist Paradigm and its Main Thinkers«, *Commons Transition*, 2 December 2015: http://common-stransition.org/mapping-the-emerging-post-capitalist-para-digm-and-its-main-thinkers/

16 J.K. Gibson-Graham, *A Post-Capitalist Politics*. Minneapolis and London: University of Minnesota Press, 2006, 4. [Folie 9, eigene Übersetzung]

17 Ebd.., 5. [Folie 10, eigene Übersetzung]

18 Wendy Brown, »Wounded Attachments«, *Political Theory*, Band 21, Nr. 3 (Aug., 1993), 390–410.

19 Gibson-Graham, *A Post-Capitalist Politics*, 5–6. [Folie 11, eigene Übersetzung]

20 Siehe: Walter Benjamin, »Left-Wing Melancholy«, *The Weimar Republic Sourcebook*, hrsg. v. A. Kaes, M. Jay und E. Dimendberg. Berkeley: University of California Press, 1994.

21 Gibson-Graham, *A Post-Capitalist Politics*, 6. [Folie 12, eigene Übersetzung]

22 Text von Folie 13:
Gibson-Graham über die Sackgasse der »Modernistischen Klassenpolitik«:

> *»Auf einer Ebene ist die Krise der modernistischen Klassenpolitik eine Krise des Begehrens, und wo die beide Filme sich am stärksten unterscheiden, ist in ihrer Repräsentation dieser Krise. In* Brassed Off *steckt das Begehren fest: Fokussiert darauf, die Zechen offen zu halten, eine Arbeit zu behalten (und so vom Kapital ausgebeutet zu werden); auf Solidarität, die auf gemeinsamen männlichen Erfahrungen beruht, darunter die der kapitalistischen Ausbeutung, darauf, Gemeinschaften, welche auf Ausbeutung und zerstörerischer, lebensfeindlicher Arbeit beruhen, am Leben zu erhalten. Das Begehren ist hier durch seine Fixierung auf einen kapitalistischen Anderen ausmanövriert – auf Arbeit und auf ein antagonistisches politisches Gegenstück, die ›Arbeiterklasse‹. Aus Gibson-Graham,* A Post-Capitalist Politics, *11. [eigene Übersetzung]*

23 Text von Folie 14:
Wie können wir die Sackgasse überwinden?
Dislokation – den »Kapitalozentrismus« überwinden:

> *»Wir können damit beginnen, die ökonomische Identität zu ‚entfestigen', indem wir den dominanten kapitalozentrischen Diskurs über die Wirtschaft dekonstruieren, in der kapitalistische ökonomische Aktivität als Modell für die ganze Wirtschaft dient. Wir können die Einheit und die Hegemonie des neoliberalen globalen kapitalistischen Diskurses durch ein proliferatives Unterlaufen* [queering] *der Wirtschaftslandschaft und die Konstruktion einer neuen Sprache der ökonomischen Diversität verdrängen.« [eigene Übersetzung]*

24 Gibson-Graham, *A Post-Capitalist Politics*, 56. [eigene Übersetzung]

25 Abbildung auf Folie 15: Abbildung 18 aus Gibson-Graham, *A Post-Capitalist Politics*, 70: »The iceberg. From Community Economies Collective 2001; drawn by Ken Byrne«.

26 Gibson-Graham, *A Post-Capitalist Politics*, 56. [eigene Übersetzung]

27 Text von Folie 16:
G-G über die Bedeutung des Feminismus für die Überwindung der traditionellen Partei:

> »Alternative Organisationsformen: Der ›organisatorische Horizontalismus‹ förderte alternative Möglichkeiten, (mächtig) zu sein, einschließlich der direkten und gleichen Beteiligung, dem Verzicht auf das Monopol auf das gesprochene Wort oder Informationen, die Rotation von Gelegenheitsaufgaben und Verantwortlichkeiten, Verzicht auf Spezialisierung von Funktionen und die Delegation der Macht" (Alvarez, Dagnino und Escobar 1998, 97)

»Die lose miteinander verknüpften Kämpfe und Ereignisse der feministischen Bewegung waren in der Lage, einen sozialen Wandel in einem noch nie dagewesenen Ausmaß herbeizuführen, ohne eine Avantgardepartei oder eine der anderen ›Notwendigkeiten‹, die wir mit politischer Organisation verbinden. Die komplexe Verflechtung von alternativen Diskursen, gemeinsamer Sprache, verkörperten Praktiken, Selbstentwicklung, Aktionen und globaler Transformation des Feminismus der zweiten Welle hat unser Denken über eine Politik der ökonomischen Möglichkeiten genährt – und uns mit den klaren, einfachen ontologischen Konturen einer feministischen Vision konfrontiert: Wenn Frauen überall sind, ist irgendwo immer eine Frau, und diese Orte werden transformiert, wenn Frauen sich selbst transformieren.« [eigene Übersetzungen]

28 Gibson-Graham, *A Post-Capitalist Politics*, 56. [eigene Übersetzung]

29 Ebd., xxiv.

30 Text von Folie 17:
G-G über die Überwindung der mit der traditionellen linken Politik verbundenen Affekte

Neue Affekte: »Die Affekte der sich entwickelnden Gemeinschaft sind nicht dieselben, welche traditionell mit linker Politik verbunden werden – die Wut und Entrüstung, die sich auf heroische Kämpfe beziehen, oder der Zynismus und die Rechthaberei, die in linken politischen Bewegungen als starker emotionaler Unterton präsent sind. Der Affekt dieses Films hat eine verführerische Qualität der Verwunderung, da ein Bewusstsein vom und die Freude am Anderssein die Charaktere ergreift. In dieser utopischen Atmosphäre werden Misstrauen, mangelnde Anerkennung und Verurteilung zeitweise aufgehoben und es entwickelt sich eine Solidarität, die nicht auf Gleichförmigkeit basiert, sondern auf der Einsicht, dass der oder die Andere das Selbst erst ermöglicht – was in dem Moment gipfelt, in dem Publikum und Darsteller zusammenkommen und sowohl die Aufführung als auch die jeweilige Rolle des Anderen darin ermöglichen.« [eigene Übersetzung.]

31 Gibson-Graham, *A Post-Capitalist Politics*, 18. [eigene Übersetzung.]

32 Ebd.

33 *Ressentiment* ist ein Begriff, der meist mit dem Werk Friedrich Nietzsches in Verbindung gebracht wird, und der eine Art reaktionäre Feindschaft gegenüber allem außerhalb des Selbst, vor allem aber außerhalb der eigenen sozialen Position beschreibt. Er ist Teil der Problematisierung von Hegels berühmter Dialektik von Herr und Knecht und bezeichnet eine Art Minderwertigkeitskomplex, der sich durch eine machtlose Wut, die sich eher in Selbstgeißelung als in revolutionärer Aktivität niederschlägt, ausdrückt. Nietzsche schreibt hierzu: »Der Sklavenaufstand in der Moral beginnt

damit, dass das Ressentiment selbst schöpferisch wird und Werthe gebiert: das Ressentiment solcher Wesen, denen die eigentliche Reaktion, die der That versagt ist, die sich nur durch eine imaginäre Rache schadlos halten. Während alle vornehme Moral aus einem triumphirenden Ja-sagen zu sich selber herauswächst, sagt die Sklaven-Moral von vornherein Nein zu einem ›Ausserhalb‹, zu einem ›Anders‹, zu einem ›Nicht-selbst‹: und dies Nein ist ihre schöpferische That. Diese Umkehrung des werthesetzenden Blicks — diese nothwendige Richtung nach Aussen statt zurück auf sich selber — gehört eben zum Ressentiment: die Sklaven-Moral bedarf, um zu entstehn, immer zuerst einer Gegen- und Aussenwelt, sie bedarf, physiologisch gesprochen, äusserer Reize, um überhaupt zu agiren, — ihre Aktion ist von Grund aus Reaktion.« Friedrich Nietzsche: Werke in drei Bänden. München 1954, Band 2, S. 781.

34 Text von Folie 18:
Die Ökonomie der Gemeinschaft versus die kapitalistische Mainstream-Ökonomie: Lakshman Yapa (2014) *Take Back the Economy: An Ethical Guide for Transforming Our Communities*, The AAG Review of Books, 2:1, 25-29 [Hyperlink: http://www.tandfonline.com/doi/pdf/10.1080/2325548X.2014.894422]

»Für Gibson-Graham, Cameron... bedeutet die Rückeroberung der Wirtschaft durch ethisches Handeln Folgendes:
- *Gut und gerecht überleben und leben.*
- *Mehrwert verteilen, um die soziale und ökologische Gesundheit zu erhöhen.*
- *Andere unterstützen und ihr Leben wie unser eigenes zum besseren verändern.*
- *Nachhaltig konsumieren,*
- *Unseren Wohlstand in künftige Generationen investieren, so dass auch sie gut leben können.*

Hiernach merken die Autorinnen an:

> *»Eine Wirtschaft, welche auf diesen ethischen Überlegungen aufbaut, nennen wir eine gemeinschaftliche Ökonomie – ein Raum für Entscheidungsfindung, wo wir unsere gegenseitige Abhängigkeit zu anderen Menschen, Spezies und der Umwelt anerkennen und verhandeln. Und durch diesen Aushandlungsprozess werden wir zur Gemeinschaft.«* [s. Xix, eigene Übersetzung]

35 Gibson-Graham, *A Post-Capitalist Politics,* xix. [eigene Übersetzung]

36 Bild auf Folie 19: Abbildung 23 aus Gibson-Graham, *A Post-Capitalist Politics*, 80: »Key words of economy and community economy. From Bernard and Young (1997), Crouch and Marquand (1995), Meeker-Lowry (1995), Ife (1995), Pearce (1993), Power (1996), and Wildman (1993)«.

37 Nick Srnicek und Alex Williams, »#Accelerate: Manifesto for an Accelerationist

Politics« in #ACCELERATE: *The Accelerationist Reader*, hrsg. v. Robin Mackay and Armen Avanessian. Falmouth and Berlin: Urbanomic; Merve, 2014, 354. [Folie 20].

38 Text von Folie 21:
Srniceks und Williams' Forderungen für eine Postarbeitsgesellschaft: (Zunächst) Die Forderung nach Forderungen selbst (»Eine Politik ohne Forderungen ist einfach eine Ansammlung von ziellosen Körpern«). Diese Forderungen sollten die Form nicht-reformistischer Reformen annehmen. Diese Reformen haben (1) utopische und antagonistische Komponenten, und (2) basieren auf den tatsächlichen Tendenzen der heutigen Welt.

39 Nick Srnicek und Alex Williams, *Inventing the Future: Postcapitalism and a World Without Work*. London und New York: Verso, 2015, 107.

40 Ebd., 108.

41 Ebd.

42 Ebd., 109. [Folie 22].

43 Text von Folie 23 laut vorgelesen.

44 Text von Folie 24:
• Die Forderung nach einer verkürzten Arbeitswoche
Eine Rückbesinnung auf die klassischen Forderungen der Arbeiterbewegung
• Sie ist eine positive Antwort auf fortschreitende Automatisierung.
• Sie hat umweltpolitische Vorteile (weniger pendeln, weniger Konsum, der mit dem Arbeitsweg zusammenhängt).
• Die Verhandlungsmacht der Arbeiterinnen wird erhöht – dies würde die Aktivität von Gewerkschaften und anderen Gruppen (etwa Zusammenschlüsse prekärer Arbeiterinnen) verlangen.

45 Text von Folie 25:
Die Forderung nach einem Bedingungslosen Grundeinkommen.
Es muss zum Leben reichen und universell sein. Es muss den bestehenden Sozialstaat ergänzen, nicht ersetzen.

Vier Hauptargumente dafür:
1. Politische Transformation – das Proletariat kann von einem Job leben und würde in der Gesamtbetrachtung Macht hinzugewinnen.
2. Prekarität wird zu Flexibilität der Bedingungen transformiert, die für die Beschäftigten günstig sind.
3. Die Bewertung der Arbeit verändert sich – langweilige, repetitive Arbeit müsste höher bezahlt, kreative und intrinsisch erfüllende Arbeit würde weniger gut bezahlt.
4. Ein feministischer Vorschlag – erlaubt Experimente mit der Familienstruktur.

46 Text von Folie 26:
Die Forderung nach einem Bedeutungsverlust der Arbeitsmoral:
Bricht die Verbindung zwischen Leiden und Bezahlung.
Ansatz für eine Gegenhegemonie wäre hier, sich den bereits vorhandenen Hass auf Jobs zunutze zu machen!

47 *Benefits Street* wurde tatsächlich von Channel 4 [nicht Channel 5, a.d.Ü.] in Großbritannien gesendet. Das war einer der Gründe, warum die Serie so viel Empörung verursachte, da der Sender in den 1980ern und 1990ern für seine progressive Programmgestaltung bekannt gewesen war. Leider, wie Fisher in seinem Essay für *The Humanist* über die Serie von 2014 bemerkte, war *Benefits Street* »Teil eines reißerischen Trends im Dokumentarfilm. Tracy Jensen sagte [2013] in der Zeitschrift *Sociological Imagination* einen ›Sommer des Armutspornos‹ voraus, und führte beispielhaft Serien wie *How To Get A Council House, Why Don't You Speak English?, Benefits Britain 1949 (alle Channel 4)* und *We All Pay Your Benefits* (BBC1) auf.« Später schreibt er: »Es ist ein Zeichen, wie schlecht das Programm von Channel 4 geworden ist, dass man Benefits Street wahrscheinlich als einen ihrer besseren jüngeren Versuche, eine Dokumentarfilm zu produzieren, bezeichnen könnte. Wenn man den katastrophalen Einfluss des Neoliberalismus auf die britische Kultur verstehen will, gibt es kein besseres Beispiel als Channel 4. Ein Sender, der einmal Europäische Kunstfilme, ernsthafte philosophische Diskussionen und politisch anspruchsvolle Dokumentationen ausstrahlte, wurde nun dazu erniedrigt, Effekthascherei auf unterstem Niveau zu betreiben, die sich kaum noch parodieren lässt.« Siehe: Mark Fisher, »Classless Broadcasting: *Benefits Street*«, *k-punk*, 236 und 238. [eigene Übersetzung]

48 Text von Folie 27:
Masons Version des Postkapitalismus:

Bedient sich der Theorie von Kondratiev-Wellen – die Idee, dass der Kapitalismus sich durch lange Wellen der Entwicklung erneuert – aber eine Erneuerung ist nicht zu erkennen. Der Kapitalismus ist auch deshalb im Abschwung gefangen, weil er so erfolgreich war – der Erfolg des Neoliberalismus, die Arbeiterklasse zu zähmen, hat also den wichtigsten Innovationstreiber des Kapitalismus ausgeschaltet. (Arbeiterklasse leistet dem Kapital Widerstand und zwingt es dadurch zur Innovation)

49 Text von Folie 28:
- *Peter Drucker – Post-Capitalist Society*
- *Zentrale These: Das Wissen ist zur Schlüsselressource der gegenwärtigen Gesellschaft geworden.*
- *Hauptfrage: Wie können wir die Produktivität des Wissen verbessern?*
- *Was ist der soziale Archetyp dieser neuen Gesellschaft? »Der Universell gebildete Mensch« – laut Mason existiert diese Person heute als »vernetztes Individuum«.*

50 Text von Folie 29:
»Informationsgüter verändern alles«
»Sobald die Kosten für die Erstellung eines neuen Satzes von Anweisungen entstanden sind, können sie ohne zusätzliche Kosten immer wieder verwendet werden.« (Romer)

Der Informationskapitalismus reagiert darauf, indem er das Kopieren bestimmter Daten illegal macht – »Im Info-Kapitalismus ist ein Monopol ... die einzige Möglichkeit, wie eine Industrie funktionieren kann.« Dies bricht das Grundgesetz der Ökonomie: das der Knappheit der Güter.

Informationsgüter funktionieren über »Nicht-Rivalität« (nur weil ich eines habe, hindert dies dich nicht daran, eines zu haben – der Mehrwert entsteht sogar durch die gemeinsame Nutzung).

Open Source gegen Microsoft.

51 Text von Folie 30:
Der Fall von Wikipedia

Könnte Wikipedia allein durch kapitalistische Dynamiken entstanden sein? Ist Open-Source oder (»commons-basierte Peer-to-Peer-Produktion«) das Modell für eine neue Art von sozialen und wirtschaftlichen Beziehungen? (Mason: »Genau zu dem Zeitpunkt in der Geschichte, als es möglich wurde, Dinge ohne den Markt oder das Unternehmen zu produzieren, begannen viele Menschen damit«.)

Dies ist Teil einer »neuen nachhaltigen Produktionsweise« (Benkler): »Wenn die freie Marktwirtschaft mit geistigem Eigentum zu einer Unterverwertung von Informationen führt, dann kann es in einer Wirtschaft, die auf der vollumfänglichen Nutzung von Informationen basiert, keinen freien Markt oder absolute Eigentumsrechte geben«.

52 Text für Folie 31:
Der *general intellect*

Im Maschinen-Fragment *entwirft Marx das Bild einer Welt, in der die Arbeitenden außerhalb des Produktionsprozesses treten – sie werden zu Aufsehern statt zu Bedienern der Maschinen. Die Produktivkraft der Baumwollspinnmaschine, des Telegraphen und der Dampflokomotive übertrumpfte die Arbeitskraft, die notwendig war, um diese herzustellen, aber hing von wissenschaftlichen und technologischen Entwicklungen ab.*

In einer Welt, die von solchen Maschinen dominiert ist, muss das Wissen sozial geteilt werden.

Das Kapital wird dazu gezwungen sein, das Wissen der Arbeitenden weiterzuentwickeln – die Technologie entwickelt sich als Teil eines »general intellect«.

53 Paul Mason, *Postcapitalism: A Guide to Our Future.* London: Allen Lane, 2015, 144. [Folie 32].

54 Siehe: David Graeber, »On the Phenomenon of Bullshit Jobs«, *STRIKE! Magazine.* Ausgabe 3, »The Summer of...«, August 2013: https://www.strike.coop/bullshit-jobs/ Siehe auch: David Graeber, Bullshit Jobs: A Theory. London: Allen Lane, 2018.

55 Mason, *Postcapitalism: A Guide to Our Future,* 144. [Folie 32].

56 Ben Schiller, »Welcome to the Post-Work Economy«, *Fast Company,* 15. März 2016: https://www.fastcompany.com/3056483/welcome-to-the-post-work-economy

57 Text zu Folie 33:
Masons fünf Prinzipien der Transformation:

1. Ein Verständnis für die Grenzen der menschlichen Willenskraft
2. Ökologische Nachhaltigkeit
3. Die Transformation muss eine menschliche sowie eine wirtschaftliche sein.
4. Das Problem muss aus allen Richtungen angegangen werden.
5. Die Macht der Information maximieren

58 Text von Folie 34:
Schritte hin zu dieser Transformation:

1. Eine akkurate und Open-Source-Simulation der gegenwärtigen wirtschaftlichen Verhältnisse.
2. Ein Wechsel hin zum Modell eines »Wiki-Staats«. Das Modell der Privatisierung muss überwunden werden. Märkte müssen so gelenkt werden, dass es zu nachhaltigen, kollaborativen und sozial gerechten Effekten führt. Konzerne müssen dazu gezwungen werden, den Wandel voranzutreiben.
3. Monopole müssen unterdrückt oder vergesellschaftet werden.
4. Marktkräfte müssen verschwinden – einige Märkte können überleben (unter Einschränkung von Patenten und geistigem Eigentum), aber Marktkräfte müssen im Bereich des Energiegroßhandels vollständig unterdrückt werden.
5. Das Finanzsystem muss vergesellschaftet werden.
6. Jeder Mensch muss ein Grundeinkommen erhalten
7. Das Netzwerk muss befreit werden!

Zweiter Vortrag

»Eine gesellschaftliche und psychische Revolution schier unfassbaren Ausmaßes«:

Die Bohème der Gegenkultur als Präfiguration

14. November 2016

(Eine Studierende führt zu Beginn Marcuses »Dialektik der Kultur« ein, mit Fokus auf Sigmund Freuds Anekdote der »Urhorde«, welche zuerst von Charles Darwin beschrieben wurde und die Freud in Totem und Tabu, *erschienen 1913, aufgreift. Die Einführung ist ziemlich lang und ausführlich, der Inhalt sei hier verkürzt wiedergegeben: Freud bedient sich Darwins These, um die Entstehung des gesellschaftlichen Inzestverbots zu erklären. »Darwin schloß aus den Lebensgewohnheiten der höheren Affen, daß auch der Mensch ursprünglich in kleineren Horden gelebt habe, innerhalb welcher die Eifersucht des ältesten und stärksten Männchens die sexuelle Promiskuität verhinderte.«, so Freud.*[1] *Wenn das älteste Männchen schwächer wird, wird es von jüngeren herausgefordert, der Sieger bildet eine neue Gemeinschaft und vertreibt seine Rivalen. Freud argumentiert, mit Rückgriff auf die Werke verschiedener anderer Anthropologen, dass sich »im Laufe der Zeit […] aus diesen Zuständen die jetzt als Gesetz bewußte Regel ergeben hat: Kein Sexualverkehr mit den Herdgenossen.«*[2]

Doch durch diese Verschiebung hin von einem gesellschaftlichen Verhältnis zu einer bewusst verstandenen Regel wird die Figur des Stammvaters durch ein »Totem« ersetzt. Dies könnte ein physisches, aber auch ein imaginäres Objekt sein. In einigen primitiven Gesellschaften wird das Opfer des Patriarchen durch ein Tieropfer ersetzt. Freuds Fallstudien an Patienten des 20. Jahrhunderts zeigen eher, dass die Vaterfigur durch ein Symbol ersetzt wird.

Freud integriert seine Beobachtungen in seiner Theorie des Unterbewusstseins, und vor allem seine Auffassung eines Ödipus-Komplexes, nach welcher die symbolische Form des Vaters mit der Herausbildung des Über-Ich zusammenhängt. Für Freud ist die Internalisierung des Inzestverbots der entscheidende Moment der Unterwerfung – das heißt, der Kontrolle und Repression – des Begehrens in der Gesellschaft.

Diese Beobachtungen entwickelt Herbert Marcuse in seinem 1955 in den USA unter dem Titel Eros & Civilization *[Triebstruktur und Gesellschaft] erschienenen Buch weiter, passt sie an seine Gegenwart an und zeigt auf, inwiefern die Unterdrückung des Begehrens heute durch sehr viel ausgeklügeltere Systeme der Kontrolle erfolgt und dass die Gründe hierfür wesentlich komplexer als das Inzestverbot und das Prinzip der Fremdheirat sind.*

Nach der Einführung durch die Studierenden situiert Fisher das Buch im historischen Kontext, wie auch im Gesamtzusammenhang des Kurses.)

Mark Fisher: Okay, Marcuses Buch ist also 1955 erschienen. Marcuse selbst war ein Mitglied der späten Frankfurter Schule, und er hat sich dem Geist der Frankfurter Schule verpflichtet gefühlt, ich denke, vor allem dahingehend, dass er ihr Projekt einer Art Fusion von Freud und Marx weiterverfolgen wollte.

Ich glaube, Marcuse schlägt einen anderen Tonfall an als seine Vorgänger, von denen wahrscheinlich Adorno am bekanntesten ist. Das hat meiner Ansicht nach viel damit zu tun, dass Marcuse eine sehr viel romantischere Figur ist… Ich meine das nicht im alltäglichen Sinn von »Romantik«, sondern im philosophischen und kulturellen Sinn. Er spricht der Kunst einen hohen Stellenwert zu. Auf Adorno trifft dies ebenso zu, aber Adorno vermittelt viel weniger eine Vorstellung davon, wie das Leben jenseits kapitalistischer Unterdrückung aussehen könnte. Marcuse zeichnet, so denke ich, ein viel lebhafteres Bild davon.

Ich denke, wir müssen uns hier die Frage stellen: Warum Freud?

Warum ist er an dieser Stelle wichtig? Das ist überhaupt eine Frage, die wir der Frankfurter Schule und uns selbst allgemein in diesem Kurs stellen können. Ich glaube, was dieses Modul betrifft, so lautet die Antwort darauf, dass, selbst wenn wir mit Freuds Beschreibung des Begehrens nicht einverstanden sind, wir dennoch sozusagen daran vorbei oder drüber hinweggehen müssen. Natürlich war Freud vor allem so wichtig, weil er der Triebstruktur eine so zentrale Rolle zugesprochen hat – in seinen Theorien, aber auch in seinem Verständnis der Funktionsweise individueller menschlicher Psychen und der sozialen Welt.

Vielleicht kann man hier zwei verschiedene Ebenen identifizieren, auf denen Freud operiert. Die erste ist die quasi-biologistische Naturalisierung gegenwärtig vorhandener Begehren – also, die Verankerung von Wünschen, die im Moment zugänglich sind, oder sogar geäußert werden, in einer biologischen Grundlage. »Anatomie ist Schicksal« lautet ein berühmtes Zitat von ihm... Aber wenn dies tatsächlich so ist... Nun, heutzutage können wir unsere Anatomie verändern – hier haben wir neue Möglichkeiten, die früheren Generationen verwehrt waren. Vielleicht ist seine Aussage deshalb nicht so deterministisch, wie sie vielleicht auf den ersten Blick erscheint. Aber Freud hat eine klar konservative Seite: biologistisch und naturalisierend.

Demgegenüber steht Freuds Idee, dass es überhaupt keine natürliche Form des Begehrens gibt. An dieser Einsicht versucht Marcuse festzuhalten – der historischen Seite von Freuds Werk.

(Die Sitzung wird durch verspätete Studierende unterbrochen, es sind Stühlerücken und verschiedene Stimmen zu hören. Fisher kündigt an, er werde sich nach einem größeren Raum für die Veranstaltung erkundigen.)

Gut, aber die radikale Seite Freuds geht, denke ich, von einer anderen Einsicht aus: Der Idee der Historizität und Plastizität des Begehrens – und vielleicht steht der Wechsel vom Wort »Instinkt« zum Wort »Trieb« hier mehr für ein Übersetzungsproblem... Spricht jemand Deutsch?... Ja, also auf Deutsch heißt es »Trieb«, richtig? Dieses Wort bedeutet eher so etwas wie »Antrieb« als »Instinkt«, glaube ich.

Studierende #1: Ich habe Freud nicht gelesen, daher weiß ich nicht, welches Wort er verwendet, aber...

Studierende #2: Entschuldigung, kannst du das Wort noch mal wiederholen?

MF: Sorry: T-R-I-E-B... (*Verständnisvolles Murmeln.*) Ja, also wie würde man das wörtlich übersetzen?

Studierende #3: Wie heißt das nochmal? Was du gerade gesagt hast?

MF: *Trieb.*

Studierende #3: Ah, ja!

Studierende #2: Ich würde es definitiv mit »Antrieb« [*drive*] übersetzen, aber, wie du schon angemerkt hast, ist das nicht wirklich dasselbe...

MF: Ja! »Trieb« hat doch eine ganz andere Betonung als »Instinkt«, oder nicht? Wenn man das so übersetzt, trifft man eine wichtige Entscheidung.

Okay, also was ist der Unterschied, denkt ihr? Was steht hier auf dem Spiel? Wenn man sagt, etwas sei ein »Trieb«, wie unterscheidet sich das von einem Instinkt?

Studierende #3: »Instinkt« ist sehr biologisch, oder?

MF: Ja, stimmt. Bei »Trieb« klingt, wenigstens prinzipiell, eine

Art mechanische oder nicht-biologische Natur an, welche impliziert, dass Triebe umgeleitet und umgewandelt werden können. Und es klingt durch, dass sie nicht einfach nur natürlich sind. Sie sind nicht einfach als Teil der menschlichen Biologie »gegeben«. Es gibt hier also eine Unterscheidung zwischen Menschen und anderen Tieren.

Man könnte sich fragen: »Haben Tiere Triebe?« Das ist keine rhetorische Frage, sondern eine offene. Ich glaube, wir können diese Frage durchaus stellen. Wir können sagen, dass sie Instinkte haben, aber haben sie auch Triebe? Und umgekehrt können wir uns selbst fragen: »Haben wir wirklich so etwas wie Instinkte?« Und wenn das zutrifft, was ist dann das Ziel des ganzen freudschen Theoriegebäudes? Wenn unsere Instinkte bereits existieren, warum ist so viel kulturelle Arbeit notwendig, um... Eine der radikalen Schlussfolgerungen aus Freuds Theorien ist, dass so etwas wie Heterosexualität das Resultat eines aufwändigen Prozesses der Akkulturation ist – dass sie sich nicht einfach so einstellt, sondern dass es eine ganze Reihe an Initiationen, Kanalisierungen und Verschließungen potentieller Begehren bedarf, welche geschehen müssen, damit so etwas wie Heterosexualität als normativ wahrgenommen wird...

Also denke ich, dass es bei Freud diese beiden Aspekte gibt, welche miteinander im Konflikt stehen, oder zumindest gibt es ein Spannungsverhältnis zwischen beiden, und Marcuse will auch deshalb an Freud festhalten, statt ihn als einen konservativen Denker abzuschreiben... Anstatt das zu sagen, möchte er lieber vorschlagen, nein, wenn wir das Ganze umdrehen, können wir Freud als einen Denker sehen, der sich mit der Historizität des Begehrens beschäftigt hat. Deshalb finden wir bei ihm Dinge wie die Geschichte von der Urhorde.

Diese Geschichte sucht Freuds Texte heim, vor allem *Totem und Tabu*[3] von 1904 und *Der Mann Moses und die monotheistische Religion*, das... ich meine, dass es tatsächlich 1939 veröffentlicht wurde. Eines der Themen, mit dem sich Freud ausführlich beschäftigt, besonders aber in diesen Essays, ist die Wiederholung.

Die große Frage der Psychoanalyse, man könnte wirklich sagen, »*die* eine große«, *eine* der großen, jedenfalls (*Lachen.*) – ist: »Warum wiederholen wir Dinge, die unangenehm sind?« Dieses Phänomen beobachtet Freud in *Jenseits des Lustprinzips*, und hierin besteht die Differenz zwischen Freud und dem angelsächsischen Utilitarismus. Kennt ihr den berühmten Slogan des Utilitarismus? Wer war der Begründer des Utilitarismus...?

Studierende #4: Bentham?

MF: Ja! Bentham! Ja, richtig, die einfachen Sachen vergisst man... Bentham ist die kopflose Schaufensterpuppe... oder ist es sein echter Körper?

Studierende #4: Es ist sein Körper, aber sie haben seinen Kopf in einer Kiste, und man kann danach fragen, ihn zu sehen.

MF: Ja, am UCL?

Studierende #4: Am UCL, ja.[4]

MF: Ja, das ist einfach nur bizarr... Immer wenn ich an Bentham denke, denke ich an den kopflosen Bentham... Wie dem auch sei... Bentham ist für seine Aussage bekannt, die Menschheit stünde unter der »Herrschaft zweier souveräner Gebieter – Leid und Freude«. Menschen suchen die Freude und vermeiden den Schmerz. Es scheint so offensichtlich! Aber Freud hat entdeckt, dass diese scheinbare Selbstverständlichkeit einer genaueren Betrachtung nicht standhält. Häufig werden wir Erfahrungen aufsuchen, welche oberflächlich betrachtet schmerzhaft erscheinen. Es gibt eine Art zweite Ebene des Genusses, nämlich der Genuss von Dingen, welche auf der ersten Ebene schmerzhaft erscheinen. Ein Teil der Probleme, die Freud mit seinen Patientinnen hatte, war darauf zurückzuführen, dass sie an dieser zweiten Genussebene hingen. Wenn die Leute einfach nur Schmerz empfänden, und dieser Schmerz einfach unangenehm wäre, könnte man sie von ihrem Schmerz leicht abbringen, aber es gibt eine zweite Art von Befriedigung, welche sie von scheinbar schmerzhaften Dingen erfahren, welche ein viel größeres Problem darstellt, weil sie auf andere Weise an ihnen hängen. Das ist eines der Haupthindernisse, die er vorfindet.

Es gibt also das Problem des »Wiederholungszwangs«, ein zentraler Begriff aus *Jenseits des Lustprinzips* von 1921. Es ist allgemein bekannt, dass *Jenseits des Lustprinzips,* ähnlich wie *Das Unbehagen in der Kultur*, von der Erfahrung des Ersten Weltkriegs geprägt ist. Eines der Rätsel, welche Freud vorfand, war das Phänomen der Kriegszitterer, ein Phänomen, bei welchem die Betroffenen das Trauma eines nahe ihnen explodierten Geschosses erneut erleben. Wenn also ein Buch vom Regal fiel, waren sie sofort wieder zurück in diese Situation geworfen, in welcher sie eine Explosion aus nächster Nähe erlebten.

Heute erscheint uns das selbstverständlich. Aber Freud hat die naive Frage gestellt: Warum? Warum tun Menschen das eigentlich? Denn wenn ein Organismus einfach Schmerz vermeidet und der Belohnung folgt, welchen Anreiz hat er dann, äußerst unangenehme Erlebnisse erneut durchzumachen? Ein Teil der Antwort, so Freud, besteht aus einer Art Kontrolle über das Trauma. Die Wiederholung ermöglicht dem Organismus, das Trauma gewissermaßen für sich selbst zu beanspruchen. Er verdeutlicht das am Beispiel des sogenannten »Fort-Da-Spiels«... Er spielt dieses Spiel [mit seinem Enkel], was mit der Abwesenheit seiner Mutter zusammenhängt, welche mehr und mehr Zeit ohne ihn verbringt. Er spielt dieses Spiel mit ihm, welches, so glaube ich, darin bestand, einen kleinen Gegenstand wegzuwerfen [und dann wieder hervorzuholen], es ist da, es ist weg, und wieder da, und wieder weg... Statt den Schmerz der Abwesenheit der Mutter also nur zu vermeiden, wird daraus ein Spiel, über das er eine gewisse Kontrolle erlangen konnte, und welches ihm dabei ein gewisses Narrativ vermittelt.

Der Zwang zur Wiederholung ist also essenziell. Doch aus diesen grundlegenden Trieben des Menschen ergibt sich für Freud dann ein viel tieferes metaphysisches Problem. An dieser Stelle führt er dann den sogenannten »Todestrieb« ein, der sehr komplex ist... Wir werden ihn aber kurz betrachten.

Zum Teil ist die Sache kompliziert, weil Freud sich selbst seiner Sache hier nicht sicher ist. Man kann es auf zwei fast diametral gegensätzliche Arten auffassen. Die erste wäre, es einfach als destruktiven, aggressiven Trieb zu verstehen, welcher zugleich auch ein Selbstzerstörungstrieb ist. Freud postuliert dies als von den erotischen, lustorientierten Trieben unabhängigen Trieb. Aber, Moment mal... Er beginnt nämlich auch darüber nachzudenken, ob er wirklich im Widerspruch zum Lustprinzip steht, oder ob es sich dabei nicht einfach um eine andere Form des Lustprinzips handelt. Denn letztendlich scheint der Todestrieb, jedenfalls bestimmte Ausprägungen davon, auf Ergebung, Frieden, und letztendliche Ruhe abzuziehen – die Befreiung vom Begehren selbst. Dies ist das sogenannte

»Nirvanaprinzip«... Wir können es verdeutlichen, indem wir uns den Organismus wie ein Gummiband vorstellen, welches gedehnt wird. Er steht unter Spannung. Und es gibt einen inhärenten Drang, die Spannung aufzulösen, einfach aufgrund der Spannung selbst. Wenn ich an einem Gummiband ziehe, zieht niemand am anderen Ende – es zieht sich selbst.

Das ist eine Art und Weise, wie Freud den Todestrieb auffasst. Der Todestrieb muss auf ein anderes Ziel umgeleitet werden, und so fasst ihn auch Marcuse auf – die erotischen Triebe existieren, um den Todestrieb an seiner Zielerfüllung zu hindern. Der Organismus findet seinen eigenen Weg zum Tod – das ist seine Ansicht.

Man kann den Todestrieb aber auch anders auffassen. Viele Anhängerinnen von Lacan vertreten diese Ansicht. Leute wie Žižek. Der Todestrieb zielt gar nicht auf den Tod, auf die letztendliche Hingabe ab. Sein Ziel ist vielmehr... Ich möchte jetzt nicht Gleichgültigkeit dem Tod gegenüber sagen. Eines der Beispiele, die Žižek nennt, ist der Film *Die roten Schuhe*. Kennt den jemand?

Studierende #5: Welchen Film?

MF: *Die roten Schuhe*? Er handelt von einer Ballerina, die ein paar verhexte Schuhe anzieht, die sie zu Tode tanzen. Anfangs ist sie ekstatisch, aber sie ist nicht in der Lage, in diesem frenetischen Tempo weiterzutanzen, und stirbt.

Es geht dabei nicht darum, dass sie von etwas besessen wurde, was sie umbringen wollte. Sie ist gestorben, weil ihr Trieb sie gegenüber dem Tod, dem organischen Tod, gleichgültig gemacht hat. Ihr Trieb war stärker als der Wunsch, den Tod zu vermeiden.

Es gibt also diese beiden fast diametral gegensätzlichen Auffassungen des Todestriebs, aber was sie gemeinsam haben, ist ihre

Antipathie gegenüber einer utilitaristischen Auffassung unserer Wünsche. Mit all dem muss man irgendwie umgehen. Dies verleitet Freud dann zu seiner pessimistischsten These, welche er in *Das Unbehagen in der Kultur* am deutlichsten ausformuliert, und welche dieses Kapitel aus Marcuses *Triebstruktur und Gesellschaft* heimsucht. *Triebstruktur und Gesellschaft*... ich glaube, du hast das gut erklärt *(bezieht sich auf die einleitenden Worte der Studierenden zu Beginn der Sitzung). Das Unbehagen in der Kultur* stellt die These auf, dass Unbehagen und Unzufriedenheit [*discontent*] ein inhärentes Merkmal der Zivilisation ist. Es ist nicht möglich, sich eine Zivilisation ohne Unbehagen vorzustellen. Vielleicht erinnert ihr euch an Freuds berühmtes Diktum, dass das Ziel der Psychoanalyse nicht ist, alle menschlichen Eigenarten loszuwerden, was unmöglich sei...

(Die Veranstaltung wird erneut durch die Ankunft einer weiteren Person unterbrochen, für die es keinen Sitzplatz mehr gibt. Erneutes Stühlerücken.)

Richtig, also, wo waren wir? *Das Unbehagen in der Kultur*, ja. Es gibt also einen Konflikt zwischen Zivilisation und Lust! Warum? Nun, ganz einfach ausgedrückt lautet die Idee, dass wenn es den Leuten erlaubt wäre, ihren Lüsten nachzugehen, sie nichts mehr tun würden!... Nun, sie würden nichts anderes tun, als ihnen zu frönen. Sie würden die notwendigen Lebensgrundlagen nicht produzieren. Es gäbe keine Landwirtschaft. Menschen würden keine Behausungen für sich errichten. Auch andere Güter würden nicht hergestellt werden, welche man genießen könnte, oder welche schlicht und einfach lebensnotwendig sind. Man kann sich diesen Zustand also nicht einmal als Gedankenexperiment vorstellen, denn ein solches

Umfeld bar jeder Repression kann nicht aufrechterhalten werden – es könnte sich selbst nicht erhalten. An diesem Punkt setzt Marcuse an. Was sind die zugrundeliegenden Annahmen? Was müssen wir voraussetzen, um zu dem Schluss zu kommen, dass Unzufriedenheit notwendig ist? Die Annahme ist *Knappheit*. Das ist die fundamentale Voraussetzung.

Knappheit: Der Kampf um Ressourcen: Die Tatsache, dass es keine natürliche Fülle gibt, bedeutet, dass gearbeitet werden muss. Wenn es Arbeit gibt, dann gibt es auch jemanden, der sie verrichtet. Wenn diese Arbeit nicht intrinsisch angenehm ist oder Freude macht, muss es einen gewissen Zwang geben, sie zu erledigen – und er muss stark genug sein, um dem primären Trieb der Menschen zu widerstehen, dem Genuss zu frönen. Da all dies der Fall ist, liegt der Ursprung der Repression also im Umgang mit der Knappheit. Ohne Repression keine Zivilisation, sie bildet die Grundlage dafür. So ist es! So lautet die tragische Geschichte.

Wenn wir in vielerlei Hinsicht Marcuse in die Reihe der romantischen Denker einordnen können, so glaube ich, dass Freud zu den pessimistischen und tragischen Denkern gehört. Es gibt für ihn überhaupt keinen Ausweg. Das ist auch der Grund, warum viele marxistische Revolutionäre Freud rundheraus ablehnen, sie halten ihn einfach für einen Konservativen. Er sagt, die Utopie sei unmöglich, aus quasi-biologischen Gründen. Marcuse nimmt sich dann aber der Tatsache an, dass es hier nicht einfach nur um Biologie geht, nicht mal laut Freud selbst. Diese Zusammenhänge sind historisch, und sie haben mit der Arbeit zu tun. Die Geschichte und die Arbeitswelt sind aber nicht unveränderlich. Es liegt in ihrer Natur, dass sie sich wandeln können. Und genau das leistet

Triebstruktur und Gesellschaft: Es wird versucht, einen Ausweg aus der Tragik aufzuzeigen, welche in *Das Unbehagen in der Kultur* beschrieben wird.

Hier lohnt es sich, nochmals über die Rolle des Mythos der Urhorde nachzudenken, die du vorhin vorgestellt hast: Welche Rolle spielt sie für Freud? Große Teile von Freuds Werk aus dieser Zeit sind »retro-spekulativ«, wie ich es nenne, sie basieren auf einer Art Anthropologie... die Idee der primitiven Horde: Er hat sich das nicht einfach so ausgedacht... die empirischen Belege dafür sind ziemlich schwach, doch ihre Funktion scheint heute, und sogar zur Zeit Marcuses, mehr die eines Mythos der Psychoanalyse statt der Schilderung eines Prozess, der tatsächlich stattgefunden hat, zu sein.

Warum schreibt Freud also über die Urhorde? Warum interessiert er sich dafür? Nun, in beiden Essays, in *Totem und Tabu* und in *Der Mann Moses und die monotheistische Religion*, versucht Freud das Phänomen der Religion zu verstehen. Woher kommt Religion? Vor allem die judäo-christliche Religion? Ich glaube, wie andere bereits erwähnt haben, der Übermut und die Waghalsigkeit von Freud, *Der Mann Moses* zu schreiben, nachdem er vor den Nazis nach London geflüchtet war, ein Buch, das die Basis des Judäo-Christentums auf vielerlei Weise angreift... Okay, wie lautet hier das Argument? Das Argument beruht in beiden Fällen auf der Rolle der Urvaterfigur, über die du auch gesprochen hast.

Der Urvater, wie du beschrieben hast, hat exklusiven, oder wenigstens prioritären Zugang zu Grundbedürfnissen und zu Frauen. Sein Anspruch kommt zuerst. Aber zu einem bestimmten Zeitpunkt in der Geschichte taten sich die Gebrüder –, die nicht unbedingt biologische Brüder sein müssen –, die Söhne –, die nicht unbedingt biologische Söhne sein müssen –, der Vater war nicht im Wortsinn ihr Vater; der Vater war immer bereits eine symbolische Funktion – aber wie dem auch sei, in diesem historischen Moment, oder in diesem mythischen Moment sind der symbolische und der physische Vater eine Einheit – die zumindest theoretisch betrachtet zerstört werden kann.

Sicherlich wäre das dann auch der Moment, in welchem die Repression verschwindet – die Unterdrückung im Namen des Vaters. Um was dreht sich dieser Mythos dann eigentlich? Die Frage ist, woher die Repression eigentlich kommt. Warum unterdrücken Menschen sich selbst? Der Grund dafür ist der negative Vater. Der Vater sagt Nein. Ich glaube, es war Foucault, der daraus das Wortspiel »nom du père« und »non du père« [»im Namen des Vaters« und »Nein des Vaters«] gemacht hat, die im Französischen ähnlich klingen: *nom* und *non*.[5]

Die Brüder schließen sich zusammen und sie denken sich: »Wir sind viele, aber der fette Bastard ist allein. *(Lachen)* Warum halten wir uns weiterhin an diese Beschränkungen? Warum reißen wir sie nicht einfach nieder?« Sie stürzen ihn also nicht einfach nur, sie töten ihn auf gewaltsame Art und Weise, zerlegen ihn und fressen ihn. (Ich glaube, in »Sex, Gender, Species« spielt das eine große Rolle, wenn jemand das vorstellt[6]). Sie fressen ihn also. Das ist die *Kühnheit* von Freud. Erstaunlich, oder? Er sagt, dies sei der Ursprung der Kommunion, eine ziemlich bizarre Angelegenheit, wenn man es sich überlegt: »Nehmet hin und esset: Das ist mein Leib, der für euch gegeben wird«. Man isst ihn also auf. Er versucht hier teilweise, aufzudecken, woher ein solcher Mythos kommen könnte. Er denkt, dass dies nur aus einer unbewussten, überlieferten Erinnerung, welche uns weiter vermittelt wurde, stammen kann, die davon handelt, dass der Vater tatsächlich getötet und aufgefressen wurde.

Okay, das war's also! Jubel, Trubel, Heiterkeit, der Vater ist tot! Keine Unterdrückung mehr.

Nein, nicht okay, so funktioniert das nicht. (*Lachen.*)

Was Freud hier sagt, ist, dass der Vater an dieser Stelle nicht verschwindet, sondern in Form von Schuld und Reue unsterblich wird. Nachdem die Söhne den Vater getötet haben, springen sie nicht freudig umher. Sie empfinden Schuld. Und der Vater wird von einer endlichen Figur zu einem virtuellen Gespenst, das unendlich ist. Man kann den physischen Vater loswerden, nicht aber die Einsprüche der Stimme des Vaters, welche niemals zufrieden ist, die immer nach mehr verlangt, immer unerfüllbarere Ansprüche erhebt und mit der man nicht verhandeln kann. Wahrscheinlich konnte man vorher auch nicht mit ihm verhandeln, aber jetzt kann man es ganz bestimmt nicht mehr.

Das ist der Ursprung des Über-Ich, und dessen, was lacansche Psychoanalytiker als das große Andere bezeichnen: Die Grundform der repressiven Autorität in der Gesellschaft. Was für Freud aber vor allem interessant ist und was auch der Ursprung der Moral als solcher ist, sind die fraternalen Gefühle, welche die Brüder füreinander haben. Hier entsteht die Moral. Obwohl wir uns nicht im Wortsinn daran erinnern können – wahrscheinlich, weil es nie stattgefunden hat. Sogar Freud geht nicht davon aus, dass es so etwas wie eine direkte Erinnerung daran gibt; es ist eine unbewusste Erinnerung, welche uns vermittelt wird.

Die Handlungsfähigkeit des Vaters besteht in seiner Fähigkeit zur Demütigung; der Betäubung des Fleisches. Um in die Gesellschaft aufgenommen zu werden, muss man etwas Entscheidendes aufgeben: Man muss das Begehren aufgeben – und, um genau zu sein, könnte man sagen, das Begehren für die Mutter. Jetzt stoßen wir wieder auf den stereotypen Kern dessen, was viele über Freud denken: Es geht um das Verlangen nach der Mutter. Aber wir können nun sehen, woher dieses Begehren für die Mutter kommt. Es ist nicht das Begehren nach der Mutter, was zuerst kommt. Das Verlangen nach der Mutter steht stellvertretend für einen anderen Wunsch ein, den Wunsch, gar nicht als separates Wesen zu existieren. Ihr habt alle schon von der »Trennungsangst« gehört: Der Schrecken des Säuglings, sich als endliches Wesen zu begreifen, welches selbst in der Welt zurechtkommen muss. Er wird also von einem Mythos – oder einem Bild, im lacanschen Sinn des Imaginären – heimgesucht: Einem vagen, verschwommenen, traumartigen Gefühl der Verschmolzenheit mit der Mutter.

Das ist eine der Aussagen, die Deleuze und Guattari in *Anti-Ödipus* machen: Bevor es die Wahrnehmung von »Mutter« und »Kind« überhaupt gibt, gibt es auch überhaupt keinen Unterschied zwischen Mutter und Kind. Genau dies ist aber der tiefste Wunsch: Die Vernichtung des individuellen Subjekts und die Rückkehr zu einem Zustand der Verschmelzung im Mutterleib. Mit anderen Worten: Es handelt sich hier auch um eine Form des Todestriebs: Die Auslöschung des Individuums und die Rückkehr zur Gleichgültigkeit, von der man sagen könnte, dass alle Wünsche erfüllt sind und wo es gleichzeitig kein Begehren gibt. Dieser Zusammenhang zwischen dem Tod und der Erfüllung ist irrelevant [sic].

Okay, das ist also die freudsche Großerzählung. Wo passt Marcuse in dieses Bild? Zum Teil, indem er die historische Dimension einführt. Das Stereotyp von Freud ist ja das ödipale Dreieck – alle wollen Sex mit ihrer Mutter haben. Aber die Frage ist: Warum ist das der Fall? Bekommen wir dadurch eine vollständige Antwort? Ich denke, wenn man Marcuse Glauben schenkt, so lautet die Antwort: Nein, es steckt mehr dahinter, denn es sind in Wirklichkeit nicht die sexuellen oder erotischen Triebe, welche zuerst kommen. Es ist die Frage der Arbeit, die zuerst kommt.

Warum gibt es also Repression? Es gibt sie, damit Menschen Arbeit verrichten, sodass sie dazu gezwungen werden können zu arbeiten. Das ist die fundamentale Umorientierung, die wir hier vornehmen müssen. Er schreibt das nicht so sehr, um Freud zu widersprechen. Es ist in Freuds Text bereits angelegt, aber die Betonung liegt woanders. Was wäre also, wenn Menschen nicht arbeiten müssten. Was wäre, wenn nicht alle Arbeit unangenehm oder schmerzhaft wäre? Freud ist der Meinung, wie ihn Marcuse auf Seite 82 zusammenfasst: »Die Kette von Hemmungen und Ablenkungen der Triebziele kann nicht unterbrochen werden.«[7] Und dann zitiert er Freud: »Unsere Kultur ist ganz allgemein auf der Unterdrückung von Trieben aufgebaut.«[8]. Und Marcuse führt fort:

> Kultur ist in erster Linie Fortschritt in der *Arbeit* – d.h. Arbeit für die Beschaffung und Mehrung der lebensnotwendigen Dinge. Diese Arbeit bietet normalerweise keine Befriedigung an sich; für Freud ist sie unlustvoll, schmerzlich. In seiner Metapsychologie ist kein Raum für einen ursprünglichen Werk- und Bemeisterungstrieb. […][9]

Und ein wenig weiter unten:

> Die eigentliche Arbeit der Zivilisation ist nicht-libidinös, ist Mühe; Mühe ist »Unannehmlichkeit«, und »Unannehmlichkeit« kann nur mit Zwang durchgesetzt werden. »Denn welches Motiv hätten die Menschen, sexuelle Triebkräfte anderen Verwendungen zuzuführen, wenn sich aus denselben bei irgendeiner Verteilung volle Lustbefriedigung ergeben hätte? Sie kämen von dieser Lust nicht wieder los und brächten keinen weiteren Fortschritt zustande.«[10]

Das ist etwas, was wir gerade besprochen haben. Und etwas weiter, auf Seite 87:

> Die Arbeit, die die materielle Basis der Kultur und Zivilisation geschaffen und vergrößert hat, war in erster Linie mühselige Arbeit, entfremdete Arbeit, schmerzlich und elend – und ist es noch. Die Verrichtung solcher Arbeit dürfte kaum individuelle Bedürfnisse und Neigungen befriedigen. Sie ist dem Menschen durch nackte, brutale Not auferlegt [...].[11]

Ist jetzt etwas klarer, warum die beiden Dinge nicht dasselbe sind? Rohe Notwendigkeit ist das eine, aber rohe Gewalt das andere. Man kann diese Art von Dopplung in vielen wichtigen Mythen sehen, wie dem Mythos, in dem die Kinder den Urvater töten. Was er zu sagen scheint, ist, dass der Vater eine Art Sündenbock wird, der dafür herhalten muss, dass wir keine volle libidinöse Erfüllung erlangen können.

Hier ergibt sich ein interessantes Narrativ, wenn man es weiterverfolgt. Anfangs denken sie, »wenn wir nur den Vater loswerden, würden wir diesen vollumfänglichen Genuss erfahren«. Aber dann stellen sie fest, dass es gar nicht am Vater liegt – es gibt ein weiteres intrinsisches Problem, was sie zurückhält. Es ist die Notwendigkeit selbst, sozusagen. Es liegt in der Natur unserer Welt, dass wir unzufrieden sein müssen. Doch das Notwendige muss durch Herrschaft durchgesetzt werden.

Deswegen sehen wir einen sich wiederholenden Zyklus aus einer anfänglichen Rebellion, die teilweise Erfolg hat, nur um die Herrschaft dann wieder zu reproduzieren. Freud war für die Frankfurter Schule, und vor allem für Marcuse, auch deshalb so wertvoll, weil er hierfür eine Erklärung liefert. Statt den Vater zu verdrängen, ersetzen ihn die Rebellen und nehmen selbst die Funktion des Vaters ein.

> Von den Sklavenaufständen der Antike bis zu den sozialistischen Revolutionen hat der Kampf der Unterdrückten in der Etablierung eines neuen, »besseren« Systems der Herrschaft geendet; der Fortschritt fand durch eine Verbesserung der Befehlskette statt. Jede Revolution war das Resultat eines bewussten Versuchs, eine Gruppe von Machthabern durch eine andere zu ersetzen, aber jede Revolution entfesselte auch Kräfte, die »übers Ziel hinaus schossen« und versuchten, Herrschaft und Ausbeutung ganz abzuschaffen. Doch die Tatsache, dass es so einfach war, sie zu besiegen, verlangt nach einer Erklärung.[12]

Er spricht also von der Selbstzerstörung als Schlüsselelement.

Teil dessen, was hier passiert – und hier ergibt sich ein gewisser Widerspruch zu [Ellen] Willis, über die wir bald sprechen werden – ist, dass er davon ausgeht, dass die Familie weniger wichtig ist als in der Vergangenheit. Warum? Aufgrund der Depersonalisierung des Über-Ich.

Um es kurz anzuschneiden: Die dreiteilige Struktur, welche Freud in seinem Spätwerk einführt – zwischen dem Es, dem Ich und dem Über-Ich – das Über-Ich *ist* die internalisierte Stimme des Vaters, insofern es die symbolischen Grenzen zieht. Es sagt nein, und verlangt dem Individuum mehr ab, als es jemals in der Lage ist, zu leisten. Das Über-Ich sind die verinnerlichten Kräfte der gesellschaftlichen Unterdrückung, aber es handelt nicht rational. Das muss uns klar sein. Seine Forderungen *können nicht erfüllt werden.* Das Es wäre dann die Instanz, welche eine unmittelbare Befriedigung der Bedürfnisse anstrebt. Das Ich existiert als solches gar nicht wirklich. Es existiert in der Vermittlung der Spannungen zwischen Es und Über-Ich.

Die Funktion des Über-Ich ist in älteren Gesellschaftsformen eng mit der des Vaters verknüpft, wird dann aber in der gegenwärtigen Gesellschaft auf verwaltende Institutionen verteilt. Das bedeutet, dass es ein Problem darstellt, welches uns seit der gescheiterten Tötung der Vaterfigur begleitet. Man kann niemandem die Schuld daran geben – alle tragen dafür Verantwortung, und niemand. Wie er es ausdrückt: Man ist nur mit lächelnden Beamten konfrontiert. »Naja, es ist irgendwie ihre Schuld, aber nicht wirklich ihre Schuld, denn das ganze System besteht aus nichts als Beschränkungen und Repressionen, von denen sie auch selbst betroffen sind. Sie sind nicht die Erschaffer dieser Umstände.«

Wie können wir dem entkommen? Der Begriff der überschüssigen Repression ist entscheidend, den du angesprochen hast. In den meisten Gesellschaften, die man sich vorstellen kann, ist ein bestimmtes Niveau der Unterdrückung notwendig, damit die Menschen überhaupt etwas produzieren. Aber es gibt ein Mehr an Repression, eine zusätzliche gesellschaftliche Unterdrückung, die noch hinzukommt, jenseits dessen, was notwendig wäre. Über die quasi-biologische Notwendigkeit hinaus gibt es zusätzlichen kulturellen und gesellschaftlichen Druck.

Entscheidend ist für mich hier die Knappheit. Die moderne Gesellschaft sollte eigentlich auf vielfältige Weise die repressivste sein, wenn man bedenkt, dass die Funktion des Vaters sich sehr weit über den Vater hinaus erstreckt. Doch es gibt einen anderen Aspekt. Sie verfügt über die technologischen Voraussetzungen, um die Knappheit abzuschaffen und die Plackerei zu beenden.

Auf Seite 93 schreibt er:

> Es ist nun aber gerade der Fortschritt der Kultur, der diese Rationalität verfälscht, dazu tendiert, sie unecht werden zu lassen. Die Freiheiten und Befriedigungen, die es gibt, sind an die Bedürfnisse der Herrschaft gebunden; sie werden selbst zu Instrumenten der Unterdrückung. Die Entschuldigung mit der Lebensnot, die der institutionalisierten Unterdrückung von Anfang an als Rechtfertigung diente, wird immer hinfälliger, je mehr Möglichkeiten zur mühelosen Bedürfnisbefriedigung sich mit zunehmendem Wissen und wachsender Naturbeherrschung ergeben. Wo weite Gebiete der Welt noch in Armut leben, liegt dies nicht mehr in erster Linie am Mangel menschlicher und natürlicher Hilfsmittel, sondern an der Art, wie diese Mittel verteilt und ausgenutzt werden. Diese Unterscheidung kann vom politischen Gesichtspunkt aus irrelevant erscheinen, aber für die Theorie der Kultur, die die Notwendigkeit der Unterdrückung von dem »natürlichen« und ewigen Mißverhältnis zwischen menschlichen Sehnsüchten und der Umwelt, in der sie befriedigt werden müssen, ableitet, ist sie von entscheidender Wichtigkeit. Wenn solche »natürliche« Bedingungen und nicht bestimmte politische und soziale Institutionen die rationale Grundlage für die Unterdrückung abgeben müssen, dann ist sie jetzt irrational geworden. Die Kultur der industriellen Zivilisation hat den menschlichen Organismus in ein immer empfindlicheres, differenzierteres und austauschbareres Instrument verwandelt und einen sozialen Wohlstand geschaf-

fen, der groß genug ist, um dieses Instrument zum Selbstzweck zu erheben. Die zur Verfügung stehenden Hilfsmittel bewegen sich in Richtung auf eine *qualitative* Veränderung der menschlichen Bedürfnisse. Die Rationalisierung und Mechanisierung der Arbeit reduzieren allmählich das Quantum an Triebenergie, das in die Kanäle mühseliger Anstrengung (entfremdeter Arbeit) geleitet werden mußte und stellen damit Energien frei, die sich der Erreichung von Zielen zuwenden können, wie das freie Spiel individueller Fähigkeiten sie setzt. Die Technik arbeitet insofern gegen die repressive Ausnützung von Energie, als sie die für den lebensnotwendigen Produktionsprozess erforderliche Zeit verringert und dadurch Zeit für die Entwicklung von Bedürfnissen jenseits des Bereich des Notwendigen und Unerläßlichen zur Verfügung stellt.

Aber je näher die reale Möglichkeit rückt, den Einzelnen von den ehemals durch Mangel und Unreife gerechtfertigten Einschränkungen zu befreien, desto mehr steigert sich die Notwendigkeit, diese Einschränkungen aufrecht zu erhalten und immer funktionstüchtiger zu gestalten, damit sich die bestehende Ordnung nicht auflöst. Die Zivilisation muss sich gegen das Traumbild einer Welt verteidigen, die frei sein könnte.[13]

Marcuse wird hier zu einer Art Akzelerationisten! Und auf Seite 101 schreibt er weiter, und hier klingt er vielleicht am akzelerationistischsten: »Es ist nicht die Mechanisierung und die Standardisierung, die retrogressiv sind, sondern das, was sie in sich schließen; es ist nicht die universelle Koordination, sondern ihre Verschleierung hinter unechten Freiheiten, lügenhafter Wahlfreiheit, Scheinindividualitäten.«[14] Was folgt, ist eine typische Aufzählung der Scheußlichkeiten der Konsumgesellschaft im Stil der Frankfurter Schule – Kühlschränke und Wohnungen – wonach er fortfährt: »Sie haben eine riesenhafte Auswahl, unzählige Apparate und Apparätchen, die alle gleichartig sind und sie beschäftigen und ihre Aufmerksamkeit von ihrem wirklichen Anliegen ablenken – von der Entdeckung, dass sie wohl weniger arbeiten als ihre Bedürfnisse und Befriedigungen selbst bestimmen könnten.«[15]

Fassen wir zusammen: Für mich ist dies das Kernstück eines wichtigen Textes für dieses Modul. Marcuse identifiziert hier eine lange Geschichte hinter dem »Leistungsprinzip«, oder, wie du es ausgedrückt hast, der »Arbeitsethik«[16], was für mich fast identisch ist. In vielerlei Hinsicht ist er eine Art Romantiker und Kantianer. Er folgt der klassischen philosophischen Stammlinie, die sich mit der Frage »Was ist Freiheit?« beschäftigt. Freiheiten sind Ziele, die um ihrer selbst Willen verfolgt werden, statt aus extrinsischen Gründen und anstelle von Zielen, die uns von anderen vorgegeben wurden. Wo es Knappheit gibt, müssen wir uns erst um diese Knappheit als Problem kümmern und uns mit ihr auseinandersetzen. Das Problem muss erst gelöst werden. Doch wenn uns die Technologie einen Großteil davon abnehmen kann, dann gilt diese Ausrede nicht mehr. Was wir stattdessen haben, ist jede Menge überschüssige Repression, welche lediglich dem Ziel dient, Herrschaft um ihrer selbst Willen und die Unmöglichkeit des Lebens in Freiheit zu erhalten, das heißt, Menschen davon abzuhalten, weniger zu arbeiten und ihre eigenen Bedürfnisse autonom festzulegen und zu befriedigen.

Ich hoffe, dass der starke Zusammenhang mit dem, was wir in der letzten Sitzung besprochen haben, klar wird, insbesondere die Bedeutung der Überwindung der Arbeit für den Postkapitalismus.

Wie bereits erwähnt, würde ich Marcuse deshalb als eine Art Akzelerationisten beschreiben. Aber stimmt der letzte Satz über die

Entfremdung nicht? »Die Eliminierung menschlicher Möglichkeiten aus der Welt der (entfremdeten) Arbeit schafft die Vorbedingungen für die Eliminierung der Arbeit aus der Welt der menschlichen Möglichkeiten.«[17] Eine typische Umkehrung der Frankfurter Schule.

Okay, es ist also 1954. Diese Ideen liegen in der Luft – sie stammen nicht unbedingt direkt von Marcuse, aber sie sind vorhanden. Und es herrschen die Bedingungen der 1960er Jahre vor, der Moment, in dem die Knappheit deutlich reduziert wurde, zumindest für was man die »bohèmische Klasse« nennen könnte, welche im Aufstieg begriffen war. Sie müssen nicht mehr so viel arbeiten. Es gibt Zeiten, vor allem in ihrer Jugend, wo sie für substanzielle Zeitabschnitte von der Notwendigkeit der Erwerbsarbeit befreit sind, und sie sind inspiriert von der Idee, dass es möglich ist, weniger zu arbeiten und die eigenen Bedürfnisse und Befriedigungen selbst festzulegen. Dies bildet die Grundlage für die sogenannte Gegenkultur der Sechziger, Teil derer Ellen Willis war. Vielleicht können wir jetzt das Wort an [Studierende #7] übergeben, die einige Worte darüber sagen wird, worum es Ellen Willis in ihrem Text geht.

Ich glaube, es gibt hier eine Art Umkehrung des Narrativs, dadurch, dass wir Willis zuerst lesen, obwohl der Text nicht zeitgleich mit der Gegenkultur entstand, sondern später. Sie hat ihn in den späten siebziger Jahren geschrieben, ich glaube, ’79: ein sehr wichtiges Jahr. Sie versucht darin bereits zu erklären, was schiefgelaufen ist und warum sie nicht wirklich funktioniert hat, aber ich glaube, es gibt hier eine gewisse Resonanz zwischen ihr und Marcuse.

Studierende #7: Ja, ich denke, wie du bereits erwähnt hast, bezieht sie sich auf den Zweiten Weltkrieg, die Fünfziger und die

Sechziger, welche für den Feminismus – insbesondere den radikalen Feminismus – eher eine Blütezeit darstellten als die Siebziger. Sie beschreibt, was sie als Resultat der konservativen gesellschaftlichen Verhältnisse und der Sparpolitik erlebt hat.

Es gab damals eine Rückkehr zu traditionellen familiären Werten, und dies betraf radikale Feministinnen und die Gegenkultur direkt, denn sie gingen davon aus, dass es einen Zusammenhang zwischen dem Kapitalismus und dem traditionellen Familienbild gibt.

Die Mitglieder der Gegenkultur sind Antikapitalistinnen, und sie haben das Gefühl, dass [die Gesellschaft] wieder Rückschritte macht. Was mir an dem Text immer wieder aufgefallen ist, waren die Widersprüche und Hürden, mit denen sowohl sie persönlich als auch der Feminismus in seiner Gesamtheit generell konfrontiert ist. Ihr Wunsch zu heiraten, welchen sie früher verspürt hat, und welchen sie erneut empfindet, [führt zu] diesem ewigen Kampf um die Moral [der Ehe als Institution], denn zu heiraten bedeutet, die Notwendigkeit der patriarchalen Familie und Gesellschaft zu akzeptieren, was einer Feministin der Siebziger Jahre schwerfällt. Sie berichtet über ihre Mitstreiter bei den Protesten, etwa Männer, die sich selbst für Feministen hielten, aber Frauen nur zu einem gewissen Grad befreien wollten. Sie wollten sie befreien, aber sie wollten trotzdem eine Ehefrau. Oder die bereits erwähnte »bohèmische Klasse« – sie übt an ihr harsche Kritik, denn viele ihrer Mitglieder stammten aus der Mittelschicht und mussten nie die gleichen Kämpfe durchmachen wie andere Leute in der gleichen Situation.

Ich glaube, in diesem Text hat sie aufgegeben. Sie möchte ihr persönliches Ziel der Überwindung der patriarchalen Gesellschaft entsprechend ihrer feministischen Ideale verfolgen, durchaus auch im eigennützigen Sinn. Doch es stellt sich bei ihr die Erkenntnis ein, dass es nicht möglich ist, sich von der kapitalistischen Gesellschaft loszulösen.

MF: Okay, ich glaube, das erklärt auch teilweise, warum ich den Text so sehr mag. Er registriert die historische Bedeutung des Endes der Siebziger. Aber was ich auch an ihm mag… Ellen Willis, falls Leute das nicht wissen, war übrigens Kulturkritikerin und Musikjournalistin; sie war sehr in die Gegenkultur involviert. Aber ich glaube, sie räumt mit vielen Stereotypen über die Gegenkultur und ihre unerreichten Ziele auf.

Warum interessieren uns die 1960er immer noch? Warum müssen wir uns immer noch mit ihnen beschäftigen? Warum werden wir weiterhin von ihrer Ikonografie heimgesucht und warum überdauern ihre kulturellen Formen? Ich glaube, das hat etwas mit den unerfüllten Begehren zu tun, die diesen Formen innewohnen und die sie weiterhin ansprechen…? Ich mag diese Phrase nicht, »ansprechen«… Für die sie weiterhin relevant sind.

Was wird hier vermittelt? Ich glaube, dass du recht hast: Irgendwie hat sie aufgegeben. Aber sie geht ehrlich damit um. Sie sagt, dass dies Teil der allgemeinen Stimmung war, die zu Ende der Siebziger vorherrschte. Zwischen dem Text von Marcuse und dem von Ellen Willis liegt der Versuch, auszubrechen – welcher scheitert, ja, er scheitert in der Tat. Und ich glaube, ihr Text ist wichtig, weil sie einige der Gründe für dieses Scheitern ausmacht.

Aber schauen wir uns an, was damals eigentlich die Ziele waren. Was die Gegenkultur anstrebte, lässt sich in einem Ausdruck zusammenfassen, den ich übernommen habe: »eine soziale und psychische Revolution von fast unvorstellbarem Ausmaß.«[18] Wir Nachkommen, welche die 1960er nicht mehr miterlebt haben, können uns nur schwer vorstellen, dass diese Ambitionen damals realistisch erschienen. Was in diesem Text registriert wird, ist das gleichzeitige und synchrone Entstehen des kapitalistischen und domestischen Realismus, welche einander bedingen: Die Idee, das es keine Alternative zum Kapitalismus und auch keine zur Familie gibt.

Ich denke, der domestische Realismus ist in der heutigen Welt sogar noch mächtiger als der kapitalistische Realismus. Noch zu meiner Schulzeit, in den Achtzigern, gab es ziemlich ernsthafte Debatten über Alternativen zur Familie. Ich erinnere mich gut daran, wie ich vor einigen Jahren eine Klasse im Teenageralter unterrichtet habe, und wie sie regelrecht abgestoßen waren, als ich über Alternativen zur Familie gesprochen habe. Die ganze Tragödie dabei war natürlich, dass viele von ihnen aus sehr schwierigen familiären Verhältnissen kamen. Sie hatten eine idealisierte Vorstellung der Familie, die sich überhaupt nicht mit ihren Erfahrungen deckte. Doch genau diese Idealisierung impliziert ja gerade, dass sie am Ideal der Familie weiter festhielten. Die Mission der Gegenkultur, die Familie abzuschaffen, ist als weit verbreitetes kulturelles Phänomen fast vollständig verschwunden.[19]

Ich unterscheide hier nicht, im kantischen Sinn, zwischen der Familie als transzendentaler Struktur und der Familie als empirischem Fakt. Die Familie im empirischen Sinn steht unter enormem Druck. Soweit ich weiß, besonders in Großbritannien – ich kenne die weltweiten Zahlen nicht – aber hier gibt es heute mehr Menschen, die alleine leben, als jemals zuvor. Die Scheidungsraten haben seit den 1970ern natürlich über alle Maßen zugenommen. Die Familie im empirischen Sinn ist also nicht stark. Ich würde sagen, sie ist empirisch schwach, aber transzendental stark. Sie ist stark als eine Art grundlegende, immer noch normative Struktur. Wenn man an Leute denkt, die als Kollektiv zusammenleben, dann stellt man sich das als Phänomen der Gegenwart vor, und es findet heute mehr statt als in den Siebzigern, weil sich die Leute nicht mehr leisten können, alleine zu Leben, vor allem in London.

Es gibt also immer mehr Menschen, die außerhalb von Familienstrukturen leben, doch, wie ich anmerken würde, die Familie bleibt normativ. Man könnte auch sagen, dass es für Frauen immer mehr Optionen gibt, aber dass keine dieser Optionen erlaubt ist – keine dieser Optionen ist sozial zulässig, zumindest, wenn man den immer noch dominanten rechten Narrativen folgt.

Wenn man ein Kind bekommt und zuhause bleibt, dann ist man eine Faulenzerin, die arbeiten gehen sollte. Wenn man keine Kinder bekommt, ist man frei, aber man lebt wider die Natur. *Alle wollen Kinder, nicht wahr... Wir wissen doch, dass alle Frauen das in Wirklichkeit wollen...* Diese Dinge sollten heutzutage vollkommen archaisch sein. Aber das sind sie nicht. Es gibt diesen *double bind*, zwei gleichzeitige, widersprüchliche Befehle, und er ist ein Schlüsselelement der gegenwärtigen Form der Unterdrückung und der fortdauernden Unterdrückung der Frau. Frauenzeitschriften sind voll mit diesen beiden widersprüchlichen Befehlen, die zeitgleich erteilt werden.

Liebe deinen Körper! Sei so, wie du sein willst! Hier ist eine Diät für dich... (*Lachen.*) Das ist sehr weit entfernt davon, was die Leute einmal für realistisch hielten. Damals dachte man, es sei realistisch. Das ist, was Willis aufzeigt. Es war realistisch. Wir werden die Familie abschaffen, und zwar im Hier und Jetzt. Jetzt gleich. Wir werden in Kommunen leben und das war's, aus und fertig.

Aber offensichtlich war das lächerlich. Doch damals erschien es überhaupt nicht lächerlich! Und das ist der Wert dieses Textes – die Verbindung zwischen diesen beiden Momenten zu schlagen. Am Ende der Siebziger war die prometheische Ambition, dass man all dies einfach so hinwegfegen kann, verschwunden, ebenso wie die greifbare Überzeugung, dass die Alternative umsetzbar sei.

Sie sagt also, dass es eine Reihe von Dingen gibt, anhand derer man sehen kann, warum sie gescheitert ist. Welche waren das? Was waren die Hauptgründe?

Studierende #8: Hat einer der Aspekte mit der Idee zu tun, dass die Ehe als Institution das Begehren unterdrückt, weil sie der Idee widerspricht, instinktiv zu handeln, indem sie eine Art langfristige Abmachung und ein Konstrukt schafft, das traditionell nicht erlaubt, dem eigenen Begehren zu folgen, wenn es sich verändert?

MF: Ja, das ist ein Aspekt. Sie behauptet hier, dass es einfach einen inhärenten Widerspruch zwischen Liebesbeziehungen, die sich über die Zeit verändern, und der Ehe als permanenter Institution gibt. Und in dem Text von Nick [Srnicek] und Alex [Williams] gehen sie darauf auch ein: Je mehr ökonomische Unabhängigkeit Frauen haben, desto mehr wird die Idee eines bedingungslosen Grundeinkommens respektiert werden.[20] Erotische und emotionale Begehren werden einer Institution aufgebürdet. Warum würde das nicht gegen die Ehe sprechen? Warum würde das nicht für gemeinschaftliche Lebensformen sprechen? Das ist ein Problem. Deshalb ist die Ehe schlecht. Deswegen sollten wir alle in Kommunen leben...

Hat hier jemand schon einmal in einer Kommune gelebt? (*Keine Antwort.*) Sogar vor zwanzig Jahren hätte es bestimmt Leute hier im Raum gegeben, die das einmal ausprobiert haben.

Das deutet auf die Privatisierung des Geldes hin, nicht wahr? Es scheint sinnvoll zu sein, Geld mit der eigenen Familie zu teilen, aber sein Geld dauerhaft mit Leuten zu teilen, die nicht zur Familie gehören... Und die kollektive Kindererziehung. Ich kenne Big Flame, eine Art libertär-kommunistische Gruppe aus den Siebzigern, die das praktiziert haben.[21] Sie haben mit kollektiver Kindererziehung experimentiert.

Und ich denke mir: Natürlich würde es funktionieren! Es würde besser funktionieren, oder? Es funktioniert besser als die Kindererziehung im Kontext der sogenannten Kernfamilie. Man könnte sagen, dass die Kernfamilie seit ihrer Entstehung in der Krise steckt. Denn die Kernfamilie ist neu – historisch gesehen ist sie sehr neu – obwohl ihr diese quasi-transzendentale Normativität anhängt. Mama-Papa-ich.[22] Das ist offensichtlich die Basis von Freuds Modell, aber natürlich war es nicht einmal zu Freuds Zeiten Mama-Papa-ich. Es war wahrscheinlich Mama-Papa-Kindermädchen-ich... Denn erweiterte Familien waren historisch gesehen die Norm, und erst in jüngster Zeit, unter dem Druck des Kapitalismus, hat sich die Kernfamilie herausgebildet.

Man sollte der erweiterten Familie aber nicht nostalgisch nachtrauern. Sie hatte viele Probleme. Aber man kann eine gewisse Nostalgie für einige der Aspekte daran empfinden, zumindest, wenn man sie mit der Kernfamilie vergleicht.

Es geht einfach nur um Wahrscheinlichkeiten, oder? Wenn eine größere Gruppe ein Kind erzieht, ist die Chance, dass etwas furchtbar schief läuft oder eine spezifische Neurose weitergegeben wird, bestimmt geringer?

Aber die Realität dieser Kommunen, jedenfalls derer, die in den Sechzigern gegründet wurden... Habt ihr die Doku-Serie von Adam Curtis gesehen? Einige von euch haben sie bestimmt gesehen. *Machines of Loving Grace* und so weiter, wo er sich über die Kommunen ausgiebig lustig macht.[23] Wahrscheinlich auch zu Recht...

Für mich ist der entscheidende Faktor, den sie hier identifiziert, die Ungeduld. Ungeduld, materielle Privilegien und Alter – das auf seine Art eine andere Form des Privilegs darstellt, obwohl das heute weniger der Fall ist. Ungeduld, in erster Linie: Sie dachten, dass sie das alles auf der Stelle loswerden. Das ist verrückt. Dinge, die, wie sie sagt, tausende von Jahren überdauert haben, und wir werden sie einfach so innerhalb einer Generation überwinden. *Wie machen wir das? Wir ziehen einfach zusammen in ein Haus und dann schauen wir einfach mal.*

Aber anders als Familien waren diese Gemeinschaften nicht von Dauer. Sie haben es nicht geschafft, dass sie sich halten konnten. Sogar die relativ erfolgreichen Kommunen haben nicht länger als ein paar Jahre überlebt. Zu denken, die Leute würden ihre eigenen Familien hassen! Das ist einfach nicht sehr weit verbreitet. Und selbst wenn, dann bleibt doch eine gewisse Identifikation mit ihnen, wahrscheinlich ein Leben lang. Hier zeigt sich die Macht der tief verwurzelten Familienstruktur, und ich denke, was sie hier aufzeigt, ist die Hartnäckigkeit dieser Strukturen, die sich nicht einfach so voluntaristisch abschaffen lassen. Und sie sagt auch, dass sie echte Bedürfnisse erfüllen, die Familien. Die Leute brauchen sie vielleicht dringend... Denn zu dem Zeitpunkt, an dem Willis schreibt, wird die Familie von Leuten wie R.D. Laing und David Cooper angegriffen, die behaupten, sie sei die Quelle psychischer Krankheiten. Die Familie: Eine Art Fabrik für Neurosen und Psychosen.[24]

Als sie das geschrieben hat, haben die Leute das nicht mehr unbedingt behauptet, aber in den 1960ern war dieses Denken durchaus verbreitet.

Ungeduld ist also der erste Punkt. Ungeduld. Solch zähe Strukturen, die es schon so lange gibt, und die offensichtlich ein bestimmtes Bedürfnis erfüllen, und selbst wenn sie es nicht tun, hängt man doch zu einem gewissen Grad an ihnen, einfach durch ihre schiere Langlebigkeit. Es ist wirklich schwierig, sie zu überwinden, vielleicht ist es sogar unmöglich, sie vollständig hinter sich zu lassen.

Ihr zweiter Punkt ist die Jugend. In den Kommunen gab es viele junge Leute. Sie konnten sich solche Experimente eine Zeit lang leisten, aber als sie älter wurden, sind sie auf die Standardstrukturen der westlichen Gesellschaft zurückgefallen.

Ein weiterer Faktor sind Reichtum und Privilegien: Den meisten Menschen fehlte es an den Mitteln, einfach »auszusteigen«. Das war natürlich entscheidend, und sie zeigt das auf, wie wir auch bei Marcuse sehen. Relativer Wohlstand ist entscheidend; der damalige relative Wohlstand der USA. Aber dieser Reichtum war alles andere als gleich verteilt, und diejenigen, die ausgestiegen sind, konnten sich das Aussteigen auch leisten, denn auf einer bestimmten Ebene – Ich sage nicht, dass sie es nicht ernst gemeint haben und sich gedacht haben: »Ja, ich kann für eine Weile aussteigen, aber in ein paar Jahren kann ich wieder einsteigen, wenn ich die Kapazität dazu eher habe.« Trotzdem mussten sie sich generell einfach nicht so viele Sorgen über die Risiken machen, welche die Überwindung konservativer Strukturen mit sich bringen könnte.

Das hinterlässt insgesamt ein sehr düsteres Bild... aber das war nicht, was ich damit beabsichtigt habe... (*Lacht.*) Was wäre also, wenn wir unseren Blickwinkel etwas verändern, und die 1960er nicht als eine goldene Ära begreifen, in der alles wunderbar war, und dann ist alles schief gelaufen? Willis' Analyse erlaubt uns, so denke ich, dies als ein festgefahrenes Projekt zu begreifen. Wenn Ungeduld das Problem ist, ist Geduld die Lösung. Wie entwickeln wir also Geduld?

Wie entwickeln wir die notwendige Geduld, um diese tief verwurzelten und langlebigen Strukturen zu überwinden? Wie können wir diese Art von Experimenten zugänglicher machen und es schaffen, dass sie nicht mehr nur bestimmten Gruppen vorbehalten sind: Den Jungen und den relativ Privilegierten? Und, um auf Marcuse zurückzukommen: Gibt es heute nicht mehr *reale* Knappheit als in den Sechzigern? »Real« ist hier ein problematischer Begriff...

Was sind die tatsächlichen Beschränkungen? Das ist die große Frage. Was sind heute die tatsächlichen Notwendigkeiten, welche die menschliche Freiheit beschränken? Eine größere Frage werde ich heute nicht mehr stellen, versprochen.

Studierende #9: Eine Wohnung, etwas zu Essen, Ressourcen... und ich denke, das Klima wird zunehmend auch zum Grundbedürfnis?

MF: Ja, so ähnlich wie Maslows »Hierarchie der Bedürfnisse«, nicht wahr?[25] Aber emotionale Bedürfnisse müssen gewiss als genauso bedeutsam erachtet werden. Wenn alle diese Bedürfnisse erfüllt werden, aber niemand sich umeinander kümmert.

Studierende #8: Eine der Passagen, die ich sehr interessant fand, ist auf Seite 161, wo sie schreibt: »Der Unterschied hat damit zu tun, dass das Zuhause der Ort ist, an den man gehen kann, und wo sie dich aufnehmen müssen – und auch... dass es etwas ist, das man nicht verdient. Ich habe Freundinnen, die mich aufnehmen würden, aber irgendwie musste ich sie mir auch verdienen.[26] Und die Idee, dass [die Familie] die Einheit ist, welche diesen Individualismus wiederherstellt, statt einer Gemeinschaft, in der man sich gleichermaßen aufeinander verlässt und es sich verdient.

MF: Ja, aber ist »Gemeinschaft« das richtige Wort dafür? Ich habe meine Schwierigkeiten mit dem Begriff »Gemeinschaft«, hauptsächlich, weil ihn sich die Rechte so leicht aneignen kann, aber auch, weil er ein Innen und ein Außen impliziert. Es gibt die, die zur Gemeinschaft gehören, und es gibt die anderen. Ich habe einmal einen Slogan gehabt: »*Care without Community* – Fürsorge ohne Gemeinschaft«. Ist es nicht das, was wir wollen? Wo man sich um Menschen kümmert, ob sie zur Gemeinschaft gehören oder nicht.

Wir haben noch nicht darüber gesprochen, was letzte Woche passiert ist.[27] Aber ist das nicht genau das, worum sich diese neue Form der rechten Reaktion dreht – das genaue Gegenteil davon. Sie schränkt die Fürsorge auf eine bestimmte Gemeinschaft ein. Man errichtet also buchstäblich Mauern... Das ist eine Fantasie. So etwas wie der NHS [Nationaler Gesundheitsdienst Großbritannien], wie er einmal war, hat sich um jeden gekümmert.

Es gibt also einen Unterschied zwischen dem »Öffentlichen« und der »Gemeinschaft«. Könnten wir sie uns nicht auch anders vorstellen? Viele Leute sprechen von »den *Commons* – der Almende« und all dem, das kommt aus der Autonomia und von [Antonio] Negri. Aber unterscheidet sich das Öffentliche nicht wiederum sowohl von den Commons als auch der Gemeinschaft? Öffentliche Gesundheitsfürsorge, öffentliche Güter... Ich glaube, das unterscheidet sich von den Commons. Denn Gemeingüter haben diese quasi-naturalistische Eigenschaft, und daher stammt vermutlich auch unser Begriff davon, von dem gemeinsam bewirtschafteten Land [*common land*] – stattdessen muss das Öffentliche kuratiert, erschaffen und kultiviert werden.

Wir können die Kommunen auch mit den ebenfalls gescheiterten Versuchen für gemeinschaftliches Leben außerhalb des privaten Raums innerhalb des Sowjetsystems vergleichen. Man könnte auch darüber sprechen, wie die Architektur und das Wohnungswesen den domestischen Realismus der Familie und des Individuums verstärkt. Denn Familienleben ist kollektives Leben, nur eben eine sehr beschränkte Form davon. Ist es nicht Teil der Funktion der Familie im Kapitalismus, unseren Wunsch nach Kollektivität einzuhegen? Das ist ein Wunsch, der nur von kollektiven Gruppen erfüllt werden kann, und der oft auf eine chauvinistische, das heißt rivalisierende Art ausgedrückt wird, die sich durch ihre Ausschlüsse ebenso definiert wie ihre Einschlüsse.

Studierende #9: Könnte man sagen, dass mit dem Scheitern der Revolutionen gegen den Kapitalismus... Wie Marcuse sagt, hat die zusätzliche Repression in jedem Stadium zugenommen. Mit der Konterrevolution hat die neue Generation also die Schuld dieses Scheiterns auf sich genommen.

MF: Ja!

Studierende #9: Es ist fast, als hätten sie versucht, den Vater aufzuessen, aber sie sind daran gescheitert, und nun hat der Vater ihre Ideen gewissermaßen finanzialisiert, und er sagt uns: Oh, ihr könnt so denken, wenn ihr arbeitet, und es beweist, dass man es auch kann, ohne das zu tun, aber wenn man sehr viel arbeitet und dann eine Existenz ohne Arbeit, oder ohne Freizeit führt. Diese Dinge werden dem Kapitalismus alle untergeordnet...

MF: Ja, eingegliedert...

Studierende #9: ... Und wir verspüren die Schuld des vergangenen Scheiterns in der Tatsache, dass, wie Marcuse sagt, wenn wir versuchen, eine Revolution zu beginnen, sie jenseits der Belohnung und Erlösung liegen wird. Wir werden also immer von unserer Kernfamilie beobachtet. Wir werden Menschen hinterlassen, die weiterhin leiden werden, weil wir Revolutionen erlebt haben, die nicht inklusiv waren... Es scheint fast so, als ob hier zwei Formen der Schuld vorliegen. Die Schuld der Vergangenheit, aber auch die Schuld der Tatsache, dass wenn diese Revolution Erfolg haben wird, sie nicht mit uns kommen werden. So würde es niemals passieren. Uns wurde vermittelt, dass wir Teile dieser Revolutionen haben können, aber nur durch das Kapital.

MF: Richtig, das ist zum Teil das Argument von Luc Boltanski und Eve Chiapello im *Neuen Geist des Kapitalismus.*[28] Der Kapitalismus vereinnahmt vergangene Revolutionen, vor allem kreative und künstlerische Revolutionen, und verkauft sie uns dann als neuen Geist des Kapitalismus zurück. Das ist Teil dessen, was in dem Apple-Werbespot vor sich geht.[29] Es sind keine grauen Konzerndrohnen mehr – wir sitzen alle in Hängematten herum, essen Süßigkeiten, fahren auf kleinen Dreirädern durchs Büro und das ganze Zeug. Die Arbeit selbst ist kreativ, etc.

Aber ich glaube, wir können behaupten, dass es nie wahrer war als heute, dass wir von einer Welt heimgesucht werden, die frei sein könnte. Sie scheint heute sowohl weiter entfernt – sicher weiter als in den Sechzigern oder Siebzigern. Die Siebziger waren keine Zeit, in der es unmittelbar bergab ging und die Reaktion sofort zur Stelle war, das werden wir sehen, wenn wir uns die Texte in Woche vier vornehmen – in den frühen Siebzigern ist eine Vielzahl von Dingen aufgeblüht – und trotzdem fühlen sie sich sehr weit entfernt an – kulturell, politisch und existenziell. Das hat auch viel mit der Fusion von Prekarität und Technologie zu tun; der Produktion künstlicher Knappheit. Fast jeder von uns ist einer künstlichen Zeitknappheit unterworfen: Dem Gefühl, dass einem für alles die Zeit fehlt. Die Technologie, vor allem die Kommunikationstechnologie, hat durch ihre Produktion der künstlichen Knappheit, statt die Zeit zu befreien, das Gefühl des Zeitmangels verstärkt und intensiviert.

Wenn wir die Perspektive von Marcuse einnehmen, können wir verstehen, warum dies kein Zufall ist. Es ist nicht so, dass wir lediglich scheitern; wir könnten ein Leben führen, in dem wir sehr viel weniger Arbeiten, aber es ist anders gekommen. Dahinter steckt eine bewusste Strategie des Kapitals und des menschlichen Bewusstseins, diese Möglichkeit kontinuierlich zu unterdrücken und zu blockieren: Weniger zu arbeiten und seine eigenen Bedürfnisse festzulegen. Es ist kein *materielles* Problem. Es ist ein politisches Problem. Obwohl das materielle Problem immer noch sehr schwer wiegt.

Nun, genug davon.Wer möchte nächstes Mal Lukács vorstellen? (*Niemand meldet sich.*)

Ich werde jetzt nicht behaupten, dass Lukács leicht verständlich ist, aber wir sollten uns einige seiner Begriffe vorknöpfen... Bitte, macht das jemand freiwillig?

(*Studierende antwortet kaum hörbar.*)

Ah, danke!

Studierende #10: Nein, Entschuldigung, ich meinte, dass ich nicht da bin.

MF: Oh. (*Lachen.*) Das habe ich wohl absichtlich missverstanden.

Studierende #11: Ich kann das machen.

MF: Okay, du machst das. Vielen Dank!

Ich finde Lukács sehr frustrierend. Schau einfach mal, was du daraus entnehmen kannst.

Nancy Hartsock: sehr viel einfacher zu lesen. Möchte das jemand übernehmen, über die feministische Standpunkttheorie? (*Allgemeines Gemurmel, zwei Studierende übernehmen und entscheiden, wer von ihnen den Text übernehmen wird.*)

Okay, nächste Woche geht es also um Bewusstsein und was Lukács »Klassenbewusstsein« nennt und was ich »Gruppenbewusstsein« nenne.

Danke allerseits.

Endnoten

1 Sigmund Freud: *Totem und Tabu. Einige Übereinstimmungen im Seelenleben der Wilden und der Neurotiker.* In: Sigmund Freud: *Gesammelte Werke. Chronologisch geordnet. Bd. 9.* Hrsg. v. Anna Freud u. a. London: Imago, 1940. 8. Aufl. S. Fischer, Frankfurt am Main 1986, 152.

2 Ebd., 153.

3 Freuds *Totem and Taboo* wurde 1913 veröffentlicht.

4 Hier ist die Rede vom University College London, welches den abgetrennten und schlecht erhaltenen Kopf des englischen Philosophen Jeremy Bentham (1748-1832) aufbewahrt.

5 Das Wortspiel »nom du père« und »non du père« stammt von Jacques Lacan. Siehe: Jacques Lacan, *The Seminar of Jacques Lacan Book Three: The Psychoses.* New York: W. W. Norton & Company, 1997. Siehe auch: Michel Foucault, »The Father's No« in *Aesthetics, Method and Epistemology: Essential Works of Foucault*, 1954-1984 (Band 2). New York: The New Press, 1998, 5–20.

6 »Sex, Gender, Species« konnte als separates Master-Modul als Teil des Studiengangs »Contemporary Art Theory« gewählt werden. Das Modul wurde von Dr. Lynn Turner unterrichtet.

7 Herbert Marcuse: *Triebstruktur und Gesellschaft.* Bibliothek Suhrkamp, 1973, 82.

8 »Die kulturelle Sexualmoral und die moderne Nervosität«. *Gesammelte Werke. Chronologisch geordnet. Bd. 7.* Hrsg. v. Anna Freud u. a. London: Imago, 1940. 149.

9 Herbert Marcuse: *Triebstruktur und Gesellschaft*, 83.

10 Ebd., 83.

11 Ebd., 87.

12 Ebd., 89.

13 Ebd., 93.

14 Ebd., 101.

15 Ebd., 101.

16 Ebd., 49.

17 Ebd., 106.

18 Ellen Willis, *Beginning to See the Light: Sex, Hope, and Rock-and-Roll.* Minneapolis: University of Minnesota Press, 2012, 158.

19 Siehe: See: Sophie Lewis, *Full Surrogacy Now: Feminism Against Family.* London: Verso Books, 2019.

20 Die Emanzipation der Frau wird in Srnicek and Williams Text *Inventing the Future* oft thematisiert. Im Besonderen verweist Fisher hier auf ein Argument, dass die archaischen Einstellungen über »Frauenarbeit« einer Abschaffung der Arbeit und einer vollständigen Automatisierung der Gesellschaft im Wege stehen: »Das Stereotyp, dass Frauen natürlicherweise fürsorglich seien und sich affektive Arbeit wünschten, dient oft als Rechtfertigung für ihre kontinuierliche Ausbeutung. Aber was, wenn große Teile dieser Arbeit abgeschafft werden könnten? [...] Hausarbeit wie Putzen und Wäschezusammenlegen kann zunehmend an Maschinen delegiert werden. [...] Es wurde auch darüber spekuliert, dass der Schmerz und das Leid der Schwangerschaft etwas ist, was in der Vergangenheit verbleiben sollte, statt als natürlich und schön mystifiziert zu werden. In dieser Zukunftsvision würden synthetische Formen der biologischen Reproduktion eine neue Gleichheit zwischen den Geschlechtern ermöglichen.« (*Inventing the Future*, 113.) Dies hat direkte Implikationen für die Etablierung eines bedingungslosen Grundeinkommens. Sie fahren fort: »Ein Grundeinkommen würde den Wert der schlechtesten Jobs erhöhen, aber auch bis dato unbezahlte Sorgearbeit zumindest teilweise entlohnen. Auf dieselbe Art, wie die Forderung nach einer Entlohnung der Hausarbeit diese weibliche Arbeit anerkannt und politisiert hat, sorgt das bedingungslose Grundeinkommen dafür, diese Anerkennung und Politisierung auf alle Tätigkeiten auszuweiten, die für die Reproduktion der Gesellschaft notwendig sind: Informelle und formale Arbeit, häusliche und öffentliche, individuelle und kollektive Arbeit.« (Ebd., 122.)

21 »Big Flame« [Die Große Flamme] war eine politische Gruppierung der Arbeiterklasse, die aus Sozialistinnen, libertären Marxistinnen, Trotzkistinnen und Anarchistinnen bestand und sich im industriellen Liverpool der siebziger Jahre formulierte. Sie war in Großbritannien bis zu ihrer Auflösung 1984 aktiv, veröffentlichte ein Magazin und eine Theoriezeitschrift und hatte auf den britischen Marxismus dieser Epoche einen großen Einfluss.

22 Eine Referenz auf Deleuze und Guattaris *Anti-Ödipus. Siehe*: Gilles Deleuze and Félix Guattari, *Anti-Ödipus*, übersetzt von übersetzt von Bernd Schwibs, Suhrkamp, 1977, dessen zweites Kapitel folgendermaßen beginnt: »Der eingeschränkte Ödipus bildet die Dreiecksfigur Papa-Mama-Ich, die Familienkonstellation in Person.«

23 *All Watched Over by Machines of Loving Grace* war eine dreiteilige Dokumentarserie des britischen Filmemachers Adam Curtis, die im Jahr 2011 von der BBC ausgestrahlt wurde.

24 In seinem ersten wichtigen Werk, *The Divided Self* aus dem Jahr 1960, beschreibt Laing die Entstehung des psychoanalytischen Konzepts der »schizophrenogenen« Mutter. Diese verursacht (unbeabsichtigterweise)

die widerstrebenden Selbstauffassungen, die in Kindern zu schizophrenen Tendenzen führen. Laing erweitert dieses Konzept aber. Er schreibt: »Nicht nur die Mutter, sondern die gesamte Familiensituation kann das Kind daran hindern, die Fähigkeit zur Mitwirkung in einer mit anderen geteilten Welt zu erlangen.« (Siehe: R.D. Laing, *The Divided Self: An Existential Study in Sanity and Madness*. London: Penguin Books, 2010, 189. [eigene Übersetzung]). Diese Konzepte würden für Laings spätere Arbeiten zentral werden, vor allem *Sanity, Madness and the Family* (1964) und *The Politics of the Family and Other Essays* (1971). Zur etwa selben Zeit schrieb David Cooper über ähnliche Themen. Sein zentrales Werk über die Familie, *The Death of the Family*, wurde ebenfalls 1971 veröffentlicht. Cooper hatte zuvor *Dialectics of Liberation* veröffentlicht, in dem Aufsätze gesammelt waren, die auf dem Congress of the Dialectics of Liberation in London im Jahr 1967 vorgestellt worden waren. Darunter war auch ein Vortrag von Gregory Bateson, dessen Auffassung der Schizophrenie einen entscheidenden Einfluss auf Deleuze und Guattari wie auch auf Herbert Marcuse haben würde.

25 In seinem Aufsatz »A Theory of Human Motivation« aus dem Jahre 1943 stellte Abraham Maslow die Theorie auf, dass menschliche Bedürfnisse – menschliche Sehnsüchte, um es anders auszudrücken – hierarchisch strukturiert sein könnten. Die grundlegenden Bedürfnisse bilden das Fundament – Nahrung, Wasser, Schlaf, Obdach, Sicherheit – gefolgt von unseren psychologischen Bedürfnissen – Freunde, Familie, Beziehungen im Allgemeinen, Selbstachtung –, mit Bedürfnissen der Selbstverwirklichung an der Spitze – Kreativität, Weiterentwicklung, Potenzialentfaltung. Die Theorie war, und, so könnte argumentiert werden, bleibt sehr einflussreich für bestimmte Disziplinen, wenn es um die Konzeption der Motivation hinter menschlichem Verhalten geht.

26 Willis, Beginning to See the Light, 161.

27 Dies bezieht sich auf Donald Trumps Sieg bei den US-Präsidentschaftswahlen von 2016.

28 Siehe: Luc Boltanski, Ève Chiapello: *Der neue Geist des Kapitalismus*. Konstanz: UVK, 2003.

29 Apple-Werbespot zum Superbowl 1984, der im ersten Vortrag besprochen wurde.

Dritter Vortrag
Vom Klassenbewusstsein zum Gruppenbewusstsein

21. November 2016

(*Eine Studierende hält eine Präsentation. Sie gibt sich Mühe, die Argumente von Lukács' Text zusammenzufassen, hat aber Schwierigkeiten mit einer kurzen Erläuterung der verschiedenen theoretischen Wendungen.*)

Mark Fisher: Keine Sorge. Der Text ist schwierig. Sehr schwierig. Fangen wir einfach mal auf einer fundamentalen Ebene an. Welches Argument versucht er, in diesem Text zu machen? Worum geht es?

Studierende #1: Die qualitativen Zugewinne des kapitalistischen Systems müssen in qualitativen Veränderungen für das Proletariat resultieren – einer Bewegung nicht nur hin zum Klassenbewusstsein, sondern sozialen Möglichkeiten, Freiheiten und Potentiale für gesellschaftlichen Wandel.

MF: Okay, schauen wir uns einmal die Grundlagen an. Wer kannte Lukács, bevor wir diesen Text gelesen haben? Irgendjemand? (*Stille.*) Okay. Wer kennt Hegel?... (*Murmeln.*) Okay, ein bisschen. Wer kennt Marx? (*Etwas mehr zustimmendes Gemurmel.*) Gut, damit können wir anfangen.

Dieser ganze Text trieft nur so vor Hegel. Deshalb macht es beim Lesen so wütend. Hegel und Heidegger haben sich darauf spezialisiert... Es ist in ihren Augen ein Qualitätsmerkmal, wenn ein Text extrem schwierig zu lesen ist. Der Einfluss Hegels auf diesen Text ist extrem stark, deshalb ist er stilistisch so wenig zugänglich, aber dennoch wertvoll. Wir werden sehen, wie viel wir daraus gewinnen, wenn wir ihn einmal durchschaut haben.

Er ist auch etwas desorientierend und berauscht, was er fast dadurch zu verbergen zu versuchen scheint, dass er sich diesem schwerfälligen hegelschen System bedient, denn es ist extrem *trippy*, was er da schreibt, vor allem auch, weil es so viel um das Bewusstsein geht.

Der Grund, warum das aus meiner Sicht so wertvoll ist – wie ich bereits in der E-Mail, die ich euch geschickt habe, geschrieben habe – ist, glaube ich, einfacher zu verstehen, wenn wir erst einmal den Text von Hartsock gelesen haben; [Es ist dann einfacher zu verstehen], was hier verhandelt wird. Sie ist von diesem Text stark beeinflusst, und in »A Feminist Standpoint« übersetzt sie – sie tut natürlich mehr, aber einfach gesprochen – Lukács' Argumente von der Kategorie Klasse auf die Kategorie Gender. Indem sie dieses Argument vorbringt, entwickelt sie die Idee von Standpunkten, welche sie und andere dann zur sogenannten »Standpunktepistemologie« ausbauen, welche wirklich überwältigend ist, finde ich. Es hat mich einfach umgehauen, als ich zum ersten Mal mit dieser Theorie konfrontiert wurde.

Es ist wirklich interessant. Es gibt sie schon seit Langem. [Das Buch wurde] vor über dreißig Jahren [veröffentlicht] – eher vierzig, als mit der Entwicklung dieser Theorie begonnen wurde – aber die Standpunkttheorie ist in vielerlei Hinsicht immer noch weitestgehend unbekannt. Ich habe bemerkt, dass David Graeber in seinem neuesten Buch – ein sehr gutes Buch über Bürokratie, übrigens – am Schluss die Standpunktepistemologie erwähnt. Er schreibt so etwas wie: »Oh, ja, und vieles von dem, was in meinem Buch steht, kann durch die Standpunktepistemologie erfasst werden, die ich gar nicht kannte.« Wirklich interessant, warum das eigentlich so ist.

(Eine Studierende unterbricht, um nach dem Titel von Graebers Buch zu fragen.)

Das Buch von David Graeber? Es heißt *Bürokratie: Die Utopie der Regeln*[1]. Ja, und darin erwähnt er am Schluss die Standpunktepistemologie.

Ich glaube, es ist sehr wichtig, weil es sich um eine sehr explosive Theorie handelt, die den Dualismus auflöst, der vielerorts immer noch im sogenannten »postmodernen« Denken wirkt, wo es entweder objektive Wahrheit – die auf irgendeine naive Weise definiert wird – oder auf der anderen Seite den Relativismus gibt: Nichts ist wirklich wahr; nichts ist überhaupt wahr.Man hat also auf der einen Seite rotgesichtige angelsächsische Empiriker, die behaupten, die Dinge wären einfach so, wie sie nun einmal wären, Roast Beef und dergleichen[2] – und auf der anderen Seite das andere Stereotyp, kontinentale Denker, die alles verkomplizieren müssen und postulieren, nichts sei fix oder stabil und man könne nichts eine feste Bedeutung zuschreiben... Standpunktepistemologie bricht mit beiden dieser Extrempositionen. Die Theorie behauptet, dass es verschiedene Positionen gibt, aber dass einige von ihnen besser sind als andere.

Ein Standpunkt ist *etwas anderes als ein Blickwinkel*, das sollten wir als Erstes festhalten. Und das hängt direkt mit der komplizierten Frage des Bewusstseins zusammen. Ich glaube, die meisten von euch sind zumindest ein bisschen vertraut mit Marx. Was bei Marx stark betont wird, ist das Primat des Materiellen – und darüber spricht auch Nancy Hartsock. Das Primat des Materiellen über die Idee. In anderen Worten, der Vorrang von *Praxis* über mentale Vorstellungen. Manchmal wird es statt eines einfachen Vorrangs auch eher als Kausalzusammenhang dargestellt. Das Materielle *verursacht* unsere mentalen Konzeptionen. Das ist auf vielen Ebenen kompliziert – eine komplizierte und kontroverse Frage, über die Geschichte des Marxismus hinweg: Wie sollten wir uns den Zusammenhang zwischen mentalen Vorstellungen und im weiten Sinne zwischen der Kultur und den materiellen Verhältnissen vorstellen? Das Materielle umfasst nicht *nur* physische Dinge, sondern auch Praktiken.

Gut... jetzt habe ich so viele Klammern aufgemacht, dass ich den Faden verloren habe...

Okay, mit dieser Betonung des Praktischen und Materiellen könnte man meinen, dass das Bewusstsein auf die Seite der Ideen gehört. Das Bewusstsein ist sicherlich eine mentale Konzeption, eine Idee, und Marx dachte, dass die materialistische Revolution darin bestünde, Dingen auf den Kopf zu schlagen [sic], und die Materie und die Praxis voranzustellen, vor den Ideen. Doch was ist hier überhaupt in diesem Sinn mit Bewusstsein gemeint? Was bedeutet Klassenbewusstsein? Es handelt sich hier nicht um dasselbe wie um gewöhnliches, phänomenologisches Bewusstsein.

All diese Aspekte werden vom Konzept des Standpunkts erfasst – jetzt erinnere ich mich. Der Standpunkt ist nicht der Blickpunkt. Wir alle können Blickwinkel haben. Und wir alle haben sie. Sie sind bereits vorhanden. Aber ein Standpunkt muss durch Praktiken konstruiert werden. Und wo man das leicht erkennen kann, denke ich, ist beim Konzept der Bewusstseinsbildung [*consciousness raising*]. Dies ist auf gewisse Art, was Nancy Hartsock in ihrer Theorie der Standpunktepistemologie kodifizieren wollte: Die Praktik der Bewusstseinsbildung.

Kann jemand beschreiben, was Bewusstseinsbildung ist? Wie funktioniert das?

(*Stille.*)

Na gut. (*Lacht.*). Es ist ein sehr mächtiger, und wie ich behaupten würde, molekularer Prozess. Er ist tatsächlich notwendig, damit sich irgendeine Form des Gruppenbewusstseins herausbildet. Er wurde von Feministinnen entwickelt – ich weiß nicht genau, wann das angefangen hat, um ehrlich zu sein –, aber er war in den Siebzigern als Strategie auf jeden Fall sehr weit verbreitet. Seine Macht liegt teilweise in seiner Einfachheit. Alles, was geschehen muss, ist, dass sich Mitglieder einer Gruppe zusammenfinden und offen und ehrlich miteinander sprechen. Sie werden dann sehen, dass sie gemeinsame Probleme und Interessen haben, und auch dass der Grund vieler dieser Probleme nicht bei ihnen persönlich, sondern anderswo liegt.

Ganz einfach: *Es bin nicht ich, es ist das Patriarchat*, so lautet dann die Einsicht. *Ich putze nicht genug, und ich fühle mich immer dafür schuldig.* Nun, das Problem ist nicht, dass du die Wohnung nicht genug geputzt hast, das Problem sind die Erwartungen, die an diese Art von Arbeit gestellt werden – die geschlechtsspezifischen Erwartungen und so weiter–, welche naturalisiert worden sind.

Das ist, was Lukács mit dem *Problem der Unmittelbarkeit*[3] meint. Das Problem mit der Unmittelbarkeit hat mit Verdinglichung zu tun, einem der zentralen Begriffe bei Lukács. Was meint er mit Verdinglichung? Möchte es jemand noch einmal versuchen?

(*Die Sitzung wird durch die Ankunft mehrerer verspäteter Studierender unterbrochen, Mark merkt an, er habe selbst Schwierigkeiten gehabt, den Raum zu finden, und dass ein größerer Raum nach der Überfüllung beim letzten Mal angefordert wurde. Er erwähnt auch, wie schön der neue Raum sei.*)

Wo war ich?

Studierende #1: Du wolltest über das Ding an sich sprechen?

MF: Richtig, ja. Okay: Verdinglichung. Was bedeutet das, Verdinglichung [*reification*]?

Studierende #2: Zum-*Ding*-machung?

MF: Ja! Ziemlich buchstäblich: Ding-ifizierung.

Eines der Themen, die euch vielleicht ins Auge gesprungen sind – in Lukács' Werk und besonders in diesem Text – ist die weit verbreitete philosophische Frage von *Werden* und *Sein*; die Idee, dass Ideologie verdinglicht. Ideologie macht aus einem fortlaufenden Prozess des Werdens – welcher ein offenes Ende hat, und in den man daher verändernd eingreifen kann – etwas Festes und Permanentes. Das bedeutet Verdinglichung. Und das ist natürlich entscheidend, das ist überhaupt der Zweck der Ideologie. Der eigentliche Zweck der Ideologie besteht darin, die Möglichkeit zu verschließen, dass die Dinge auch anders sein könnten. Das ist tatsächlich das A bis Z der Ideologie. Aber der zweite Schritt der Ideologie besteht natürlich darin, sich selbst unsichtbar zu machen. Ideologie kommt nicht daher und sagt: »Ich bin ideologisch.« Ideologie sagt: »Ich bin die Natur, so sind die Dinge nun mal.« Wahrscheinlich spricht sie noch nicht einmal, aber selbst in meiner Metapher muss sie noch nicht mal wirklich etwas sagen. Es sind wir, die uns zu ihr verhalten müssen. *So sind die Verhältnisse. Sie könnten nicht anders sein.*

Ich glaube, wir haben jetzt das Wesentliche, die Verdinglichung, umrissen, das feste Produkt der Ideologie – einerseits Naturalisierung, andererseits Bewusstsein. Aber das Bewusstsein entwickelt sich nur durch Praktiken, sodass Bewusstseinsbildung, um darauf zurückzukommen... Was ist der Unterschied zwischen Bewusstseinsbildung und einfach nur, etwas zu wissen?

Studierende #3: (*Unverständlicher Kommentar.*)

MF: Ja, aber paradoxerweise ist die objektive Ebene die der Relationen, nicht die der Dinge. Das suggeriert er ja permanent.

Das ist das, was uns heute so seltsam vorkommt: Die Selbstverständlichkeit, mit der Lukács – und auch noch Hartsock – Begriffe wie »Wissenschaft« und »Wissen« benutzen. Das ist selbstsicher. Das ist hier kein reiner Relativismus. Wie ich bereits erwähnt habe, ist das weder eine Form des Relativismus noch die alte Konzeption einer objektiven Realität, die bereits existiert und einfach so auf uns wartet.

Der andere wichtige Begriff bei Lukács: Totalität! Unsere Freundin, die Totalität. »Totalität« bedeutet einfach das gesamte System. Man kann keinen Teil des Systems für sich genommen verstehen, ohne das gesamte System zu verstehen, und das ganze System ist kein Ding – es ist eine Menge an Relationen. Deshalb ist Unmittelbarkeit ein solches Problem. Unmittelbarkeit ist von Natur aus ideologisch und ideologisch mystifizierend. Denn Totalität ist in der Unmittelbarkeit nicht gegeben!

Man kann es auch so sehen: Ein Teil der Schwierigkeiten, die die Leute haben, wenn sie gegen Dinge ankämpfen, besteht darin... das Patriarchat wird nicht einfach so hier hereinspazieren und sich ankündigen, genauso wenig, wie es die Ideologie tun wird. Das ist ein bisschen so wie bei Thatcher, als sie gesagt hat: »Die Gesellschaft, das gibt es nicht«[4]. Es ist die gleiche Art von Behauptung, denn, okay, das seht ihr selbst, oder? Sie gehört nicht einfach so zum Gegebenen, diese Gesellschaft. Wenn Lukács über das Bürgertum spricht, und wie sein Denken im Gegebenen feststeckt, dann meint er genau das damit! In England übertreiben wir es wirklich extrem damit. Die Dinge sind genau so, wie sie uns erscheinen, nicht mehr und nicht weniger, wenn, dann wahrscheinlich ein bisschen weniger. Der Kapitalismus selbst ist nicht als Teil der Erfahrung gegeben!

Man muss ihn bewusst konstruieren. Er wird einem nicht gegeben. Die eigene *Arbeit* ist einem gegeben. *Was man tut*, das ist einem gegeben. *Sein eigenes kleines Ding*, das ist einem gegeben. Aber die Totalität ist einem nicht einfach so aus der Erfahrung gegeben. Nie. Nie! Die eigene Erfahrung ist nur die eigene Erfahrung – und noch nicht einmal das. Sie gehört einem nicht, denn sowohl man selbst als auch die eigene Erfahrung sind bereits ideologisch verpackt. Das habe ich gemeint: Es wird sehr schnell *trippy*, abgefahren. Das ist, was er sagt. Und deshalb ist ein Standpunkt auch kein Blickwinkel. Ein Standpunkt wird durch das Bewusstsein konstruiert und ist nicht unmittelbar gegeben.

Dann wird es sogar noch psychedelischer.

Ein Teil des Problems mit der alten Vorstellung einer objektiven Wahrheit, so könnte man sagen, war die Idee, dass das Bewusstsein keinen Effekt auf diese Wahrheit hat. Das kann vielleicht auf ein schwarzes Loch oder ähnliches zutreffen, aber sicher nicht auf soziale Verhältnisse. Ich lebe innerhalb dieser sozialen Verhältnisse! Sie umfassen mich bereits. Wenn ich also – und das kann ich natürlich niemals alleine tun –, wenn sich das Gruppenbewusstsein entwickelt, wenn sich das Klassenbewusstsein entwickelt, wenn sich das [Bewusstsein] gleich welcher unterdrückten Gruppe entwickelt, verändert sich sofort etwas – unmittelbar. Denn wenn man aus seiner Erfahrungswelt enthoben wird, wird man auch aus der Ideologie herausgebrochen. Ihr – und ich benutze das hier als Pluralform der zweiten Person – *ihr könnt dann* selbst Wirkmächtigkeit erlangen. Vorher könnt ihr das nicht.

Bevor man irgendetwas tut, ist schon etwas geschehen, nämlich die Erschaffung eines neuen Bewusstseins. Wenn wir uns die

Gesamtheit der sozialen Verhältnisse ansehen, dann hat sich darin etwas verschoben, einfach nur, indem sich das Bewusstsein ebenfalls verschoben hat. Das ist der erste Punkt. Es hat bereits eine Veränderung stattgefunden.

Zweitens ist es einer Gruppe möglich, gemeinsam zu handeln, wenn sie ihre gemeinsamen Interessen erkennt. Wenn die Arbeiterinnen erst einmal wahrnehmen, dass das Kapital das Problem ist und nicht sie –, wenn sie erst einmal aufhören, miteinander zu konkurrieren und sich ihres gemeinsamen Feindes bewusst werden – dem Kapital –, werden sie auch Wirkmächtigkeit erlangen. Ebenso, wenn Frauen erst einmal realisieren, dass das Problem das Patriarchat und nicht sie als Individuen sind, verändert sich sofort ihr Bewusstsein. *Man fühlt sich besser!* Das ist der erste Punkt.

Man fühlt sich um die Schuld und Last erleichtert, Verantwortung für sein eigenes Leben zu übernehmen – was man nicht tun müssen sollte –, trotz allem, was uns die neoliberale Propaganda einredet. *Du bist nicht das Problem!* Es handelt sich hierbei um eine direkte Umkehr von Thatcher! »So etwas wie die Gesellschaft gibt es nicht. Es gibt nur Individuen und ihre Familien.« Es ist genau umgekehrt! Das Individuum gibt es nicht. Aber das Individuum ist unmittelbar gegeben. Und das ist Teil des Unmittelbarkeitsproblems.

Studierende #4: Ich habe eine Frage.

MF: Ja, bitte.

Studierende #4: Das ist sehr interessant, aber ich versuche, das gerade irgendwie zu begreifen.

MF: Ja, natürlich.

Studierende #4: Könnte man sagen, wenn man die Begriffe von Totalität und Standpunkt verwendet, dass der Standpunkt und die Realisierung des Bewusstseins, das ihn begleitet, auf irgendeine Weise in der Position der Gruppe in der Totalität des Kapitalismus zu finden ist? Ich stelle mir das jetzt räumlich vor...

MF: Ja, genau!

Studierende #4: Okay, ich denke hier an Fredric Jameson und kognitive Kartierung...[5]

MF: Ja! Ja! Jameson hat viel über Lukács geschrieben und kognitive Kartierung ist eine direkte Anwendung dieser Theorien. Exakt.

Aber natürlich geschieht der Wandel hier unmittelbar auf zwei Ebenen: Sobald sie sich ihrer Position bewusst sind, verändern sie diese. Weil sie ihre Verdinglichung rückgängig gemacht haben!

Studierende #4: Genau, das wäre meine nächste Frage: Was Lukács dann also sagt, ist, dass es sich hier immer bereits um eine neue Verdinglichung handelt – die eigene Position zu finden, wie er es beschreibt, versteinert das Sein – ich habe mich also auch gewundert, ob für Lukács die Metapher einer Karte selbst ein Problem ist, weil sie wiederum selbst einen Prozess der Verdinglichung suggeriert?

MF: Okay, das sind gute Punkte. Aber was ist der Unterschied zwischen einer Abbildung [*mapping*] und einer Karte [*map*]? Eine Abbildung bedeutet nicht unbedingt, dass es eine Karte gibt. Das hört sich mehr nach Sartre an... Das ist die Art von Problem, mit welchem er sich in der *Kritik der dialektischen Vernunft* beschäftigt hat – welche ich nicht gelesen habe, aber das haben wenige, um ehrlich zu sein. Habt ihr es mal gesehen? Es ist ungefähr so dick...

Er hat es auf Speed geschrieben. Ja. Und ihr wisst, was passiert, wenn die Leute auf Speed schreiben (*Lachen.*) Sie glauben, sie seien genial... (*Mehr Lachen.*) Andere wiederum... (*Mark verliert sich und lacht ebenfalls.*) Aber nein, Sartre nimmt sich hier eines realen Problems an: Was passiert, wenn die werdende Gruppe – und hier hat er Deleuze und Guattari ebenfalls beeinflusst – wenn die werdende Gruppe zusammenkommt und die alte Ordnung stürzt. Moment! Dann wird sie verdinglicht, sie wird zum Ding.

Ich weiß nicht, ob sich Lukács so viele Sorgen darüber macht... Aber ich würde mich auch nicht als einen Experten bezeichnen, was sein Werk angeht... Also vielleicht...

Der Standpunkt ist jedenfalls kein Ding. Er ist eine Form des Bewusstseins, könnte man sagen.

Man sieht sich als Mitglied des Proletariats – oder, in Hartsocks Fall, sieht man sich als Frau. Auf diese Weise sieht man sich nicht als Individuum. Aber das ist harte Arbeit. Das liegt zum Teil daran, dass der Standpunkt kein *Ding* ist... Man kann ihn nicht wirklich verdinglichen, weil es eine Praxis ist. Sich selbst so zu sehen, ist harte Arbeit, und es erfordert viel Ausdauer. Zum Teil ist das auch der Grund, warum Bewusstseinsbildung nicht unbedingt dasselbe bedeutet, wie etwas zu wissen. Es kann gut sein, dass ich weiß, dass ich ein Arbeiter bin, oder eine vom Patriarchat unterdrückte Frau, doch es ist etwas anderes, stets in diesem Wissen handeln zu können oder so zu handeln, denn alle anderen Einflüsse der unmittelbaren Gegebenheit stehen dem entgegen.

Sie vermitteln mir: *Du bist ein Individuum. Diese Dinge gibt es doch nicht wirklich? Abstraktionen? Das Patriarchat? Den Kapitalismus? Schau mal, was ist denn das dort drüben? Das ist ein Tisch. Man kann ihn sehen. Er ist real. Dort sind andere Menschen. Auch sie kann man sehen. Sie sind real. Aber das andere Ding, das gibt es doch nicht wirklich, oder?* Man hat dieses nagende... Das ist das Hintergrundrauschen des gewöhnlichen phänomenologischen Bewusstseins –

jedenfalls in den meisten Gesellschaften, ganz bestimmt in kapitalistischen Gesellschaften.
Die Aufgabe, eine andere Art des Klassenbewusstseins zu schaffen, welches von Dauer sein könnte, wenn man immer in anderen Begriffen denkt, jedenfalls zu Anfang… Der Punkt – für Lukács jedenfalls; ich weiß nicht, ob Hartsock ähnlich denkt; ich weiß nicht, ob sie Gender ganz abschaffen will –, aber Lukács will die Klassen jedenfalls abschaffen. Und das ist eines der paradoxen Dinge, die er aufzeigt: Dass Klassen in der kapitalistischen Gesellschaft zuerst nicht unmittelbar gegeben sind.

Schritt Nummer eins: So etwas wie Klassen gibt es nicht. Sie sind nicht einfach vorhanden. Es gibt nur Individuen – und einige von ihnen haben mehr Geld verdient als andere. Hier unterscheidet sich das kapitalistische System von einem feudalistischen. Im Feudalismus konnte niemand behaupten, dass Menschen ihre Position verdient hätten oder sie hart erarbeitet worden sei. Man konnte das einfach nicht behaupten. Niemand hat überhaupt in diesen Kategorien darüber gedacht. Harte Arbeit war sowieso für den Pöbel! Der eigene Platz in der sozialen Hierarchie war symbolisch fixiert.

Mit anderen Worten war es allgemein anerkannt – im Auge des Großen Anderen von Lacan –, dass es eine gesellschaftliche Hierarchie, und in ihr verschiedene Positionen, gab. Das ist, was es bedeutete, eine feudalistische Gesellschaft zu sein. Der Kapitalismus behauptet, dass es das alles nicht gibt. Es gibt nur Individuen, die miteinander konfrontiert sind. Einige schneiden besser ab als andere. Daran hören wir auch den ganz anderen Aspekt, der damit zusammenhängt. Einige haben besser abgeschnitten als andere, weil sie härter gearbeitet haben. *Wenn du es auch so gut haben willst, solltest du auch hart arbeiten.*

Was hier verleugnet wird, ist eine fundamentale Spaltung – eine Spaltung zwischen Gruppen, die im klassischen Marxismus zwischen – nun, wie wird hier unterschieden? Wie werden die beiden großen Klassen definiert? Wodurch ist das Bürgertum definiert?

Studierende #5: Besitz an den Produktionsmitteln?

MF: Ja. Das ist auch einer der Gründe, warum diese Definition in der heutigen Zeit problematisch ist. Was ist heute Produktion? Und was Besitz? Als Marx das geschrieben hat, schien es viel klarer, oder? Dir gehörte eine Fabrik. Dir gehört eine Fabrik. Was versuchst du also, zu tun? Du hast einen gewissen Geldbetrag in diese Fabrik gesteckt, in die Ausrüstung, die Maschinen, und einen Teil, um die Arbeiterinnen zu bezahlen. Aber ist das nicht im Wesentlichen dasselbe? Geld für Maschinen oder für Arbeiter auszugeben, unterscheidet sich nicht wesentlich voneinander. Was versuchst du also, zu tun? Du versuchst, mehr Geld aus dem Geschäft zu ziehen, als du investiert hast. Wenn das nicht der Fall ist, so handelt es sich hierbei nicht um Kapital. Mehr Geld muss dabei herauskommen, als vorher hinein geflossen ist.

Und ein Teil dessen, was Marx hier sagt – ich komme hier leicht vom Thema ab –, ist, dass das Bürgertum von sich selbst annimmt, dass sie diesen Prozess aktiv voranbringen. Sie glauben, sie seien diejenigen, die Dinge geschehen lassen. Aber man könnte sagen, dass das Kapital realer ist als sie. Das will ich damit sagen: Heute, in der gegenwärtigen Gesellschaft, ist das Kapital realer als ihr. Aber als unmittelbare Gegebenheit scheint es andersherum. Ihr erscheint realer als das Kapital. Was könnte denn greifbarer sein als ihr selbst? Und Unmittelbarkeit wird sich immer so darstellen, denn das ist, was Unmittelbarkeit ist!

Dasselbe gilt für das Bürgertum. [Das Problem der Unmittelbarkeit] ist der Grund dafür, warum sie es nicht wissen! Man könnte sagen, dass sie in diesem Prozess lediglich Marionetten sind. Aus ihrer Perspektive investieren sie Geld und bekommen mehr Geld zurück. Aus der Perspektive des Kapitals sind sie lediglich das Mittel, durch das es wächst. Und dieser Prozess ist, zumindest prinzipiell, unendlich. Er muss es sein – es muss immer mehr geben.

Dies liegt in der Natur des Kapitalismus. Denn Kapital ist nicht dasselbe wie Geld. Es ist nicht wie Bargeld in der Tasche. Kapital ist Geld, das dazu gedacht ist, mehr Geld zu machen; auf Bargeld in der Tasche trifft das nicht zu. Potentiell könnte es das zumindest – man könnte damit etwa Wetten abschließen oder dergleichen –, aber wenn man Geld in der Tasche hat, dann deshalb, weil man es ausgeben wird. Die Art und Weise, wie Kapitalistinnen Geld ausgeben, ist nicht vergleichbar damit, dass ihr euch oder ich mir einen Kaffee kaufe, wegen der spekulativen Dimension – der Dimension der Investition. Man gibt Geld aus, sodass mehr Geld verdient werden kann. Und dieser Prozess hat kein Ende. Er kann keins haben.

Aus Sicht des Kapitals – und das Kapital ist sicherlich ein ideologisches Konstrukt, aber es ist weniger ideologisch, als ihr es seid – ist das menschliche Bürgertum dann nur ein Mittel der eigenen Reproduktion. Die große hegelianische Erzählung dreht sich in dieser Hinsicht um das menschliche Potential, um die Abspaltung der menschlichen Produktion... Die Produkte der menschlichen Arbeit werden von den Menschen, die sie erschaffen haben, getrennt und kehren als quasi-autonome Kraft zurück.

Das mag sich kompliziert anhören, aber ist es nicht eigentlich ganz einfach? Was ist die Wirtschaft, wenn nicht das? Wenn die Wirtschaft – die größte Verdinglichung überhaupt, aber dennoch etwas Reales, auf einem bestimmten Niveau der Realität – es geht darum, dass die Verdinglichung reale Effekte erzeugt. Niemand – inklusive, und ganz besonders Kapitalisten – kann die Finanzkrise von 2008 durch Willenskraft beenden, und doch gibt es, wenn man sich die Menschen weg denkt, keine Finanzkrise. Es handelt sich bei der Wirtschaft in diesem Sinne ganz und gar um eine Angelegenheit des menschlichen Bewusstseins, und trotzdem sind die Menschen ihr gegenüber machtlos und können sie nicht beeinflussen. Es ist wie das Wetter – die Wirtschaft ist wie das Wetter. Es gibt Menschen, die Expertinnen darin sind, das Wetter vorauszusagen und die davon profitieren, aber sie können das Wetter nicht beeinflussen. Nicht auf einer fundamentalen Ebene. Das ist Teil dessen, was hier aufgezeigt wird: Es geht um Fundamentales.

Aber was ist der Kapitalismus eigentlich? Kapitalismus ist das System, durch welches diese Entfremdung – um diesen Begriff hier zu bemühen – der menschlichen Fähigkeiten auf die Spitze getrieben wird. Es ist ein monströses und unerschöpflich produktives System, und dennoch eines, welches die Mehrheit der Bevölkerung auszubeuten und zu unterdrücken scheint – und es auch tatsächlich tut – und das der verbleibenden Minderheit gleichzeitig beschränkte Möglichkeiten einräumt, es zu verändern.

Zum Teil dreht sich dieses Narrativ also um die Entwicklung des Bewusstseins. Das Bürgertum kann kein Bewusstsein erlangen. Es kann die Dinge niemals so sehen, wie sie wirklich sind. Das ist auch einer der Gründe, warum ich das hier Gesagte für so wichtig halte. Die Proletarierin nimmt die wahre Natur der Dinge nicht einfach deshalb wahr, weil sie Proletarierin ist. Nur aufgrund dessen, was wir als Bewusstseinsbildung bezeichnen – dieser Begriff stand Lukács nicht zur Verfügung –, nur durch den Prozess der Bewusstseinsbildung kann sie dies erreichen. Man darf diese Aussagen nicht einfach als empirisches oder soziologisches Ding abtun. Es geht um Kapazitäten. Es geht um Potentiale. Das Proletariat ist potentiell in der Lage, die Totalität zu erfassen. Dem Bürgertum fehlt dieses Potential, da es zu tief in der Ideologie feststeckt. Warum steckt es dort fest? Zum Teil, weil seine Erfahrung keine Diskontinuitäten aufweist. Okay, was meine ich damit? Nun, es erzeugt die Ideologie. Und da es sie generiert, lebt es auch in ihr.

Wenn man aber zu einer unterdrückten Gruppe gehört, dann sieht man die Art und Weise, wie die dominante Gruppe über die Dinge spricht, und gleichzeitig sieht man seine eigene Lebensrealität, und man nimmt wahr, dass sie nicht zueinander passen. Normalerweise würde man die Nichtübereinstimmung zwischen den eigenen Erfahrungen und der Ideologie als eigenes Versagen empfinden, bevor man einen Prozess der Bewusstseinsbildung durchlaufen hat. *Man hat wohl falsch darüber gedacht. Man hat einfach nicht den richtigen Zugang gefunden.* Nach der Bewusstseinsbildung sieht man: Natürlich wird es nicht zueinander passen.

Es gibt zwei grundverschiedene Arten, die Welt wahrzunehmen: Es gibt die der dominanten und die der unterdrückten Gruppe. Doch gerade weil sie dominant ist, kann die herrschende Gruppe dies nicht wahrnehmen, weil sie innerhalb ihrer eigenen Herrschaftsstrukturen lebt. Wohingegen die unterdrückte Gruppe, da sie unterdrückt wird, das Potential hat, dieses Schisma, diese Spaltung wahrzunehmen.

Studierende #6: Aber wenn die dominante Gruppe selbst im Kapitalismus feststeckt, zu wessen Nutzen dient er dann eigentlich?

MF: Dient wer?

Studierende #6: Der Kapitalismus.

MF: Genau!

Studierende #6: Ich weiß, dass es ungefähr um diesen Punkt geht, aber...

MF: Nein, es geht genau um *diesen* Punkt! Ich weiß nicht, ob Lukács das auch so sehen würde, aber ich sehe es auf jeden Fall so. Ich glaube, die meisten Marxisten sahen es ebenfalls so. Genau das meine ich, [wenn ich sage,] das Kapital treibt den Prozess voran. Das Kapital ist Zweckmäßigkeit ohne Zweck. Ein endloses Streben... Es hat keinen Endzweck. Es gibt für sich genommen keinen letztendlichen Grund dafür, was uns, denke ich, dem zentralen Thema dieses Moduls schon sehr nahebringt. Denn man könnte sagen, dass es sich nahtlos in die Struktur des Begehrens einfügt.

Studierende #6: Weil wir so tief drinstecken, dass es sich so anfühlt, als gäbe es überhaupt keinen Weg daraus? Denn wenn die Herrschenden in unserer Gesellschaft ihn nicht sehen können...

MF: Man muss hier zwischen empirischer Macht und Wissen unterscheiden. Ihre empirische Macht ist genau das, was sie daran hindert, Wissen zu entwickeln. Die Unterordnung der unterdrückten Gruppe gibt ihr das Potential, Wissen zu erlangen. Wissen kann wiederum die Grundlage für Handlungsfähigkeit werden, und dadurch könnten sich die Dinge wirklich verändern. Lediglich die Untergeordneten haben also das Potential, sie wirklich zu verändern. Die Herrschenden werden selbst von ihrer eigenen Ideologie beherrscht. Sie leben in einem Traum, aus dem sie nicht erwachen können.

Ich glaube, ein gutes Beispiel finden wir bei Nancy Hartsock: Das Toilettenputzen.[6] In diesem Szenario laufen die Männer umher und haben hochtrabende Ideen zu X,Y oder Z, aber sie haben keinerlei

Vorstellung von der Realität des Toilettenputzens und was sie bedeutet, was hier eine Art Metonymie für alle Formen der Immersion in die Materialität ist, oder für alles, was als Basis für gesellschaftliches Leben als solches dient – das heißt, die soziale Reproduktion der Menschen.

In gewisser Weise könnte man sagen, dass Zugang zur niedrigsten Ebene der Materialität der Dinge das Potential verleiht, ein umfangreicheres Wissen der Totalität zu erlangen – um darauf zurückzukommen. Weil man sich in der Totalität befindet. Die herrschende Gruppe wird vorüberschweben und einen nicht weiter beachten – und das ist auch mit ein Grund, warum sie selbst die Totalität nicht wahrnimmt.

Studierende #7: (*Größtenteils unhörbare Frage, die sich darauf zu beziehen scheint, wie soziale Mobilität den Blick auf die Totalität beeinflusst.*)

MF: Ich glaube nicht, dass das bedeutet, dass man nicht von einer [Klasse] zur anderen wechseln kann. Die Frage ist doch: Was bedeutet es überhaupt, zu einer Klasse zu gehören? Ich glaube erstens, dass dies schwieriger zu beantworten ist, als die meisten glauben und zweitens... den zweiten Punkt habe ich jetzt vergessen... (*Lachen.*) Aber das ist eine sehr wichtige Frage, mit Berührungspunkten zu vielen anderen.

Studierende #8: (*Eine weitere größtenteils unhörbare Frage, die sich um die Problematik zu drehen scheint, wie das Klassenbewusstsein funktioniert und ob die Arbeiterklasse verschwinden könnte, entweder wenn dieses Bewusstsein vollständig erlischt, oder, im Gegenteil, universell wird.*)

MF: Okay. Das sind allgemein sehr wichtige Fragen, und ich glaube, dass zwischen ihnen ein Zusammenhang besteht. Ich werde auf die erste Frage zur Mobilität zwischen Klassen zurückkommen. (*Allgemeines Geplauder.*) Ja, sie hängen zusammen. Ich glaube, es gibt da einen Zusammenhang.

Von einer Klasse zur anderen zu wechseln: Warum ist das nicht so einfach? Zunächst hängt es damit zusammen, um es mit Kant auszudrücken, was die eigenen transzendentalen Annahmen sind. Mit anderen Worten, die Dinge, die man als selbstverständlich annimmt, über die man nicht nachdenkt. Wenn man zur Oberklasse gehört, hat man bestimmte Erwartungen – sie wurden einem in die Wiege gelegt. Man wurde so erzogen. Man wurde so unterrichtet. Die häusliche Umgebung sagt einem: Du bist diese Art von Person. Kann man das jemals ablegen? Geht das überhaupt? Ich weiß nicht, ob ihr manchmal darüber phantasiert – ich bekenne mich jedenfalls dazu –, sehr mächtige Menschen ins Gefängnis zu werfen. Selbst im Gefängnis wird es ihnen gut gehen. Denn diese Anspruchshaltung werden sie behalten, ganz egal was ihnen passiert. Wisst ihr, was ich meine?

Ich bin hier wohl über Lukács hinausgegangen.

Betrachtet das Ganze umgekehrt. Die wichtigsten englischen Romane handeln davon. *Große Erwartungen* [von Charles Dickens]: einer der großen Romane über Klasse, meiner Ansicht nach.

Gut, *Große Erwartungen*. Ihr kennt alle die Geschichte. Oder vielleicht auch nicht... ach, ich will sie euch nicht verraten. (*Lachen.*) Okay, also Pip, der bei einem einfachen Schmied aufwächst, wird eines Tages zum Haus einer sehr reichen Frau gebracht, um vor ihren Augen zu pflügen, und ist dem Blick und dem Urteil ihrer Adoptivtochter, einem jungen Mädchen namens Estella, unterworfen. Sobald dies geschieht, fängt Pip an, sich seiner selbst zu schämen. Er hält es kaum aus. Es war ihm nicht bewusst, dass er Armenstiefel trägt. Er wusste es nicht. Aber als er zum Haus von Miss Havisham gebracht wird und dort Estella trifft, sagt sie es ihm. »Er nennt die Buben ›Unter‹, dieser Junge! Warum sprichst du so?«[7] Danach schämt er sich! Das ist der Unterschied zwischen dem Bewusstsein seiner selbst, extremem, schmerzhaften, verlegenem Selbstbewusstsein – und Klassenbewusstsein. Ihm fehlt zu diesem Zeitpunkt das Klassenbewusstsein, denn dabei handelt es sich nicht nur um das Bewusstsein darüber, dass wir zu einer Klasse gehören, sondern auch Bewusstsein über das System als eine Gesamtheit von Strukturen, die bestimmen, wie man auf sich selbst blickt. Und genau das bleibt ihm verborgen.

In dem Moment, in dem er sich seines Klassenstatus bewusst wird, ist Klasse kein bedrohlicher Wachturm mehr, in dessen Schatten er steht. Der Rest des Romans – um eine lange Geschichte sehr kurz zu fassen – handelt davon, dass er zu Geld gelangt – und ich werde hier nicht verraten, wie ihm das gelingt – er kommt also zu Geld und – ach! Ich kann es nicht einmal in Worte fassen. (*Mark vergräbt sein Gesicht in den Händen.*) Es ist eine der schlimmsten Szenen in der ganzen englischsprachigen Literatur. Er kommt zu Geld und identifiziert sich dann natürlich mit der herrschenden Klasse – oder versucht es zumindest – aber er ist ungelenk. Er passt einfach nicht dazu. (*Er seufzt.*) Denn er weiß, dass er nicht den richtigen Klassenhintergrund hat. *»Old money's better than new« [Altes Geld ist besser als neues]*, um es mit Roxy Music zu sagen (*Lachen.*) Und um Bryan Ferry nicht Unrecht zu tun, er hat wirklich danach gelebt![8] Wie dem auch sei...

Studierende #9: Es geht auch um das Wissen um seine eigene gesellschaftliche Situation, glaube ich, die...

MF: Ja, aber seine Selbsterkenntnis ist eben verdinglicht. Es ist eine verdinglichte Form des Wissens. Es handelt sich um Ideologie, die mit Scham zusammenhängt – ausgeprägter Scham. Und als Joe – Joe der Schmied, der ihn als Waisen aufgezogen hat, – nach London kommt, um ihn zu besuchen [als Pip älter und reicher ist], dann schämt sich Pip *für ihn*! Pip schämt sich für Joe, und lässt ihn seine Scham spüren, und an dieser Stelle ist das fast nicht auszuhalten.

Diese Traumata werden nicht unbedingt allen Menschen widerfahren, die versuchen, von einer Klasse zur anderen zu wechseln, aber es geht nicht einfach darum, Wohlstand oder Produktionsmittel in seinen Besitz zu bringen, weshalb die marxistische Definition auch problematisch ist – die strikt marxistische Definition. Denn, nun gut, wenn es nur um den Besitz an Produktionsmitteln geht, dann könnte ich mir morgen Produktionsmittel zulegen. Theoretisch könnte das jedem passieren – wenn man die Lotterie gewinnt. Wir müssen also verstehen, was die Leute in Bezug auf ihren Besitz (oder Nicht-Besitz) von Produktionsmitteln *fixiert*. Manche Menschen akzeptieren, dass ihnen niemals irgendetwas gehören wird, während andere das Gegenteil glauben. *Natürlich bin ich der Besitzer. Natürlich gehe ich nicht arbeiten. Ich werde doch nicht einfach so zum Arbeiter.* Es ist gar nicht so einfach, von einer Gruppe zur anderen zu wechseln. Ich denke, bei Hartsock lässt sich das besser erkennen. Es ist wirklich nicht einfach, von der dominanten Gruppe zur untergeordneten Gruppe zu wechseln und umgekehrt.

Was war die zweite Frage? Das habe ich jetzt vergessen... Oh ja, stimmt, es ging um das Verschwinden der Arbeiterklasse. Nächste Woche werden wir diese Erzählung gewissermaßen unterbrechen, um uns anzuschauen, was vor ihrem Verschwinden geschah. Aber wir können sagen, dass wir heute an diesem Punkt angekommen sind – oder zumindest *angeblich* dort angekommen sind. Das ist, was wir dauernd zu hören bekommen. Nichts könnte aktueller sein. Auf einmal hören wir wieder etwas über Klassen, aber jahrelang hat man uns erzählt, dass es Klassen nicht mehr wirklich gibt. *Nein, wir gehören jetzt alle zur Mittelklasse.* Niemand sagt das heute mehr. Das ist wirklich interessant. Zum Teil liegt das daran, dass sie die weiße Arbeiterklasse zum Sündenbock machen wollen! (*Lacht.*) Es ist wieder von Klassen die Rede, sodass eine bestimmte ethnisierte Klasse dafür verantwortlich gemacht werden kann, wie die Dinge stehen...

Ich glaube, dass dies zum Teil die Komplikationen widerspiegelt, die sich im Kapitalismus entwickeln, wenn es *keinen* einfachen Zusammenhang zwischen Produktion und Herrschaft mehr gibt, wie er einmal bestanden hat. Heute ist das Kapital sehr mobil und losgelöst von der Produktion im alten Sinn – es geht nicht mehr darum, dass *ich eine Schuhfabrik besitze* – so funktioniert das nicht mehr, wegen all dem, was Marx beschrieben hat. Wenn das Kapital das Sagen hat, sind Schuhe nicht nur im Hinblick auf ihre Kapitalverwertung von Bedeutung.

Damit kommen wir zum Kapital selbst und all diesem Kram... Natürlich kann ich es nicht verstehen. Aber man soll es ja gerade nicht verstehen, genau wie man im Mittelalter die Katholische Kirche nicht verstehen sollte. *Man sollte sie nicht durchschauen! Ökonomie ist Theologie!* Ökonomie *ist* die Wissenschaft der Verdinglichung, könnte man sagen.

Zum Teil bedeutet das, dass man verschiedene Perspektiven darauf einnehmen kann, was geschehen ist. Der sogenannte »Postfordismus«, über den wir noch sprechen werden – die Entwicklung, jedenfalls im globalen Norden – weg von der verarbeitenden Industrie, von männlicher Erwerbsarbeit, Vollzeitjobs, die vierzig Wochenstunden und vierzig Lebensjahre einnehmen – hin zu Flexibilität, Prekarität, der Verlagerung der Produktion in die »dritte Welt«, all dies... Man könnte sagen, dass das alles geschehen ist, um die Herausbildung von Klassenbewusstsein zu verhindern. Denn das Klassenbewusstsein *war* stark! Es war stark. Es hat sich manifestiert. Die Leute haben sich als Teil einer Klasse begriffen. Sie haben sich Dinge erkämpft und Errungenschaften erzielt – wichtige Errungenschaften. Das Kapital brauchte einen Weg, um das alles wieder rückgängig zu machen. Es hat sich all das überlegt! Und, durch einen Akt höchster Magie, hat es das Konzept Klasse verschwinden lassen! Was *undenkbar* war! In Großbritannien oder den USA war das damals *undenkbar*! (Und in anderen Ländern... ich weiß nicht Bescheid, was andere Länder betrifft – gut, ich weiß ein bisschen darüber –, aber ich kann euch nichts Gesichertes darüber sagen). In den Siebzigern war es *undenkbar*, dass Klasse als grundlegende Kategorie des Selbstverständnisses innerhalb von zwanzig Jahren verschwinden könnte. Aber sie ist verschwunden. Wenigstens vorübergehend. Aber war das *wirklich* so?

Gibt es dann nicht mindestens zwei Ebenen, was Klasse ist? Klasse als Bewusstsein und Klasse als Herrschaft. Klasse als Form der Herrschaft dauert fort, aber Klasse als Form des Bewusstseins ist zerstört worden, könnte man sagen. Ich glaube also, was du beschreibst, ist die Falle, welche gestellt wurde. Es ist fast so, als hätten sie das gelesen... Nun, es ist nicht »fast« so, sie haben es tatsächlich getan. Sie wussten, wie Klassenbewusstsein entsteht. Denn es ist einfacher, es unter Bedingungen der physischen Nähe zu erzeugen. Wenn Menschen miteinander sprechen können, dann können sie... Wenn Menschen gemeinsame Erfahrungen haben und darüber sprechen können, besteht schnell die Möglichkeit zur Bildung des Klassenbewusstseins. Deshalb ist es Arbeiterinnen auch verboten, miteinander zu sprechen! Bei einem meiner ehemaligen Arbeitgeber, einer Einrichtung für Erwachsenenbildung, war die Personalleiterin irgendwann so frustriert von dem sich herausbildenden Klassenbewusstsein der Dozentinnen, dass sie uns gesagt hat: »Ihr könnt nicht einfach so in der Kneipe sitzen und miteinander reden!« (*Lachen.*) Das hat sie wirklich gesagt! *Was soll das?* Eine üblicherweise unausgesprochene Regel – man macht das eben nicht. Man kann in eine Kneipe gehen und miteinander tratschen, aber man darf dort nicht sitzen und miteinander über seine Arbeitsbedingungen sprechen. Lasst das! Das geht einfach nicht. (*Lacht.*)

Betrachtet es doch einmal wie folgt: Was hat das Kapital davon? Wozu ist das Kapital stets gezwungen? Das Kapital muss stets – wenn wir auf Marcuse zurückgreifen – das Bewusstsein unterdrücken, dass Menschen anders Leben und über ihre eigene Existenz größere Bestimmung ausüben könnten. Es *muss* dem vorbeugen. Es ist dazu *gezwungen* und muss damit *kontinuierlich* umgehen. Kapitalisten beschweren sich über diese harte Arbeit – und es ist harte Arbeit! Es hört nie auf. Das Kapital muss dieses Potential stetig entschärfen.

Es muss dies auch an Universitäten tun. Universitäten galten einmal als sogenannte »rote Bastion«. Die Einführung von Marktmechanismen – dabei geht es nicht darum, Geld zu verdienen. Es geht dabei ausschließlich darum, die Bedingungen für ein bestimmtes Bewusstsein zu untergraben. Denn die Leute – junge Leute – waren dem Arbeitsmarkt ja eine Zeit lang entzogen, waren frei von Zwängen, und hat das nicht auch mit Zeit zu tun? Um ein Bewusstsein zu bilden, braucht man Zeit. Und darin liegt immer die Schwierigkeit.

Nehmen wir einmal an, man hat sein Tagewerk verrichtet und geht nach Hause. Verlasse ich meine Wohnung dann noch einmal? *Ich bin müde!* Man hat ja einen doppelten Arbeitstag hinter sich – einen ganzen Tag Erwerbsarbeit, und zusätzlich noch häusliche Arbeit, welche immer noch zum überwiegenden Teil von Frauen statt von Männern ausgeführt wird. Also, nachdem man mit alledem fertig ist, soll man nochmal aus dem Haus und sein Bewusstsein bilden? *Ja, okay, aber... ich bin ein bisschen müde...* (*Lachen.*) Wir können darüber lachen, aber wir alle haben dies schon einmal getan. Wir alle haben Formen davon bereits erlebt. Es ist wie gesunde Ernährung und dergleichen. Wir wissen, dass es besser für uns ist, aber warum tun wir es dann nicht? Es kann sein, dass man Dinge weiß, aber nicht in der Lage ist, auf Grundlage dieses Wissens zu handeln. Wir sollten in diesem Punkt nicht zu streng mit uns sein. Zeitarmut ist real. Und das ist, was sie uns angetan haben! Deswegen wird sie erzeugt – die Knappheit an Zeit. Wie Marcuse meinte, könnten wir alle viel weniger arbeiten, aber das ist ja der Wahnsinn – der ganze Wahnsinn des kapitalistischen Systems! Sie erzeugen eine künstliche Zeitknappheit, um eine *echte* Knappheit an natürlichen Ressourcen zu produzieren. Das ist, was effektiv vor sich geht: Die Produktion nutzloser Güter, die niemand braucht, wie Hausschuhe mit den Gesichtern von Alligatoren oder was auch immer... Stellt euch einmal all diese Dinge vor, und den Aufwand, der betrieben wurde, um sie herzustellen, sie von woher auch immer nach Lewisham zu transportieren, wo sie weniger als ein Pfund kosten und niemand sie will...

[Der Kapitalismus] muss die Bewusstseinsbildung stets unterdrücken, und er hat seine Sache sehr gut gemacht. Man könnte sagen, dass Zeit für die Produktionsmittel grundlegend ist – für alles!

Auch scheinen wir in der gegenwärtigen Welt in einer Art Märchen zu leben: Man stelle sich eine magische goldene Maschine vor, in einem Raum nebenan, die alles herstellen kann, was man sich auch nur irgendwie wünschen könnte. Man kann diese Wundermaschine besitzen, aber wenn man keine Zeit hat, sie auch zu benutzen, ist es so, als wäre sie überhaupt nicht vorhanden. Und genau an diesem Punkt befinden wir uns im Moment, was die menschlichen Kapazitäten oder die Kapazitäten der von Menschen geschaffenen Dinge angeht – um es für den Moment einmal so auszudrücken – und die menschlichen Handlungsoptionen, sich ihrer zu bemächtigen! Hier tut sich eine enorme Divergenz auf.

Hört euch nur mal Manager an, wenn sie darüber reden, was sie den ganzen Tag so machen. Es ist nicht so, dass wir es hier mit der alten Ausbeutung zu tun hätten, wo die alten fetten Ungeheuer mit Zigarre im Mund und Zylinderhut mit ihren Füßen auf dem Rücken der Arbeiterklasse trampeln. So ist das nicht wirklich – wenn es überhaupt einmal so war! Sie geht mit gutem Beispiel voran, die kapitalistische Klasse. Sie besteht aus dieser seltsamen Form von Suchtkranken – den Arbeitssüchtigen. (*Mark spricht in einer aufgesetzt-pompösen Tonlage.*): *Ja, ja, ich stehe morgens um halb fünf auf, checke zweihundert E-Mails, bevor ich eine halbe Stunde ins Fitnessstudio gehe, kümmere mich kurz fünfzehn Minuten um die Kinder, gehe zur Arbeit, wo ich dann so bis zwanzig Uhr bin, hole mir schnell was zum Abendessen, arbeite noch etwas, und gehe dann ins Bett, und dann alles wieder von vorn.* Das ist nicht einmal eine Karikatur! So reden sie wirklich, mehr oder weniger!

Bei der Zeitknappheit handelt es sich also um einen allgemeinen Zustand. Natürlich kann sich unter diesen Bedingungen kein Bewusstsein bilden. Denn das Bewusstsein bildet sich nicht automatisch. Das ist ja der entscheidende Punkt. Es stellt sich nicht unmittelbar ein! Unmittelbar, im Sinne von automatisch. Es ist stets verletzlich, das ist es ja gerade. Es läuft stets Gefahr, in die alten, verdinglichten Begriffe zurückzufallen, die von der Unmittelbarkeit herrühren. Das erfordert diese endlose Wiederbestätigung.

Die Ideallösung war ja, dass sie uns Dinge gegeben haben, mit denen wir unsere eigene Zeit verbrauchen. Stellt euch vor, ihr könntet so etwas erfinden – etwas mit dem ihr euch endlos ablenken könntet; an jedem Ort auf der Welt und zu jeder Zeit wärt ihr den Imperativen des Kapitalismus zugänglich... stellt euch so ein Objekt vor! Wie würde es aussehen?

Studierende #10: Ein Smartphone?

MF: Nun, ja, klar! (*Lacht.*) Jetzt verstehen wir auch, warum sie Smartphones für fast nichts an die Leute verteilen. Vielleicht könnten wir uns auch vorstellen, dass Smartphones für etwas anderes benutzt werden, aber ist dies nicht offensichtlich ihre Funktion in der gegenwärtigen Welt? Sie stellen sicher, dass wir angebunden sind... Die Sache ist aber, handelt es sich hier nicht um eine direkte Umkehrung? All ihre Rhetorik der Verbundenheit und Kommunikation, und so weiter... Es ist doch wirklich nicht so verdammt schwer für mich, mit euch zu sprechen! Wirklich kein Hexenwerk! Aber es wird schwierig, wenn ich keine Zeit habe.

Zuvorderst tun sie also so, als sei es schwierig. Und als ob man das hier braucht (*Mark zeigt auf ein Smartphone.*) Man braucht Kapital, mit den Leuten zu kommunizieren, man braucht ein Produkt des Kapitals, um sich mit einer anderen Person in Verbindung zu setzen. Was das natürlich bedeutet, ist, dass man nicht wirklich verbunden ist – jedenfalls nicht direkt und einfach, wenn in unserer lukács'schen

Welt überhaupt irgendetwas einfach und direkt ist... Das bedeutet aber, dass alles durch das Kapital abgegrenzt oder durch das Kapital hindurch gelenkt wird. Das Kapital nistet sich als eine Art Parasit in unserem Leben ein – das ist, was wir uns durch Negri und die Autonomia näher ansehen werden[9]. Das ist im Wesentlichen ihr Argument: Das Kapital wird sich selbst als Parasit in die menschlichen Beziehungen einpflanzen. Und das beschreibt sehr deutlich unseren gegenwärtigen Zustand.

Man könnte es sich nie ausdenken! Nun ja, streng genommen könnte man das zwar, aber... Das ist das Niveau der Herrschaft, auf dem sich das Kapital nun dem Geist der Menschen bemächtigen kann. Vor dreißig oder vierzig Jahren hätte niemand davon geträumt. Und der Wandel weg vom Fordismus spielt hier eine Rolle. *Man ist auf Arbeit.* Und das ist wiederum problematisch und interessant, wenn man Geschlechteraspekte hier mitbedenkt. So bedient sich das Kapital der Gleichheit.

Früher waren es nur die Frauen, denen ein »doppelter Arbeitstag« aufgebürdet wurde. Aber heute absolvieren wir alle einen »doppelten Arbeitstag«, in der einen oder anderen Form. Man könnte vielleicht einwenden, okay, aber Männer machen doch immer noch sehr wenig im Haushalt, aber sie sitzen abends nicht herum, den Imperativen des Kapitals entzogen. Oh nein! Denkt einmal darüber nach: Wenn der klassische fordistische männliche Arbeiter abends nach Hause kam – gut, sie waren in die soziale Reproduktion eingebunden, vor der sowohl sie selbst als auch der Kapitalismus profitiert hat –, aber sie waren zu hause nicht selbst dem Diktat des Kapitals unterworfen. Das Leben hat sich qualitativ verändert. Natürlich ergeben sich hier eine Menge geschlechtsspezifischer Probleme. Es ist nicht so, dass das eine besonders tolle Epoche gewesen wäre. Aber heute gibt es keine Freiheit von den Imperativen des Kapitals. Und, wie ich es formuliert habe, handelt es sich hierbei nicht um einen Art freiwilligen Zwang? Wenn das Sinn ergibt... Mir ist gerade aufgefallen, dass [sich diese beiden Begriffe widersprechen]. Aber niemand zwingt dich, sozusagen. Niemand zwingt dich, ein Smartphone zu besitzen. Und wenn man eines besitzt, dann zwingt einen niemand, Teil der sozialen Medien zu werden. Aber, wenn man dort einmal ist, dann produziert man natürlich für den Kapitalismus.

Studierende #11: Ich glaube, dass, wenn man sich heute auf eine Stelle bewirbt, manchmal auch die sozialen Medien durchforstet werden, und sie müssen diese Plattformen überprüfen. In gewisser Weise braucht man sie also irgendwie.

MF: Ja, man braucht sie also. Es ist Teil der Eigenverantwortung, dass du deine eigene Subjektivität kuratieren musst. Aber es gehört auch dazu, dass du sie *produzierst*. Ohne dich ist sie bedeutungslos. Es gibt per Definition keine sozialen Medien, wenn wir uns dort nicht aufhalten. Es gibt diejenigen, die im strikt marxistischen Sinn argumentieren, ob man hier wirklich von produktivem Kapital sprechen kann, aber wenn wir die genauen semantischen Details einmal beiseite lassen, ist klar, dass sie voll und ganz auf unser Mitwirken angewiesen sind. Und diese Partizipation erfolgt sozusagen frei – in zweifacher Hinsicht: Ich mache es erstens freiwillig, und zweitens bezahlt mich niemand dafür.

Man muss aber auch in Betracht ziehen, was mit der Zeit geschieht: Womit haben sich die Leute früher beschäftigt? Die Arbeiterklasse ging vielleicht in die Abendschule, im Rahmen des Bildungsprogramms einer Gewerkschaft. Vielleicht hat sie an einem gewerkschaftlichen Lesekreis teilgenommen, was viele Leute gemacht haben und wo sie etwa Sachen wie Lukács gelesen hätten. Ich glaube, dass das in vielfacher Hinsicht nun sehr kompliziert geworden ist.

Es gibt einen guten Artikel von Gary Younge – ich weiß nicht, ob ihr ihn gelesen habt – über Trump im *Guardian*. Er hat etwa einen Monat in einer durchschnittlichen amerikanischen Kleinstadt verbracht und er sagt, schaut her, wenn die Fabriken schließen und mit ihnen die Gewerkschaften verschwinden, dann brechen auch die damit verbundenen Netzwerke zusammen, an welche die Menschen anknüpfen konnten.[10] Das Resultat davon ist diese Form der Atomisierung; Menschen fallen in ihre eigene Privatsphäre zurück. Eines der beherrschenden Themen bei den Wahlen waren ja Drogen – die Unmenge an jungen Leuten, die drogenabhängig sind. Sie wurden zu einem entscheidenden Faktor, und Trump ist auch deshalb so gut angekommen, weil er sich dafür zu interessieren schien und darüber gesprochen hat.

Studierende #12: Diese Unterwanderung, von der du sprichst, ist, glaube ich, genau die Unterwanderung der Unmittelbarkeit und Negation, fast so, als ob zum Zeitpunkt, als Lukács das geschrieben hat, die Unmittelbarkeit die Logik war, durch die der Kapitalismus den Subjekten diktiert hat, wie sie über sich selbst denken konnten. So hat er ihre Fähigkeit, ein Bewusstsein herauszubilden, unterlaufen, wohingegen der richtige Weg, ein Bewusstsein zu erlangen, eine Vermittlung bedeutet hätte. Aber heute, das ist mir beim Lesen aufgefallen, wo alles vermittelt ist, scheint das Unmittelbare als die radikalere Praxis.

MF: Nein, denn... Aber was meinst du denn mit »vermittelt«? Ich glaube, du vermischst hier zwei verschiedene Bedeutungen von

»vermittelt« – die hegelianisch-marxistische und die umgangssprachliche Bedeutung. »Vermittelt« bedeutet hier nur, dass es nicht unmittelbar als Teil der Erfahrung gegeben ist. Und es besteht hier wirklich ein Zusammenhang mit der Totalität. Ich glaube, darum ging es Lukács hier. Es ist ja nicht so, dass die Leute heutzutage in einer Totalität leben, oder?

Studierende #12: Aber tun sie das nicht?

MF: Nun, sie sind sich dessen bewusst, in der Totalität zu existieren.

Studierende #12: Ich glaube, es ist sehr viel schwieriger, ein Bewusstsein davon zu erlangen. Wenn das Bürgertum, die Herrscher der kapitalistischen Ordnung, früher nicht in der Lage war, die Gesamtheit dieses Systems der Relationen zu verstehen, so verstehen es die heutigen Kapitalisten sehr gut. Weil ihnen so etwas wie Facebook zur Verfügung steht, müssen sie sich dessen bewusst sein. Es ist also immer noch eine Art Totalität am Werk, aber sie ist jetzt hochgradig vermittelt – so wie vielleicht vor zweihundert Jahren – aber ihre Erschaffer sind sich dessen bewusst. Sie wissen davon, während das Bürgertum [zur Zeit Lukács'] nicht in der Lage war, sich dieser Zusammenhänge bewusst zu werden... oder nicht?

MF: Nun, warum hat Mark Zuckerberg Facebook denn aufgebaut?

Studierende #12: Wie bitte?

MF: Warum hat Mark Zuckerberg Facebook aufgebaut? Was waren seine Beweggründe?

Studierende #12: Vielleicht hat er es damals nicht verstanden, vielleicht hat er eine Weile gebraucht...

MF: Die Sache ist doch die: Er selbst weiß es nicht, aber irgendwer könnte es wissen. Das ist der Punkt. Das Kapital könnte es wissen, nicht wahr? Das Kapital könnte es wissen, denn das Kapital ist wie die Evolution: Es wählt Eigenschaften aus. Das Kapital handelt selbst. Mark Zuckerberg hat irgendwelche idiotischen Impulse, *ähm, ich möchte eine Menge Geld verdienen, und ähm, ein paar Frauen beeindrucken* (*Lachen*), wie wir in [David Finchers 2010 erschienenen Film] *The Social Network* sehen, ein brillanter Film, wie ich finde. Ist *The Social Network* nicht fast beispiellos? Er rekonstruiert den historischen Moment sehr minutiös, was die Technologien anbelangt, mit denen gearbeitet wird. Wir werden später darauf zurückkommen.

Er hat also diese Motive, aber das bedeutet nicht, dass das Kapital selbst seine eigenen Ziele und Pläne hat, ohne dass es eine bewusste Instanz gäbe, die hinter dem allen steht. Sonst wäre es ja nur eine Verschwörung. Die Sache ist ja gerade, dass es sich hierbei um eine systemische Tendenz handelt. Es ist eine systemische Tendenz. Natürlich gibt es an bestimmten Punkten Menschen, die bewusste Entscheidungen treffen, aber es gibt auch Leute wie Zuckerberg, reine Marionetten des Kapitals, die darüber nicht weiter nachdenken.

Studierende #12: Der Grund, warum ich danach gefragt habe, ist, weil hier diese Begriffe der Gegebenheit, der Negation und Dialektik benutzt werden... Ich denke, ich verstehe sie nicht ganz. Ich glaube, ich habe Schwierigkeiten damit, sie zu verstehen.

MF: (*Lacht.*). Ja...

Studierende #12: Denn in gewisser Weise muss die Unmittelbarkeit ja... Wir müssen der Unmittelbarkeit ausweichen, um dahinter zu gelangen und durch irgendeine Form der Vermittlung Bewusstsein zu erlangen...? Wir haben ja über die Chancen auf soziale Mobilität gesprochen, und wie schwierig sie tatsächlich ist, und dass Menschen zu gewissem Grad in ihrer unmittelbaren Umgebung feststecken, in welcher sie leben, was bedeutet, dass die Unmittelbarkeit in einem gewissen Umfang unausweichlich ist...

MF: Gut, wir sollten uns hier ein paar Textstellen ansehen. (*Mark fängt damit an, im Text zu suchen.*).

Okay, das ist gut: Was ist Unmittelbarkeit? – »Aber dieser Schein entsteht selbst ebenfalls aus den Denk- und Empfindungsgewohnheiten der bloßen Unmittelbarkeit, in der die unmittelbar gegebenen Dingformen der Gegenstände, ihr unmittelbares Dasein und Sosein als das Primäre, als das Reale, das Objektive, ihre »Beziehungen« hingegen als etwas Sekundäres, bloß Subjektives erscheinen.«[11]

»Indem es hier unfähig wird, weitere Vermittlungen aufzufinden, das Sein und das Entstehen der bürgerlichen Gesellschaft als Produkt desselben Subjekts, das die begriffene Totalität der Erkenntnis »erzeugt« hat, zu begreifen, wird *sein letzter und für das Ganze des Denkens entscheidender Standpunkt der der bloßen Unmittelbarkeit*.«[12]

»Der Betrachter steht außerhalb der Landschaft, sonst kann die Natur für ihn unmöglich zur Landschaft werden.«[13]

Um also Dinge außerhalb seiner selbst wahrzunehmen, kann man selbst nicht Teil davon sein.

»Die Geschichtserkenntnis des Proletariats setzt mit der Erkenntnis der Gegenwart, mit der Selbsterkenntnis der eigenen gesellschaftlichen Lage, mit dem Aufzeigen ihrer Notwendigkeit [...] ein.«[14]

Ja: »Denn die Vermittlung wäre unmöglich, wenn nicht bereits das empirische Dasein der Gegenstände selbst ein vermitteltes wäre, das nur darum und insofern den Schein der Unmittelbarkeit erhält, als einerseits das Bewußtsein der Vermittlung fehlt, andererseits die Gegenstände (eben deshalb) aus dem Komplex ihrer wirklichen

Bestimmungen gerissen und in eine künstliche Isolation gebracht worden sind.«[15]

»D. h. es ist gerade so wenig ein Zufall wie ein rein theoretisch-wissenschaftliches Problem, daß das Bürgertum theoretisch in der Unmittelbarkeit stecken bleibt, während das Proletariat darüber hinausgeht.«[16]

Lasst uns noch ein bisschen weiterlesen. Es ist gut, dass wir uns wieder dem Text zuwenden, denn nach der Diskussion ist er gleich sehr viel zugänglicher. Gut, vielleicht ist er nicht unmittelbar klar, aber jedenfalls sehr viel besser nachvollziehbar, nachdem man etwas darüber gesprochen hat. (*Lacht.*)

»Für das Proletariat gibt es diese gedoppelte Gestalt seines gesellschaftlichen Seins nicht. Es erscheint vorerst als reines und bloßes Objekt des gesellschaftlichen Geschehens. In allen Momenten des Alltagslebens, in denen der einzelne Arbeiter sich selbst als Subjekt seines eigenen Lebens vorzukommen scheint, zerreißt ihm die Unmittelbarkeit seines Daseins diese Illusion.«[17]

»Durch die Spaltung jedoch, die gerade hier zwischen Objektivität und Subjektivität in dem sich als Ware objektivierenden Menschen entsteht, wird diese Lage zugleich des Bewußtwerdens fähig gemacht.«[18]

»Vor allem kann sich der Arbeiter über sein gesellschaftliches Sein nur dann bewußt werden, wenn er über sich selbst als Ware bewußt wird.«[19] Das ist Teil des dialektischen Prozesses. Er muss erst seine eigene, ihre eigene Objektifizierung akzeptieren. »Sein unmittelbares Sein stellt ihn wie gezeigt wurde als reines und bloßes Objekt in den Produktionsprozeß ein. Indem sich diese Unmittelbarkeit als Folge von mannigfaltigen Vermittlungen erweist, indem es klar zu werden beginnt, was alles diese Unmittelbarkeit voraussetzt, beginnen die fetischistischen Formen der Warenstruktur zu zerfallen: der Arbeiter erkennt sich selbst und seine eigenen Beziehungen zum Kapital in der Ware. Soweit er noch praktisch unfähig ist, *sich über diese Objektsrolle zu erheben, ist sein Bewußtsein*: das Selbstbewußtsein der Ware; oder anders ausgedrückt: die Selbsterkenntnis, die Selbstenthüllung der auf Warenproduktion, auf Warenverkehr fundierten kapitalistischen Gesellschaft.«[20]

Wenn sich der Fetischismus auflöst... Was ist Fetischismus? Das ist eine große Frage, aber im marxistischen Sinn ist es das Wegzaubern der Totalität, das Verschwindenlassen der *tatsächlichen materiellen Bedingungen* der Produktion.

Studierende #12: Fetischismus und Verdinglichung scheinen auf eine Art gegenläufig zu sein. Denn Verdinglichung macht alles, was abstrakt sein könnte, real. Der Fetischismus versucht hingegen, den konkreten Lauf der Dinge zu mystifizieren...

MF: Richtig. Gut. Ja. Aber sie arbeiten offensichtlich zusammen. Das sind komplementäre Prozesse.

»Die Selbsterkenntnis des Arbeiters als Ware ist aber bereits als Erkenntnis: praktisch. *D. h. diese Erkenntnis vollbringt eine gegenständliche, struktive Veränderung am Objekt ihrer Erkenntnis.*«[21] Das habe ich versucht, vorhin zu erklären: Dies ändert die Dinge unmittelbar. Vielleicht ist »unmittelbar« nicht das richtige Wort, denn... (*Lacht, ohne den Satz zu beenden.*) »Die Selbsterkenntnis des Arbeiters als Ware ist aber bereits als Erkenntnis: praktisch. D. h. diese Erkenntnis vollbringt eine gegenständliche, struktive Veränderung am Objekt ihrer Erkenntnis. Der objektive Spezialcharakter der Arbeit als Ware, ihr »Gebrauchswert« (ihre Fähigkeit, ein Mehrprodukt zu liefern), der wie jeder Gebrauchswert in den quantitativen Tauschkategorien des Kapitalismus spurlos untertaucht, erwacht in diesem Bewußtsein, durch dieses Bewußtsein zur *gesellschaftlichen Wirklichkeit*. Der Spezialcharakter der Arbeit als Ware, ohne dieses Bewußtsein ein unerkanntes Triebrad der ökonomischen Entwicklung, objektiviert sich selbst durch dieses Bewußtsein.«[22]

»Und dadurch, daß diese Ware die Möglichkeit besitzt, zu einem Bewußtsein über sich selbst als Ware zu gelangen, ist dieses Problem noch lange nicht erledigt. Denn das unvermittelte Bewußtsein der Ware ist, ihrer einfachen Erscheinungsform entsprechend, eben die abstrakte Vereinzelung und die bloß abstrakte bewußtseinsjenseitige Beziehung zu jenen Momenten, die sie gesellschaftlich machen.«[23] Es reicht also nicht aus, *sich selbst als Ware* zu verstehen. Es muss mehr geschehen als das.

»Die Erkenntnis also, daß die gesellschaftlichen Gegenstände nicht Dinge, sondern Beziehungen zwischen Menschen [*men* in engl. Übersetzung, A.d.Ü.] sind,« – sic, natürlich, denn das ist sehr geschlechtsspezifisch – »steigert sich zu ihrer vollständigen Auflösung in Prozesse.«[24]

»Dieses Bild einer sich ununterbrochen bewegenden gespenstischen Starrheit löst sich sogleich ins Sinnvolle auf, wenn ihre Starrheit sich in den Prozeß, dessen treibende Kraft der Mensch ist, auflöst. Daß dies nur vom Standpunkt des Proletariats möglich ist, erklärt sich nicht nur daraus, daß der in diesen Tendenzen sich offenbarende Sinn des Prozesses die Aufhebung des Kapitalismus ist, daß es also für das Bürgertum den geistigen Selbstmord bedeuten würde, sich über diese Frage bewußt zu werden.«[25] Das ist zum Teil auch der Grund, warum es bürgerliches Klassenbewusstsein niemals wirklich geben kann.

Das Bürgertum kann zwar ein Bewusstsein und gemeinsame Interessen als eine Klasse haben – das ist offensichtlich der Fall –, aber sie haben kein Bewusstsein der Klassenstruktur, könnte man sagen. Nur das Proletariat kann gemeinsame Interessen, ein geteiltes Bewusstsein *und* ein Bewusstsein der Klassenstruktur erlangen. Das Bürgertum ist ja ein *Produkt* der Klassenstruktur. Das liegt in seiner Natur. Es ist ihr Produkt und reproduziert die Klassenstruktur gleichzeitig; das Proletariat aber ist ihr Zerstörer. Das Bürgertum existiert nur als Teil des Klassensystems, das Proletariat jedoch existiert sowohl innerhalb als auch außerhalb dieses Systems. Es kann gar nicht anders sein: Es ist Teil des Kapitalismus und steht doch teilweise außerhalb des Systems, sonst gäbe es die Möglichkeit eines Ausbrechens nicht.

»Die Wahrheit [...] erringt, sobald die Menschheit ihren eigenen Lebensgrund klar durchschaut und ihn dementsprechend *umgestaltet*, einen ganz neuen Aspekt. Wenn die Vereinigung von Theorie und Praxis, die Möglichkeit des Veränderns der Wirklichkeit erlangt ist, haben das Absolute und sein ›relativistischer‹ Gegenpol gleichzeitig ihre geschichtliche Rolle ausgespielt. Denn infolge des praktischen Durchschauens und des realen Umwälzens von diesem Lebensgrunde verschwindet mit ihnen zugleich jene Wirklichkeit, deren gedanklicher Ausdruck das Absolute und das Relative in gleicher Weise gewesen sind.«[26]

An diesem Punkt gibt es kein Absolutes mehr, denn alles löst sich in Prozessen auf. Ich glaube, das will er hiermit sagen, oder? Einfach eine massive Ent-Verdinglichung, und die Eröffnung der Möglichkeit, die Realität auf allen Ebenen zu verändern. »Dieser Prozeß *beginnt* mit dem Bewußtwerden des proletarischen Klassenstandpunkts.«[27]

»Das Individuum kann niemals zum Maß der Dinge werden, denn das Individuum steht der objektiven Wirklichkeit notwendig als einem Komplex von starren Dingen gegenüber, die es fertig und unverändert vorfindet, denen gegenüber es nur zum subjektiven Urteile der Anerkennung oder der Ablehnung gelangen kann. Nur die Klasse [...] vermag sich praktisch umwälzend auf die Totalität der Wirklichkeit zu beziehen.«[28] Und, wie bereits erwähnt, sieht man bei Nancy Hartsock, dass dieses Konzept der Klasse durch andere Formen der Unterdrückung ersetzt werden kann.

»Ist also die Verdinglichung die notwendige unmittelbare Wirklichkeit für einen jeden im Kapitalismus lebenden Menschen, so kann ihre Überwindung keine andere Form annehmen als die *ununterbrochene, immer wieder erneute Tendenz, durch konkrete Beziehung auf die konkret zutage tretenden Widersprüche der Gesamtentwicklung, durch Bewußtwerden des immanenten Sinnes dieser Widersprüche für die Gesamtentwicklung die verdinglichte Struktur des Daseins praktisch zu durchbrechen.*«[29] Hier geht es wieder um den Gegensatz zwischen Totalität und Unmittelbarkeit. »Diese Wirklichkeit ist nicht, sie wird.«[30] *Es gibt keine feste Realität*, denn sie ist selbst verdinglicht. Realität ist lediglich ein Prozess des Werdens.

»Diese Verwandlung ist aber keine bloß formelle, denn das Wirklichkeitswerden einer Möglichkeit, das Aktuellwerden einer Tendenz bedeutet eben die gegenständliche Umwandlung der Gesellschaft, die Veränderung der Funktionen ihrer Momente und damit die sowohl struktive wie inhaltliche Veränderung sämtlicher einzelner Gegenstände. Es darf aber niemals vergessen werden: *nur das praktisch gewordene Klassenbewußtsein des Proletariats* besitzt diese verwandelnde Funktion. Jedes kontemplative, bloß erkennende Verhalten steht zu seinem Gegenstand letzten Endes in einem zweiheitlichen Verhältnis [...]«[31] »Denn auch das Proletariat selbst ist nur, insofern es sich wirklich praktisch verhält, einer solchen Überwindung der Verdinglichung fähig.«[32] Es gibt also diese Betonung der Praxis.

Das »*praktische Klassenbewusstsein*«: Er versucht hier, zwei Dinge in Einklang zu bringen, die sich im bürgerlichen Verständnis vielleicht widersprechen würden – das Bewusstsein und die Praxis. Das Klassenbewusstsein ist aber immer praktisch. Darin unterscheidet es sich von unserem herkömmlichen Verständnis des Bewusstseins. Das Bewusstsein ist einfach vorhanden. Es bedarf keiner Praxis, es aufrechtzuerhalten. Das Gehirn wird das einfach so für einen tun, auf einer bestimmten Ebene jedenfalls.

Ich glaube nicht, dass wir nach der Lektüre dieser Passagen einfach so zufrieden nach Hause gehen können. Aber ich denke, es lohnt sich, sie einmal laut vorzulesen. Vor allem, wenn man sie am Bildschirm liest, hat das Gehirn einfach die Tendenz, sie zu überspringen und vorzugreifen.

Sie sind nicht absichtlich undurchsichtig, nur sehr stark stilisiert, weil sich hier der Einfluss Hegels und der Frage nach der Unmittelbarkeit niederschlägt.

Ich denke, wir können diese Frage als Schlüsselproblem mitnehmen: worüber wir heute gesprochen haben, die Frage des Bewusstseins. Diese Frage werden wir uns für den Rest des Moduls immer wieder stellen. Wie wird Bewusstsein erweckt, und wie wird es unterdrückt? Nächste Woche werden wir uns ansehen, wie es gebildet werden kann – und gebildet wurde.

Das letzte Auflodern: Das ist aus dem Buch *Stayin' Alive: The Last Days of the Working Class*. Aber es war kein einfaches Scheitern.

Es war dramatisch. Was in den frühen Siebzigern in den USA und in Italien und anderen Ländern passiert ist, und was bis in die späten Siebziger angehalten hat, war die Entwicklung eines neuen demokratischen Sozialismus, eines libertären Kommunismus, der mit den alten autoritären Strukturen der Arbeiterbewegung des Kalten Kriegs gebrochen hat. Es ging auch darum, existenzielle Forderungen nach der Beschaffenheit der Arbeitswelt zu stellen. Viele Gewerkschaften hatten damals akzeptiert, dass ihre Rolle im Wesentlichen war, über Löhne zu verhandeln, nicht so sehr über das Wesen der Arbeit und des Arbeitslebens selbst. Das Endziel war ohnehin, die Arbeit ganz und gar abzuschaffen.

Aber in den frühen Siebzigern gab es in den USA, wie wir nächste Woche sehen werden, eine Explosion eines neuen Bewusstseins, was damals fast einer Art Intersektionalität gleichkam: Die Frauenbewegung hat sich mit der Arbeiterbewegung verschränkt, aber auch mit der Bürgerrechtsbewegung und den darauffolgenden Kämpfen. Es war die explosive Kombination dieser Allianzen der breiten Linken, und diese offene Gleichheit...

Ich weiß nicht wirklich, wie wir den Text nächste Woche angehen werden. Er unterscheidet sich stark von diesem. Es ist ein historischer Erzähltext, kein theoretischer Text. Aber Theorietexte sind auf ihre Art einfacher zu unterrichten, weil man sich an den Begriffen orientieren kann. Aber hier handelt es sich um eine Erzählung, ich weiß also nicht, wie wir damit umgehen werden...

(*Die Aufnahme endet abrupt.*)

Endnoten

1 David Graeber: *Die Utopie der Regeln.* Stuttgart: Klett-Cotta, 2016.

2 Dies ist ein Verweis auf eine unterhaltsame Passage aus *Analysis of the Phenomena of the Human Mind,* einem Werk des schottischen Historikers und Empirikers James Mill aus dem Jahr 1829. Über seine Theorie der synchronen Wahrnehmung schreibt Mill: »Zwischen den Objekten, die ich synchron oder sequentiell wahrgenommen habe, das heißt, von denen ich synchrone oder sequentielle Sinneseindrücke hatte, sind einige, die ich oft so wahrgenommen habe, andere, die ich weniger oft wahrnahm. In anderen Worten waren einige meiner Wahrnehmungen häufig synchron, andere nicht häufig. Der Anblick von Roast Beef und der Geschmack von Roast Beef waren oft synchron für mich...«. Siehe: James Mill: *Analysis of the Phenomena of the Human Mind,* Band 1. London: Longmans, Green, Reader, & Dyer, 1869, 73-77. [eigene Übersetzung]

3 In Lukács' Text findet sich keine direkte Entsprechung des Begriffs *Problem der Unmittelbarkeit.* Fisher bezieht sich hier vermutlich auf den Zusammenhang von *Unmittelbarkeit, Verdinglichung* und *Emanzipation* im Aufsatz »Die Verdinglichung und das Bewußtsein des Proletariats« in Georg Lukács: *Geschichte und Klassenbewusstsein. Studien über marxistische Dialektik.* Berlin: Malik-Verlag, Berlin, 1923. Vgl. etwa S. 216: »Ist also die Verdinglichung die notwendige unmittelbare Wirklichkeit für einen jeden im Kapitalismus lebenden Menschen, so kann ihre Überwindung keine andere Form annehmen als *die ununterbrochene, immer wieder erneute Tendenz, durch konkrete Beziehung auf die konkret zutage tretenden Widersprüche der Gesamtentwicklung, durch Bewußtwerden des immanenten Sinnes dieser Widersprüche für die Gesamtentwicklung die verdinglichte Struktur des Daseins praktisch zu durchbrechen.*« (Hervorhebung im Original) [Anm. d. Ü.]

4 Fisher spielt hier auf einen Kommentar der ehemaligen britischen Premierministerin Margaret Thatcher in einem Interview mit der Zeitschrift *Women's Own* aus dem Jahr 1987 an, worin sie auf eine Frage nach dem offenbar abfallenden sozialen Zusammenhalt wie folgt antwortete: »Die Gesellschaft, das gibt es nicht. Es gibt individuelle Männer und Frauen, und ihre Familie. Und keine Regierung kann irgendetwas erreichen, es sei denn, durch das Handeln der Menschen selbst, und die Menschen müssen sich zuvorderst um sich selbst kümmern. Es ist unsere Pflicht, zuerst für uns selbst, und dann ebenfalls für unsere Nachbarn Sorge zu tragen.« [eigene Übersetzung]

5 Siehe: Fredric Jameson, »Cognitive Mapping«, *Marxism and the Interpretation of Culture,* hrsg. v. in C. Nelson und L. Grossberg. Urbana und Chicago: University of Illinois Press, 1988.

6 Siehe: Nancy Hartsock, *The Feminist Standpoint Revisited and Other Essays.* Boulder, Colorado: Westview Press, 1998, 114: »Der männliche Arbeiter kommt deshalb im Produktionsprozess mit Zwängen und mit dem Austausch mit

der Natur und anderen Menschen in Kontakt, doch der Produktionsprozess nimmt nicht sein gesamtes Leben in Anspruch. Durch die Aktivitäten einer Frau im Haushalt, aber auch durch die Lohnarbeit, die sie verrichtet, bleibt sie fortwährend mit einer Welt der Qualitäten und des Wandels in Kontakt. Ihre Immersion in die Welt des Nutzens – in konkreten, veränderlichen materiellen Prozessen verschiedentlicher Qualitäten – ist vollständiger als seine. Und wenn das Leben selbst aus ernsthafter Aktivität besteht, ist die Sichtweise, die Frauen aufgrund ihres Beitrags zum Überleben offensteht, ein intensiverer und tieferer Materialismus und materielles Bewusstsein als das der Warenproduzenten im Kapitalismus, eine Intensivierung des Klassenbewusstseins. Die Zugänglichkeit dieses Bewusstseins, selbst für Frauen, die nicht der Arbeiterklasse angehören, wurde von *Marilyn French* besonders eindrücklich zum Ausdruck gebracht: ›Eine Toilette, die von drei Männern benutzt wird, und den Boden und die Wände darum zu putzen, dachte Mira, bedeutete, dem Zwang ins Auge zu sehen. Und deshalb waren Frauen vernünftiger als Männer, sie entwarfen nicht diese wilden, absurden Denkgebäude; sie waren mit den Notwendigkeiten des Lebens vertraut, sie mussten die Toilettenschüssel putzen, und den Boden darum.‹« [eigene Übersetzung]

7 Siehe: Charles Dickens: *Große Erwartungen*. Aus dem Englischen von Marie Scott, Leipzig: Verlagsbuchhandlung von J. J. Weber, 1862, 76. Als Pip und Estella ein Kartenspiel spielen, kommentiert sie sein Aussehen und seinen ungewöhnlichen Namen für die Buben in einem Kartenspiel: »›Er nennt die Buben ›Unter‹, dieser Junge!‹ sagte Estella verachtend, ehe wir noch unser erstes Spiel zu Ende gespielt. ›Und was für grobe Hände er hat. Und was für dicke Stiefeln!‹ Ich hatte noch nie vorher daran gedacht, mich meiner Hände zu schämen, fing aber jetzt an, sie wirklich sehr mittelmäßig zu finden. Ihre Verachtung war so gewaltig, daß sie ansteckend wurde und sich auch auf mich übertrug.«

8 »Too much cheesecake too soon / Old money's better than new / No mention in the latest Tribune / And don't let this happen to you«. »Editions of You« von Roxy Music, *For Your Pleasure* (Island Records, 1973).

9 Die zwölfte Sitzung sollte sich mit Hardt und Negris *Commonwealth* aus dem Jahr 2009 beschäftigen.

10 Siehe: Gary Younge, »How Trump Took Middle America«, *The Guardian*, 16. November 2016: <https://www.theguardian.com/membership/2016/nov/16/how-trump-took-middletown-muncie-election>
»Der Zusammenhang zwischen Fabrikschließungen und dem Aufstieg der extremen Rechten ist ein dreifacher. Erstens ist da die Verzweiflung der Menschen. Verzweifelt waren sie bereits vor der Wirtschaftskrise. Es ist nicht so, als gäbe es in Muncie keine Jobs. Neben der Universität und dem Krankenhaus sind auch einige neue Arbeitsplätze im verarbeitenden Gewerbe hinzugekommen. Aber keine dieser Arbeitsstätten ermöglicht ihren Beschäftigten die Art von Lebensstil, an die vorherige Generationen gewöhnt

waren. Viele der Häuser im Süden von Muncie, die noch nicht verlassen sind, verfallen, was ein Zeichen dafür ist, dass eine Lebensweise verschwindet [...] Die Menschen brauchen Veränderungen. [...] Zweitens machen die Leute die gesamte politische Klasse für ihre Verzweiflung verantwortlich. Freien Handel zu ermöglichen und die Industrie ins Ausland abwandern zu lassen, war Teil der politischen Orthodoxie des Westens, die sich in den Neunziger Jahren etablierte, was für eine Überfüllung des politischen Zentrums und für ein Vakuum an den politischen Rändern sorgte. [...] Clinton war in dieser Frage unschlüssig. Nach Trumps Sieg gab Obama das Handelsabkommen TPP praktisch auf, nachdem Trump es im Wahlkampf gegeißelt hatte. [...] Doch es ging um mehr als nur um Handel oder um Globalisierung: Für viele Wählerinnen in Muncie wirkte Clinton nicht nur wie ein integraler Bestandteil des Establishments, das sie in diese Lage gebracht hatte, sondern auch wie eine Kandidatin, die ihnen mehr vom Selben versprach. [...] Trump hingegen bat ihnen die fast sichere Aussicht, dass sich etwas ändern würde. [...] Einige hatten wenig zu verlieren, sie ließen sich auf das Risiko ein. [...] Drittens, und vielleicht am dramatischsten, war das Gefühl der Machtlosigkeit über das eigene Leben. Deshalb verfing der Slogan ›Take back control‹ im Zuge der Brexit-Kampagne auch so gut. Der Nationalstaat ist immer noch die primäre Einheit der demokratischen Willensbildung; doch im Zuge der Globalisierung kann er die Bedürfnisse seiner Bürgerinnen offensichtlich nicht mehr erfüllen. Wählerinnen sehen dabei zu, wie Einwanderinnen Grenzen übertreten, die nicht geschlossen werden können und Jobs abwandern, die nicht gerettet werden können und fragen sich, wie sie sich in dieser Welt noch Gehör verschaffen können. Trump und seine Gegenstücke, die in Europa oft als Bedrohung für die Demokratie beschrieben werden, ließen sich vielleicht besser als Produkt einer Demokratie verstehen, die bereits in der Krise steckt.« (eigene Übersetzung)

11 Lukács, *Geschichte und Klassenbewusstsein,* 169.

12 Ebd., 171. Alle Hervorhebungen in den Zitaten von Lukács entstammen der englischen Ausgabe von *Sehnsucht nach dem Kapitalismus.*

13 Ebd., 173.

14 Ebd., 175.

15 Ebd., 178f..

16 Ebd., 179f.

17 Ebd., 181f..

18 Ebd., 184.

19 Ebd., 185.

20 Ebd., 185.

21 Ebd., 185.

22 Ebd., 185.

23 Ebd., 190.

24 Ebd., 197.

25 Ebd., 198f..

26 Ebd., 206f..

27 Ebd., 207.

28 Ebd., 211.

29 Ebd., 216.

30 Ebd., 222.

31 Ebd., 224.

32 Ebd., 225.

Vierter Vortrag

»Union Power und Soul Power«

28. November 2016

Mark Fisher: Wie unterrichtet man Geschichte? Theorie, obwohl oft schwierig, hat ja Prinzipien, an denen man sich orientieren kann. Die Geschichte ist einfach so vorhanden, nicht wahr? (*Lacht.*)

Nun gut. Was sind also die Entwicklungen, die wir aus dem Text ablesen können? Offensichtlich habe ich ihn als praktisches Beispiel für einige der Dinge herangezogen, die wir letzte Woche besprochen haben. Letzte Woche haben wir uns dem Klassenbewusstsein durch Lukács theoretisch genähert und uns dann einer Art feministischen Bewusstseins zugewandt. Heute widmen wir uns dem Problem eines breiter aufgefassten Gruppenbewusstseins. Wie kann es sich entwickeln?

Was ich mir von diesem Text erhofft hatte, war ein konkretes historisches Beispiel für die Entwicklung eines solchen Bewusstseins zu einem bestimmten historischen Zeitpunkt. Was war eure Reaktion darauf?

(*Stille.*)

Sagen wir mal so: Wart ihr davon überrascht? Auch, wenn man sich das im Vergleich zu heute anschaut? Welches Versprechen scheint aus den damaligen Kämpfen hervorzugehen? Und wie kann man die damalige Situation mit der heutigen vergleichen, denkt ihr?

Studierende #1: Ich denke, es ist interessant, was zuerst behandelt wird. Er schreibt zuerst über ein Ereignis im Jahr 1969, um dann ins Jahr 1935 zurückzuspringen. Es wird eine Verbindung zwischen den Entwicklungen in den Dreißigern und denen in den Siebzigern geschlagen. Aber es gibt große Unterschiede. In den Dreißigern kann vielleicht so etwas wie eine gute Lösung für die Arbeiterklasse erzielt werden, aber in den Siebzigern schlagen die Versuche, die Arbeiterklasse zum Klassenkampf zu bewegen, fehl. Was wir heute haben, ist keine Arbeiterklasse, wie es sie in den Siebzigern gab, ich weiß daher nicht, wie ich die Verbindung zwischen den Siebzigern und heute herstellen soll, vielleicht gibt es heute eine andere Art von Klasse...

MF: Okay, das ist ein ziemlich wichtiger Punkt, den wir aufgreifen sollten, diese Parallele mit den Dreißigern.

Die dreißiger Jahre waren bislang *die* große Epoche der Arbeiterbewegung – nicht im Sinne der Labour Party in Großbritannien, sondern im Sinne der Gewerkschaften. Damals hat sich die organisierte Arbeiterinnenschaft wirklich durchgesetzt, es gab eine starke Präsenz des Kommunismus in den USA, eine bedeutende kommunistische Partei, etc. Es gab also eine starke Linke. In der Erzählung Cowies werden die Siebziger zu einer Art Wiederholung der Dreißiger. Aber natürlich keine perfekte Wiederkehr. So funktioniert die Geschichte nicht.

Warum gleichen denn die späten Sechziger und frühen Siebziger den Dreißiger Jahren so sehr? Was ist dazwischen passiert? Was geschah zwischen den Dreißigern und den Siebzigern?

Studierende #2: Ich glaube, an dem Text ist interessant, wie sich die Führung der Arbeiterinnenbewegung verändert. Das scheint eine Rolle dabei zu spielen, dass sie in den Siebzigern nicht mehr so mächtig ist.

MF: Ja, ich denke, dass hier ein Teil der Antwort liegt. Wie unterschied sich die Arbeiterführung der Dreißiger also von der der Siebziger?

In den Dreißigern gab es eine große Militanz. Es ging nicht nur um die Macht der Gewerkschaften. Zwischen den Dreißigern und den Siebzigern waren die Gewerkschaften ebenfalls ziemlich mächtig. Aber was war der Unterschied zwischen der Art und Weise, wie sich ihre Macht in – sagen wir mal – den Vierzigern, Fünfzigern und frühen Sechzigern ausgewirkt hat? Das ist doch, was hinter deiner Frage steckt.

Studierende #1: Eine größere Nähe zur Macht? Einige [Gewerkschafts-]führer stehen bestimmten demokratischen Parteien näher, vielleicht? Ich weiß nicht wirklich...

MF: Zum Teil liegt es an der Integration der Gewerkschaften in die amerikanische Gesellschaft – die größte Rolle spielte hier die CIO[1] – das größte symbolische Zentrum der US-Arbeiterbewegung – die sich aber am Kalten Krieg beteiligte. Antikommunismus spielte hier teilweise eine Rolle. Zum Teil war sie durch ihre Verbindungen zum und Verflechtung mit dem Establishment definiert. Ich glaube, er schreibt, dass die Wahl von 1972, die wir uns später noch genauer ansehen werden, wenn es um Nixon geht, der entscheidende Moment war, in dem es zu einer Spaltung zwischen der Gegenkultur auf der einen und Nixon auf der anderen Seite kam. Das ist im Wesentlichen, was passiert ist.

George McGovern war 1972 der Kandidat der Demokraten. Er wurde von den großen etablierten Gewerkschaften nicht unterstützt. Sie haben weder ihn noch Nixon unterstützt. Und wenn man bedenkt, wie weit rechts Nixon stand, war das ein bisschen, als hätten die Gewerkschaften – nun ja, ich weiß nicht, ob diese Analogie wirklich trägt – als hätten sie gesagt, dass sie weder Hillary Clinton noch Trump unterstützen, was für mich [in der heutigen Situation] in vielerlei Hinsicht legitim scheint.

Aber wenn man '72 gesagt hat, dass man beide Kandidaten nicht unterstützt, war das praktisch wie eine Billigung des republikanischen Kandidaten, nicht wahr? Denn von den Gewerkschaften wurde eigentlich erwartet, dass sie die Partei links der Mitte unterstützen, also die Demokraten. Aber ihre Weigerung, zur Wahl von McGovern aufzurufen, bedeutete letztendlich, dass sie sich auf Nixons Seite geschlagen haben.

Wie kam es dazu? Weil McGovern ihrer Ansicht nach von einer Bande von Verrückten unterstützt wurde. Es war eine Koalition aus Bürgerrechtlern und der Gegenkultur – eigentlich der gesamten Gegenkultur. Aber ohne viel Unterstützung aus der traditionellen Arbeiterklasse, könnte man sagen.

1972 hat sich also eine Konstellation ergeben, die bis heute fortdauert. Dazu muss man sagen, dass dies eine der krachendsten Wahlniederlagen in der amerikanischen Geschichte war. Nixon hat McGovern '72 *absolut auseinandergenommen.* Natürlich war der Wahlsieg für Nixon auch eine Art vergifteter Kelch, denn während seiner Amtszeit – Nixons nächster Amtszeit – geschah der berühmteste Skandal in der Geschichte der Politik. Er gewinnt also, aber sehr bald [darauf][2] ist er mit Watergate konfrontiert.

So kommen wir also an diesen Punkt der Geschichte, und wir können erkennen, dass die Siebziger nicht einfach nur eine Wiederholung der Dreißiger waren. Auf ihre eigene Weise sind sowohl die [Kämpfe der] Siebziger als auch [die der] Dreißiger gescheitert. Weder in den Dreißigern noch in den Siebzigern gab es eine Revolution der Arbeiterklasse, sie sind beide gescheitert. Aber wir haben die Frage immer noch nicht beantwortet... Was war an den Siebzigern neu, was in den Dreißigern nicht vorhanden war? Es war ja nicht so, dass die Siebziger nur eine gescheiterte Version der Dreißiger waren...

Studierende #3: Der Vietnamkrieg? Einstellungen zur Frage von *race*?

MF: Ja, richtig. Der Vietnamkrieg hat eine große Rolle gespielt. Waren der Vietnamkrieg und die Gegenkultur nicht in gewisser Weise Spiegelbilder voneinander?

Studierende #4: Zunehmende Automatisierung und Globalisierung? Sodass die Macht der Gewerkschaften in den Siebzigern schwindet?

MF: Ja, das betont er am Schluss, nicht wahr, dass dadurch die Macht der Gewerkschaften schwindet. Der Grund für das Scheitern war, so gesehen, die zunehmende Automatisierung. Aber betrachten wir diese beiden Dinge einmal getrennt.

Der Vietnamkrieg war in vielerlei Hinsicht das Spiegelbild der Gegenkultur. Und beides war miteinander verzahnt. Die Gegenkultur hat sich um ihre Ablehnung des Vietnamkriegs versammelt, was wir noch beleuchten werden.

Studierende #3: Und die antiautoritären Einstellungen, die das mit sich brachte.

MF: Ja, das werden wir in einigen Wochen sehen, wenn wir Penny Lewis' Text darüber lesen, wie die Nixon-Kampagne die Idee einer reaktionären Arbeiterklasse entwickelt hat – oder nicht unbedingt entwickelt, aber mit dem Bild einer reaktionären Arbeiterklasse gearbeitet hat – was sich teilweise in der Dynamik der Wahl von 1972 niedergeschlagen hat, in der sich die Gegenkultur nicht nur gegen das Establishment, sondern auch gegen die etablierte Arbeiterklasse und ihre Führungsriege positioniert hat, welche sich, wie ich bereits erwähnt habe, de facto auf die Seite Nixons geschlagen hatte, gegen diese neuen antiautoritären, gegenkulturellen Strömungen.

War das nicht das neue Element? Teil dessen, was in diesem Kapitel beschrieben wird, ist eine Art Fusion der Gegenkultur mit der

Gewerkschaftsbewegung. Aber schon '72 kann man beobachten, wie diese zu zerfallen beginnt. Es geschehen hier also mindestens zwei Dinge. Auf der einen Seite gibt es eine noch nie dagewesene Form der antiautoritären Linken, welche sich auf wichtige Kämpfe stützt – nicht nur den Klassenkampf, sondern vor allem auch Kämpfe gegen rassistische Diskriminierung und für Geschlechtergerechtigkeit. Das betont er hier. Das ist neu. Jedenfalls relativ neu.

Aber es ist wichtig zu betonen, dass wir zwar über den tief verwurzelten Sexismus und Rassismus in der Linken sprechen können – es gibt ihn zweifellos, auch wenn er auf der Linken viel weniger ausgeprägt ist als in anderen Bereichen der Gesellschaft. Es ist ja nicht so, dass diejenigen Bereiche der Kultur, die von der Rechten und nicht der Linken dominiert werden, weniger sexistisch und rassistisch wären. Es ist nur sehr viel wahrscheinlicher, dass man innerhalb der Linken progressive Räume findet, und das galt sogar schon in den Dreißigern – das sollte man bedenken. Aber in den Siebzigern begannen einige der Menschen, die diese Kämpfe führten, anzuerkennen, dass es nicht ausreichend war – oder zu Problemen führte – die Perspektive von weißen, männlichen Arbeitern als allgemeingültige Norm anzunehmen.

Ist das nicht aufregend? Das mag ich so sehr daran. Eine Reihe von Kämpfen findet statt – sie sind aufregend. Sie bringen diverse Gruppen von Menschen zusammen. Sie kristallisieren sich um sogenannte Minderheiten. Aber was betont er ebenfalls? Was ist an der Natur dieser Kämpfe anders als an denen, die ihnen vorausgingen?

Studierende #3: Junge Menschen?

MF: Junge Menschen sind der Schlüssel. Aber wofür steht die Jugend ebenfalls? Was wird mit ihr verbunden?

Studierende #4: Hedonismus?

MF: Ja, okay, aber im weiteren Sinn? Die Frage des Hedonismus – des Vergnügens, des Genusses, etc. – wie hängt sie mit der Gesamtheit der Forderungen dieser Kämpfe zusammen?

Studierende #3: Sie wollen nicht am Band stehen. Sie wollen mehr Macht und größere Herausforderungen am Arbeitsplatz.

MF: Gut, es gab also qualitative Forderungen nach der Natur der Arbeit, existenzielle Anforderungen an die Arbeit an sich – neben quantitativen Zielen, was Lohn, Arbeitszeit und so weiter angeht. Das ist Teil des Übergangs vom Fordismus zum Postfordismus, den wir näher betrachten werden.

Der Fordismus akzeptierte im Grunde, dass die Arbeit mehr oder weniger die Form des Achtstundentags annimmt. Er nimmt sogar den weißen, männlichen Arbeiter als gegeben an. Forderungen basieren also auf der Entlohnung dieser Form der Arbeit. Praktisch bedeutet das fordistische Arbeitsmodell, Langeweile gegen Sicherheit einzutauschen. Aber im neuen Modell reicht das nicht mehr aus. Es stellt Forderungen nach Veränderungen [der] Qualität der Arbeit – wie ist es eigentlich, diese Arbeit zu verrichten? Und das hat zum Teil mit der Betonung des Hedonismus durch die Gegenkultur zu tun.

Studierende #1: Und noch etwas, was du erwähnt hattest: Die Wahrnehmung des Kommunismus als Bedrohung. In den Dreißigern verhielt sich das anders. Nun, in den Siebzigern wird er als bedrohlich angesehen. Als Feind.

MF: Ja, in den Siebzigern befinden wir uns ja mitten im Kalten Krieg. Die Sowjetunion wurde nach dem Zweiten Weltkrieg zum *offiziellen* Feind erklärt. Und viele der Gewerkschaften waren ebenfalls der Überzeugung, dass der Kommunismus das wichtigste Problem auf der Welt sei. In den Dreißigern war die Situation sehr viel unübersichtlicher: Den einen Feind, das eine Problem gab es nicht.

Und was war die wichtigste historische Entwicklung der Dreißiger Jahre?

Studierende #3: Die Weltwirtschaftskrise.

MF: Ja, genau. Die Weltwirtschaftskrise hat der radikalen Linken sehr viel Auftrieb verliehen.

Aber in den späten Sechzigern und frühen Siebzigern sind wir nicht mehr in einer Situation, in der ein Bruch möglich scheint. Sie unterscheidet sich grundlegend. Wie er am Ende des Kapitels anmerkt, war es die '73 beginnende Rezession, welche diesen Kämpfen das Wasser abgräbt. Warum war das so?

Studierende #4: Die Anfänge des Neoliberalismus...?

MF: Ja, aber ich denke, dass es den Neoliberalismus, als Gesamtheit von Ideen und Politikansätzen, schon vorher gab. Er reicht bis in die vierziger Jahre zurück.

Studierende #4: Aber er wurde zum Mainstream...

MF: Genau, aber ich denke, dass in diesem Moment – der deshalb so interessant ist und weshalb ich ihn betonen möchte – die Bahn für den neoliberalen Triumph am Ende der siebziger Jahre freigeräumt wurde. Auch Naomi Klein schreibt darüber. Wenn wir uns das Beispiel von Chile ansehen, wird ziemlich klar – in den USA war es ein, wie man sagen könnte, sehr viel organischeres Scheitern... Ich mag das Wort »organisch« aus verschiedenen Gründen nicht... Es gab jedenfalls mehrere Gründe dafür, warum die Kämpfe in den siebziger Jahren nicht in einer neuen linken hegemonialen Strömung gemündet haben. Aber in Chile war es sehr viel einfacher. Letztlich hat dort ein neoliberaler Putsch stattgefunden. Die CIA hat den Staatsstreich gegen die Allende-Regierung unterstützt, sie gestürzt und Chile in eine Art Labor für die Ersterprobung neoliberaler Politikexperimente verwandelt.

Ich denke, im Nachgang hat sich ein gewisses Narrativ etabliert... Hat dieses Narrativ nicht eine gewisse bittersüße Note? Auch das sollten wir uns genauer ansehen. Es gab eine beispiellose Unruhe, Erregung, Leidenschaft und eine neue, anti-autoritäre, diverse Linke, zeitgleich mit einem Absterben und einem Drift in die totale neoliberale Dominanz – was ich als kapitalistischen Realismus bezeichnet habe. Deshalb heißt das Buch auch *The Last Days of the Working Class* [Die letzten Tage der Arbeiterklasse].

Aber einige dieser Kämpfe hatten einen gewissen Glanz. Es ist in gewisser Weise schlimmer, dass der Verfall langsam eingesetzt hat. *Es gab eine starke Arbeiterklasse, doch ihre Macht war in den frühen Siebzigern im Zerfall begriffen und der Neoliberalismus gewann die Oberhand.* Doch ist das wirklich die Geschichte, wie sie sich ereignet hat? Ich jedenfalls glaube das nicht.

Die Geschichte ist: Es gab eine starke Arbeiterklasse, Teile davon wurden kooptiert, aber es gab auch eine neue Vision der Klassenpolitik, die sich damals herausbildete, welche den Klassenkampf auf beispiellose Art und Weise erneuern und wiederbeleben hätte können, die aber sehr schnell ihr Ende fand, fast unmittelbar, nachdem sie auf den Plan getreten war.

Ich glaube, letzte Woche haben wir kurz über die Dynamiken in Sartres *Kritik der Dialektischen Vernunft* gesprochen, die ich, wie bereits erwähnt, nicht gelesen habe – nur wenige haben dies getan, aufgrund der Länge des Werks und der Tatsache, dass es im Speed-induzierten Wahn geschrieben wurde – aber das ist eine der

Dynamiken, die er beschreibt: Der Wandel von der heißen Glut des Aufstands, in der die Dinge neue Formen annehmen und in welcher der Kampf gegen sie möglich ist, zum Moment der Konsolidierung, in welcher die ehemals revolutionären oder rebellischen Kräfte in eine Art neues Establishment integriert werden.

Offensichtlich war dies eine der Dynamiken, von denen die Gewerkschaften damals betroffen waren. An der Spitze werden sie kooptiert; sie werden in vielen Fällen – wie wir anhand der Yablonski-Morde[3] erkennen können – hochgradig korrupt und in die amerikanische Gesellschaft auf die denkbar schlechteste Weise integriert. Aber dennoch haben wir hier ebenfalls die Vision und die Möglichkeit einer Erneuerung.

Vielleicht können wir uns an die letzte Sitzung zurückerinnern, und die Frage nach dem Klassenbewusstsein oder dem Gruppenbewusstsein stellen. Wie, denkt ihr, hat es sich durch diese Kämpfe entwickelt? *(Stille.)* Was waren die Probleme?

Studierende #4: Unterstellt dies das Scheitern des Gruppenbewusstseins...? Der Neoliberalismus hat uns erlaubt, uns stärker als Individuen aufzufassen, sodass sich das Gruppenbewusstsein nicht mehr einstellen konnte.

MF: Ja, ich denke, dass auch davon in diesem Text die Rede ist. Ich verwende den Begriff »Gruppenbewusstsein«, der auch das Klassenbewusstsein und andere Bewusstseinsformen umfassen soll... Aber ist das die richtige Betrachtungsweise? Unterscheidet sich Klassenbewusstsein eurer Ansicht nach von feministischem oder antirassistischem Bewusstsein?

Man kann das Ganze so betrachten: Sie haben unter anderem versucht – und hatten auch Erfolg damit –, eine Strategie nach dem

Motto »teile und herrsche« zu verfolgen. Ist das nicht eines der Dinge, die er betont? Besonders wenn es darum ging, Weiße gegen Schwarze aufzuwiegeln und Ressentiments zwischen diesen beiden Gruppen zu schüren. Die Entwicklung des Ressentiments als Triebkraft der Reaktion in der Zeit seit den siebziger Jahren ist auch eines der Phänomene, die er hier aufgreift, und welches ich in diesem Modul beleuchten wollte.

Denn Ressentiment ist gewissermaßen eine Form der Anti-Solidarität, des Anti-Bewusstseins.[4] Ressentiment ist meiner Ansicht nach die Haltung, dass *mir selbst etwas verwehrt wird, was jemand anderes bekommen soll*, nicht, dass *wir alle mehr bekommen sollen*, was man als Basis des Klassenbewusstseins bezeichnen könnte.

Einen Aspekt, den ich mir gerne ansehen und mit der heutigen Situation vergleichen würde, ist, dass in den Siebzigern die Klasse aus dem Zentrum der Aufmerksamkeit rückt. Die Wichtigkeit der Kategorie Klasse nahm ab... Aber was wir heute sehen, ist eine Wiederkehr der Klasse!

Studierende #1: Heute?

MF: Ja! Dazwischen gab es zuerst eine Phase, in der Klasse weniger stark betont wurde, und dann eine, in der sie fast verschwunden ist. In den Neunzigern war Klasse als Kategorie im Diskurs praktisch nicht mehr anzutreffen. Ich möchte später auf die Frage der Mitte zurückkommen – der Wichtigkeit der Mitte, des Wachstums der Mitte – die Idee, dass »wir jetzt alle zur Mittelklasse gehören«, die damals von John Prescott und anderen Politikerinnen von New Labour vertreten wurde. Das ist einer der Punkte, die ich in der ersten Sitzung erwähnt habe. Es handelt sich dabei um eine *unmögliche* Topologie. *Es ist unmöglich.* Nicht jeder kann zur Mittelklasse gehören. Es können sich nicht alle in der Mitte befinden. Und in der Mitte wovon befinden wir uns überhaupt?

Was an dieser Aussage so interessant ist, ist ihre Doppeldeutigkeit. Sie sagt sich von der Klasse los, während sie gleichzeitig sicherstellt, dass diese Kategorie niemals vollständig überwunden werden kann. Denn wenn wir alle zur Mittelklasse gehören, gibt es keinen Klassenkampf mehr. Aber Moment mal! Sprechen wir hierbei nicht immer noch über Klasse? Wir müssen den Begriff Klasse also selbst in dem Moment gebrauchen, in dem wir versuchen, ihn zu eliminieren.

Ich denke, dass in Großbritannien und den USA – den beiden Gesellschaften, die ich einigermaßen gut kenne – man kann es bestimmt aber auch anderswo übertragen – in den siebziger Jahren, vor allem in Großbritannien, die Vorstellung, dass die Klasse als substantieller Teil des Selbstverständnisses der Leute verschwinden könnte, bemerkenswert gewesen wäre. Aber in den Neunzigern scheint es dann bereits, als ob es Klassen nicht mehr gäbe.

Aber ich glaube, dass wir an den wichtigen Entwicklungen dieses Jahres sehen können, dass die Klasse zurück ist. Es ist jedoch eine Klasse ohne Klassenbewusstsein – zumindest sehe ich das so. In Großbritannien mit dem Brexit und in den USA mit dem Sieg von Trump, die beide entscheidend von einer Klassendynamik abhingen, bei der es aber nicht um selbstbewusste Wirkmächtigkeit des Proletariats ging – im Gegenteil, es war fast umgekehrt.

Auch deswegen ist dieser Text so wichtig. Es lohnt sich, an der Möglichkeit einer intersektionalen Klassenpolitik festzuhalten.

Ich glaube, wenn das Wort »intersektional« heute gebraucht wird, dann oft, um etwas zu bezeichnen, was Klassenpolitik von vornherein ausschließt, und man kann viele derartige Auseinandersetzung über die letzten Wahlen in den USA lesen: Ob es Trump möglich war, die Klassenkarte auszuspielen – lächerlich in vielerlei Hinsicht.[5] Wie hätte dies ein Millionär, oder er ist Milliardär – richtig, das ist er doch? – tun können? Er ist doch ein Immobilienunternehmer, der sein Geld geerbt hat, er hat sich keineswegs alles selbst aufgebaut... Wie konnte es einem milliardenschweren Immobilienmogul gelingen, die Sorgen, Ängste und Subjektivität der Arbeiterklasse nachzuäffen? Das ist natürlich zum Lachen, aber es *ist* ihm tatsächlich gelungen. Die Gründe dafür sind vielfältig. Zum Teil wurde eine Art Phantasma geschaffen. Die Unterdrückung des Klassenbewusstseins erfolgt auch durch das Ansprechen der Phantasie der Unterdrückten mit einer Karriere...

Im *Harvard Business Review* ist ein Artikel erschienen, der zwischen den »Reichen« und den »Expertinnen« unterscheidet. Im Wesentlichen – und hier kommen wir wieder auf das Problem des Ressentiments zurück – hegen viele Menschen aus der Arbeiterklasse dieses Gefühl gegenüber Expertinnen – Anwältinnen, Ärzten, Dozentinnen, etc. –, weil sie sich mit den Reichen assoziieren.[6] Mit den Reichen haben sie kein Problem. Ich denke, das liegt daran, dass man die Leute dazu bringt, zu glauben, sie seien bereits reich, sie hätten nur noch kein Geld – ein bisschen wie Lady Gaga, als sie gesagt hat, *»I've always been famous, it's just no one knew it yet«* (»Ich war schon früher berühmt, die Leute wussten es nur noch nicht«) (*Lachen.*) Im Prinzip funktioniert das immer so. Deswegen sind ärmere Mitglieder einer Gesellschaft oft gegen [sic] Steuererleichterungen für Reiche. Warum? Weil sie sich selbst bereits als reich wahrnehmen, in ihrer Vorstellung. Dabei handelt es sich nicht um eine individuelle Fehleinschätzung oder Selbsttäuschung. Man ermuntert sie dazu, sich mit den Reichen zu identifizieren. (*Stille.*)

Tut mir leid, jetzt habe ich eine sehr große Klammer aufgemacht und weiß nicht mehr, wo ich war.

Okay, also ich denke, dass wir nun das Ende – das Heraustreten aus – dieser Umkehrung sehen. In den Siebzigern war durch die Gewerkschaften sichergestellt, dass Klasse eines der großen, treibenden Narrative war [, das in der Lage war, andere Belange mit sich zu ziehen], das aber im Begriff war, seine Wichtigkeit zu verlieren. Und obwohl seine Marginalisierung bereits eingesetzt hatte, war es immer noch vorhanden! Aber das führte nicht zum Ausschluss anderer Kämpfe, vor allem denen um Fragen von Rasse und Geschlecht. Alle drei konnten gemeinsam artikuliert werden, zumindest zu einem gewissen Grad. Man könnte also sagen, dass Klasse zum Beispiel Fragen des Rassismus gewissermaßen – entschuldigt die Wortwahl – übertrumpft [*trumped*] hat – nicht, weil sie weniger wichtig wären, sondern, wie wir nun erkennen können, rassistische Diskriminierung dazu verwendet wurde, um Klassenbewusstsein abzuwehren und zu entschärfen.

Wie wir letzte Woche betont haben, bedeutet Klassenbewusstsein also mehr, als nur den gegenwärtigen Zustand zu durchschauen. Wenn ich mir dieses Tisches bewusst bin, so habe ich einfach eine bewusste Wahrnehmung eines bereits existierenden Gegenstands. Aber wie wir bei Lukács gesehen haben, verschiebt sich bereits etwas, wenn ich Teil des bewusst handelnden Kollektivs werde. Das Wesen der gesellschaftlichen Wirklichkeit hat sich durch die Entwicklung dieses Bewusstseins bereits verändert.

Die Klasse, könnte man sagen, ist also nicht wirklich *da*. Sie muss als Form der Solidarität, die zum Beispiel Schwarze und weiße Arbeiterinnen zusammenbringen kann, erst erzeugt werden. Tatsächlich widerstrebt sie damit den vorherrschenden Tendenzen der gesellschaftlichen Verhältnisse, die ja genau diese Möglichkeiten des Bewusstseins unterdrücken sollen, indem Arbeiterinnen in Konkurrenz zueinander gehalten werden, wodurch sich Ressentiment bildet.

Okay, es gibt also diesen Schimmer - nun, es ist mehr als nur ein Schimmer - diese Kämpfe erstreckten sich über mehrere Jahre, und in ihnen spiegelten sich auch Ereignisse in Europa und in anderen Teilen der Welt wider. Es gab also das überwältigende Gefühl, dass etwas im Wandel war. Ich denke, dass die Geschichte auch davon handelt, dass dieser Wegfall der Betonung auf Klassenfragen zu weit gegangen ist. Die Klasse ist verschwunden. Wenn Kämpfe gegen rassistische und geschlechtsspezifische Diskriminierung in den Vordergrund treten, werden sie alle auf fatale Weise verzerrt, sobald man Klassenaspekte aus dem Auge verliert.

Das bedeutet aber nicht notwendigerweise, dass die Kategorie Klasse wichtiger ist als diese anderen Formen der Identifikation oder des Kampfes. Aber wenn Klasse nicht mehr Teil der Analyse ist, tut sich eine Leerstelle auf, und das Bild, was sich ergibt, bleibt notwendigerweise unvollständig. Wie ich bereits erwähnte: Klasse verschwindet niemals vollständig. Es ist das Klassenbewusstsein, das abnimmt und verschwindet.

Für sich genommen kann die Kategorie Klasse gar nicht verschwinden. Von ihrem jüngsten Wiederauftauchen hat die Rechte und nicht die Linke profitiert, aufgrund der Art und Weise, wie sie heute fungiert. Klasse wird zu einer Art identitärem Ressentiment, um es so auszudrücken. Die Rechte arbeitet seit den späten Sechziger

Jahren daran, es zu entwickeln, und auch deshalb ist Nixon eine so wichtige Figur.

Trump hat im Wesentlichen die gleichen Gesten wie Nixon [vor ihm] wiederholt, ein Appell an die identitäre Arbeiterklasse. Was meine ich mit identitärer Arbeiterklasse? Eine Klasse, die nicht durch ihr Bewusstsein oder ihre Wirkmächtigkeit definiert ist, sondern durch die besonderen identitären Eigenschaften, die ihr zugeschrieben werden.

Studierende #4: Es ist also so etwas wie ein Prozess der Verdinglichung am Werk, in diesem Sinn?

MF: Ja, kannst du das ausführen…?

Studierende #4: Ich nehme an, dass es seit den Siebzigern Versuche gab, die Verdinglichung der Klassenstruktur zu überwinden, indem man sie als etwas nicht Konkretes, das nicht existiert, rekodifiziert hat. Es hat sich aber herausgestellt, wie schwierig dieses Unterfangen ist, in dem Sinn, dass nach einem Jahr, oder einem halben Jahr, die Verdinglichung und Konkretisierung durch bestimmte rechte Parteien wiederhergestellt wurde.

MF: Ja, ich glaube allerdings nicht, dass dies erst letztes Jahr oder…

Studierende #4: Nein, ich habe mich nur gefragt, ob so der Prozess vonstatten geht.

MF: Ja, ich denke, das ist eine hilfreiche Betrachtungsweise. Ja, genau. Ich vermute, was ich mit »identitär« meine, ist auch eine verdinglichte Vision dessen, was Klasse bedeutet.

Der Aufstieg der Rechten seit den Siebzigern, der neoliberalen Rechten, hat zum Teil auch mit dieser Identifikation mit dem Kleinbürgertum zu tun. Man kann seine Identität beibehalten, aber gleichzeitig wohlhabender werden und sich selbständig machen, sodass man die Eigenschaften seiner Subjektivität oder seiner Existenz, die man für sich selbst als definierend ausmacht, beibehalten kann, und dies umfasst diejenigen Attribute, die als Klassenmerkmale aufgefasst werden.

Im Wesentlichen sprechen wir hier von kulturellen Eigenschaften – die Art und Weise, wie man spricht und sich verhält, bestimmte Werte, etc. – die man aus der Arbeiterklasse übernimmt. Diese bleiben unverändert und man kann gleichzeitig sehr viel reicher werden.

Aber diese Form der identitären Vereinnahmung der Klasse war genau, was zur Neutralisierung des Klassenbewusstseins notwendig war. In gewisser Hinsicht handelt es sich hier um das Gegenteil von Klassenbewusstsein. Beim Klassenbewusstsein ginge es nicht darum zu sagen: »Ich habe jetzt diese Reihe von Eigenschaften und sie definieren, was unsere gemeinsame Klassenposition ausmacht«.

Es geht eher darum, zu sagen: »Wir haben eine gemeinsame Klassenposition, ganz egal, welche sonstigen kulturellen, persönlichen und subjektiven Eigenschaften wir sonst haben mögen«. Und dass, sobald wir auf dieser Basis handeln, sobald wir verstehen, dass wir dieses Klassenbewusstsein teilen, wir uns verwandeln. Es findet eine Transformation unserer Selbst statt.

Die Frage ist also auch – wie wir bereits letzte Woche bei Lukács konstatiert haben –, welche Klasse es ist, welche es sich vorstellen oder tatsächlich unterfangen kann, den Kapitalismus abzuschaffen? Es ist das Proletariat. Nicht aufgrund der Gesamtheit seiner gegenwärtigen Eigenschaften, sondern aufgrund seiner Position im Klassenkampf, und weil es durch eine Menge an gemeinsamen Interessen definiert ist, die sich gegen die des Kapitals wenden.

Studierende #5: Hat Trumps Wählerschaft also nicht mehr oder weniger ein gescheitertes, oder abweichendes Klassenbewusstsein entwickelt, in dem es keinen Gegensatz zwischen Proletariat und Bürgertum, sondern zwischen den einfachen Leuten und den Politikern gibt...?

MF: Ja.

Studierende #5: ...denn letztlich ist es Trump ja gelungen, die Wählerinnenstimmen der verschiedensten Gruppen auf sich zu vereinen. Er hat versucht, die Stimmen der Frauen zu bekommen, und konnte auch viele Hispanics auf seine Seite ziehen, obwohl er furchtbare Sachen über sie gesagt hat, weil er trotz alledem ein Bewusstsein geschaffen hat, dass er kein Politiker ist, und deshalb auf der Seite der Leute steht. Ganz egal, was mein Geschlecht oder meine Ethnie auch sein mag, wir werden alle von der politischen Klasse unterdrückt.

MF: Ja.

Studierende #5: Stimmt es dann nicht, dass es ihm gelungen ist, eine gewisse Form des Bewusstseins zu erzeugen? Es handelt sich hier doch, mehr oder weniger, um eine teleologische Erzählung über die vergessenen Protagonisten der Arbeiterkämpfe. Okay, wir haben eine Gewerkschaft, aber die Schwarzen sind ausgeschlossen, die Hispanics sind ausgeschlossen, die Frauen sind ausgeschlossen, und wir haben einfach eine Arbeiterklasse... Jetzt habe ich den Faden verloren...

Die Frage, die ich mir stelle, ist eigentlich: Könnte es einen schlechten Aspekt des Klassenbewusstseins geben, wenn wir es mit einer anderen Art Klasse zu tun haben? Denn könnte man nicht für jede Art von Klasse oder Gruppe ein Bewusstsein erzeugen? Denn ein Bewusstsein der eigenen Position – wie wir letzte Woche besprochen haben – in Bezug auf den feministischen Standpunkt besteht darin, zu realisieren, dass man selbst nicht der Feind ist, sondern das Patriarchat. Aber könnte man dies nicht für jede beliebige andere Kategorie ebenfalls erzeugen? Es ist nicht meine Schuld, dass meine Kleidungsstücke eingegangen sind, es ist die Schuld der Waschmaschine. Könnte man darum kein Bewusstsein bilden? Dabei bin ich es, der die Waschmaschine falsch bedient? (*Lachen und ablehnendes Gemurmel.*) Das ist eine Übertreibung der Grundidee des Bewusstseins. Ich könnte vielleicht für alles Mögliche ein Bewusstsein erzeugen, wenn ich nur möchte, und wahrscheinlich ist das, was mit Trump passiert ist...

Studierende #1: Aber liegt das überhaupt an Trump? Denn in [Griechenland mit] Syriza war die Sache umgekehrt: Syriza war ein Abbild der einfachen Klasse oder der einfachen Leute, vereint gegen die Politik, die das Land zerstört hat, genau wie Podemos in Spanien. Und sie haben nicht gewonnen. Ich glaube also nicht, dass das alles auf einmal durch Trump ausgelöst wurde. Ich glaube, dass sich diese Frage in Folge der [Finanz-] Krise von 2008 gestellt hat. Diejenigen, die das notwendige Wissen über die Funktionsweise der Wirtschaft hatten, haben nicht [zusammen-] gearbeitet, um die Wirtschaft richtig zu managen. Es geht also um die einfachen Menschen, in Abgrenzung zu den Leuten, die über die Wirtschaft Bescheid wissen.

Studierende #4: Ja, das ist genau, was ich meine. Wenn wir vom »postkapitalistischen Begehren« sprechen, dann ist der Kapitalismus unser Feind. Aber das Bewusstsein besagt nicht: Es ist der Kapitalismus, der das Problem darstellt, sondern: Es sind die Politiker, die an der Macht sind...

Studierende #1: Aber Trump ist ein Rassist, frauenfeindlich, und er ist sehr reich... Für eine ältere Person steht er sozusagen für das Establishment.

Studierende #4: Aber er ist kein Politiker...

Studierende #1: Ja, aber das ist die einzige Eigenschaft, in der er sich vom Establishment unterscheidet. Er ist kein Berufspolitiker.

MF: Ich denke, deine Frage umfasst mindestens zwei Aspekte. Erstens: Wie viele verschiedene Formen des Bewusstseins können wir annehmen? Zweitens hast du impliziert, dass es ein falsches Bewusstsein gibt. Das Beispiel mit der Waschmaschine war falsches Bewusstsein. Es trifft einfach nicht zu.

Studierende #4: Aber man könnte trotzdem daran glauben.

MF: Man könnte trotzdem daran glauben, ja, aber ich denke, dass für Hartsock Bewusstsein notwendigerweise immer mit einer Wahrheit verbunden ist. Man sollte sich ins Gedächtnis rufen, dass sie keine postmoderne Relativistin ist. Das ist wichtig. Ich glaube, dass das Konzept des Standpunkts deshalb so wirkmächtig ist. Es hält an der Idee der Wahrheit fest. Es gibt, in dieser Auffassung, zwei Standpunkte – den der Herrschenden, und den der Beherrschten, wie man sagen könnte – zu Beginn, bei Marx, sind es das Proletariat und das Bürgertum. Es gibt diese beiden Standpunkte, aber einer davon ist falsch! Der andere zeichnet ein wahres Abbild der Wirklichkeit. *Durch die eigene Unterdrückung* wird man in die Lage versetzt, die Wirklichkeit zu erfassen. Ist das nicht der Punkt? Die Unterdrückten haben ein wahreres Abbild der Welt, weil sie beide Versionen kennen. Die Herrschenden sind in ihrer eigenen Erzählung gefangen.

Studierende #1: Aber in welchem Sinn bezieht sich das Bewusstsein auf die Wahrheit? Denn jetzt erscheint es mir, als ob es dabei eher um das Wort des Jahres geht: »Post-Wahrheit« [*post-truth*].[7]

In welchem Sinn hängen Wahrheit und Bewusstsein zusammen? Also heute – ich spreche vom heutigen Zustand.

MF: Ja, ich möchte mich dieser Frage ernsthaft widmen. Ist es wirklich wahr, dass ein Standpunkt valider als der andere ist? Dass er uns eine wahrere Perspektive auf die gesellschaftlichen Verhältnisse in diesem Jahrhundert eröffnet? Stimmt das wirklich? Oder hat die postmoderne Version des Relativismus doch recht, dass es überhaupt keine Wahrheit gibt? Oder hat der Objektivismus der Aufklärung recht damit, dass es eine Form der Wahrheit gibt, die überhaupt nichts mit Standpunkten zu tun hat, sondern von ihnen vollständig unabhängig ist?

Das ist eine Reihe von Fragen, die man über den Zusammenhang zwischen Wahrheit und Bewusstsein stellen könnte, aber es gibt noch einen weiteren Fragenkomplex, der eher auf die politischen Praktiken abzielt, die dazu dienen sollen, verschiedene Formen des Bewusstseins weiterzuverbreiten.

Kann man Bewusstsein als gesondert von Identität betrachten? Das ist ein Problem, das ich vorhin ansprechen wollte. Denn ich glaube, Identität wäre einfach eine Formel, die beschreibt, wie wir heute sind und wie wir in der Vergangenheit waren. Das Bewusstsein aber hat eine transformative Dimension, es handelt von einem transformierten Subjekt, das sich während der Bewusstseinsbildung entwickelt.

Es geht nicht darum, wie die Dinge hier und heute sind, sondern um, so könnte man sagen – und darauf kommen wir vielleicht später zurück –, die Hyperstitionseffekte, die sich durch diese Identifikation einstellen. Was geschieht dann?

Ich vermute, die Frage ist also, welche zentralen Antagonismen das Wesen unserer Gesellschaft und die Möglichkeiten, sie zu verändern, definieren – also die Antagonismen von Klasse, Geschlecht, Rassifizierung, etc. –, aber gibt es einen Grund, hier unbedingt aufzuhören? Wir könnten einfach weitere aufzählen. Aber ist diese Proliferation, für sich genommen, ein strategisches politisches Problem? Oder könnte man sagen, wir zählen alle diese Aspekte zusammen, aber das Problem ist eines der Verbindung?

Studierende #5: Entschuldigung, könntest du das wiederholen?

MF: Ja – es geht um die Frage der Verbindung verschiedener Kämpfe.

Studierende #5: Meinst du innerhalb des herrschenden Narrativs, das durch die Position der Herrschenden vorgegeben ist?

MF: Nun, ich spreche von Kämpfen gegen die vorherrschende Position, denke ich. Ich denke also, dass man sagen kann, dass in der Praxis kein Problem entsteht, wenn es eine Verbindung, eine Verschränkung der verschiedenen Aspekte gibt. Ein Problem ergibt sich nur, wenn sie als gegensätzlich und als Nullsummenspiel gesehen werden. Deshalb denke ich, dass wir den Sammelbegriff »Gruppenbewusstsein« verwenden könnten – ein transformatives Gruppenbewusstsein, das auf eine radikale Änderung der Verhältnisse abzielt.

Studierende #6: Ich denke, es wird dann zum Problem, wenn diese verschiedenen Kämpfe dazu beitragen, die Idee des Individualismus zu untermauern und – nicht unbedingt das Bewusstsein – das steht bei Cowie, er führt einen der Gründe der Desillusionierung mit den gewerkschaftlichen Kämpfen der Siebziger Jahre auf... »sowohl auf der Rechten als auch der Linken war das Problem« – und er führt hier eine lange Liste auf – »sowohl der ERA [*Equal Rights Amendment*, Verfassungszusatz zur Gleichberechtigung der Geschlechter], die Aufhebung der Rassentrennung an Schulen, das Recht auf Schwangerschaftsabbruch, Quotierung, als auch der generelle Trend hin zu dem, was später als ›Identitätspolitik‹ oder ›Bewusstsein über Rechte‹ genannt werden würde«[8] – sodass dieses Bündel Anliegen den Platz des Gruppenbewusstseins eingenommen hat, was einer der entscheidenden Gründe für die Ernüchterung der Gewerkschaftsbewegung war.

Es ist also ein politisches Problem, denn es fand ein Wandel vom Gruppenbewusstsein hin zu individuelleren Ideen statt.

MF: Nun ja, nicht notwendigerweise, denn wenn wir uns Geschlecht, Ethnizität und so weiter ansehen, sind sie doch nicht individuell? Sie sind auf bestimmte Weise strukturell. Individuelles Bewusstsein kann, fast schon per Definition, nicht die gleiche Art von Bewusstsein sein. Es wäre Bewusstsein in einem anderen Sinn. Es wäre Bewusstsein im alltäglichen Sinn, also das genaue Gegenteil des Bewusstseins im Sinn von Lukács. Denn Bewusstsein, im Sinne eines Klassenbewusstseins, erwächst aus der Einsicht, dass es keine Individuen gibt – nur strukturelle Kräfte.

Aber ich verstehe natürlich deinen Punkt. Eine der Entwicklungen, die nach dieser Ära stattgefunden haben, war das Entstehen dieses Anti-Bewusstseins, wie man sagen könnte, also der Tatsache, dass sich die Menschen immer mehr als Individuen und nicht als Teil einer Klasse verstanden haben.

Aber ich frage mich, ob die Logik der Identität – also Identität statt Klasse als Modell zu verwenden – hier das Problem dafür darstellt, diese anderen Kämpfe zu verstehen. So ist es der Rechten gelungen, die Kämpfe zu vereinnahmen. Denn man könnte sagen, dass es nicht die positiven Eigenschaften tatsächlich existierender

Frauen sind, die Frauen als revolutionäre Klasse definieren. Es sind nicht die positiven Eigenschaften von tatsächlich existierenden ethnischen Minderheiten, die sie als revolutionäre Klasse definieren. Es ist ihre strukturelle, antagonistische Position und das Potential für gesellschaftlichen Wandel, das durch Bewusstseinsbildung entsteht, was sie zu potentiell revolutionären Subjekten macht.

Aber wenn wir dazu eingeladen werden, unser Selbstverständnis anhand der Eigenschaften, die wir bereits haben, zu bilden, dann stellt dies eine Form der Verdinglichung dar. X ist gleich X. Du bist, womit du dich bereits identifizierst. Ich denke, was ich hier zum Ausdruck bringen möchte, ist, dass dies eine der Dynamiken war, die bei den vergangenen Wahlen in den USA eine Rolle gespielt haben: das alte Bild von Klassenpolitik versus Identitätspolitik. Was ich sagen möchte ist, dass es sich deshalb herausgebildet hat, weil versucht wurde, Menschen für Kämpfe um Geschlechtergerechtigkeit und Antirassismus über den Weg der Identität statt über das Modell des Klassenkampfs zu rekrutieren. Wir müssen Kämpfe für Geschlechtergerechtigkeit und gegen Rassismus aber überhaupt nicht als identitäre Kämpfe auffassen.

Was hat das mit dem Hier und Heute zu tun? Der Erfolg der Rechten, UKIP, aber auch Trump... ist ein Zufall. Habe ich nicht vor Kurzem gelesen, dass Trump [dem Parteivorsitzenden von UKIP] Nigel Farage einen Job geben will?[9] (*Lachen.*) Stimmt das? Es würde durchaus Sinn ergeben, denn sie verfolgen beide die gleiche Strategie, nach der man Klassenpolitik bespielt, um das Klassenbewusstsein zu unterdrücken.

Man spricht das Ressentiment von Menschen aus der Arbeiterklasse an. Ich denke, das Bild ist immer eine Form von »es sind nicht wir, es sind sie, die das Problem darstellen« oder auch »es bist nicht du, es sind sie«, und es findet eine Dopplung statt, wodurch hier gleichzeitig dann auch rassistische Untertöne mitschwingen. Man könnte also sagen, dass es zu einer Entkopplung von Klasse und Ethnizität [*race*] kommt. Sie bringen Klasse und Ethnizität zusammen, um das transformative Potential von beiden zu unterdrücken. Man denkt Klasse und Ethnizität zusammen, um sowohl die Möglichkeit eines Klassenbewusstseins als auch eines antirassistischen Bewusstseins zu unterbinden, jedenfalls sicherlich um die Art von Bewusstseinsbildung zu verhindern, die es ermöglichen würde, diese Kämpfe richtig zu verschränken.

Denn es ist ja nicht so, dass Klassenbewusstsein einem antirassistischen Bewusstsein im Weg steht. In der tatsächlichen gesellschaftlichen Erfahrungswelt *erscheint* es so, aber ein wahres Klassenbewusstsein würde alle Ethnien umfassen, oder? Es würde nicht besagen, dass nur bestimmte Ethnien wirklich zu dieser Klasse gehören und nicht andere. Der Zweck eines wahren Klassenbewusstseins ist seine allumfassende Natur. Es schließt alle mit ein.

Aber gilt es aus Sicht der Rechten nicht, genau das zu verhindern? Das ist genau die Form von Bewusstsein, die sich auf keinen Fall entwickeln soll. Man kann es also auch andersherum betrachten. Welche Art von Bewusstsein soll sich überhaupt herausbilden? Ein Bewusstsein, das auf dem Verständnis dafür basiert, wie diese Formen der Unterdrückung und Ausbeutung zusammenwirken, um den Status Quo aufrechtzuerhalten. Aber diesen müssen wir ja genau durchbrechen. Bedingung für die Entwicklung eines echten Gruppenbewusstseins wäre es, diese Spaltungen zu überwinden.

Das rassifizierte Andere ist also ein Aspekt davon, wie wir bei Trump und bei UKIP sehen können. Ich denke, die andere Komponente der Rechten ist eine Form des abgelenkten Klassenressentiments, wie wir gesehen haben. Es richtet sich nicht gegen die Reichsten. Es richtet sich bestimmt nicht gegen das Kapital als ursprünglichen Erzeuger von Klassenunterschieden. Es richtet sich gegen Expertinnen. Und speziell im Kontext der USA denke ich, dass wir beobachten können, dass es die Wahrnehmung einer Allianz zwischen Expertinnen und dem rassifizierten Anderen gibt. Die Klasse der Expertinnen sorgt dafür, dass die rassifizierten Anderen eine Sonderbehandlung genießen, die dir selbst verwehrt bleibt. »Du«, das bedeutet hier die »weiße Arbeiterklasse«.

Ich denke also, dass dies die negative Umlenkung darstellt, die wir sowohl im gegenwärtigen Moment als auch in diesem Text wiederfinden. Es gab die Möglichkeit für genau diese Verknüpfung von Kämpfen, diese Weiterverbreitung von Einstiegspunkten, hin zu der Vision einer anderen Welt. Aber sie wurde abgewehrt. Sie wurde auf sich selbst zurückgeworfen. Diese Potentiale wurden blockiert, und reale historische Veränderungen geschahen, welche die Bedingungen verändert haben. Eine davon war, wie ich bereits erwähnt hatte, die Rezession.

Cowie beschreibt auch, wie sich die Bedingungen für relativen Wohlstand herausgebildet haben. In den Sechzigern haben die Arbeitsbedingungen den Wohlstand unterlaufen [sic]. Durch die Stärke der bereits vorhandenen Gewerkschaftsbewegung hat dies dazu geführt, dass noch mutigere und weitreichendere Forderungen gestellt wurden und zunehmend auch solche qualitativer Art. Als die Rezession kam, hat sie dazu geführt, dass die Gewerkschaften den Großteil ihrer Macht verloren haben, vor allem unter Bedingungen fortschreitender Automatisierung, wie du vorhin erwähnt hattest.

Wir können die Welt, in der wir uns heute zurechtfinden müssen, nun also in groben Zügen nachvollziehen. Wir beobachten die steigende Arbeitslosigkeit, Automatisierung, den Zerfall der Macht der organisierten Arbeiterklasse, und [Cowie] beschreibt, wie du bereits erwähnt hattest, den Wandel, der zum sogenannten »Jahrzehnt des Ichs« *[Me decade]* geführt hat, dieser Kultur des Individualismus – der sogenannten »Kultur des Narzissmus«, wie sie Christopher Lasch beschrieben hat, obwohl sie für Lasch, wie wir noch sehen werden, unser Verständnis des Individuums auf vielfältige Weise untergräbt, aber lassen wir diesen Aspekt erst einmal beiseite.[10]

Die Stärke des Texts ist für mich, dass er eine Vision für einen potentiellen Weg in den Postkapitalismus entwirft. Was, wenn all dies *nicht* passiert wäre? Was, wenn diese reaktiven Gegenkräfte sich in den Siebzigern nicht durchgesetzt hätten? Was, wenn stattdessen diese neue Allianz der Arbeiterinnen, die Gegenkultur und so weiter, sich auf eine dauerhafte Weise zusammengefunden hätte? Was, wenn diese Forderungen nach einer Verbesserung der Arbeitsbedingungen letztendlich zu einer Bewegung für die Abschaffung der Arbeit geführt hätten? Für mich sind das einige der Hauptfragen, welche dieser Aufstand, dieser Moment, der Ausbruchsversuch aufwirft.

Auf verschiedene Weise sind wir in der Periode der späten Sechziger und frühen Siebziger dem Postkapitalismus, einem Übergang zum Postkapitalismus, so nahe wie möglich gekommen. Möglicherweise haben wir es nie mehr so weit auf dem Weg dorthin geschafft, bis jetzt... Obwohl der jetzige Moment ja nicht sehr vielversprechend erscheint, oder doch?

Eine der Fragen, die wir uns stellen können, ist, was die Bedingungen waren, die in den späten Sechzigern und frühen Siebzigern zu diesen Kämpfen geführt haben? Waren sie so spezifisch, dass sie sich nicht wiederherstellen lassen? Oder könnten wir uns vorstellen, dass sie wiederkehren, in noch günstigerer Form?

Was, wenn 1973 nicht passiert wäre? Wenn es keine Rezession gegeben hätte? Was, wenn es keinen Rückzug von diesen Möglichkeiten gegeben hätte? Was, wenn sich die konservative Gegenreaktion nie herausgebildet hätte? Könnten wir uns vorstellen, dass der Wandel zum Postkapitalismus dann vollzogen worden wäre? Man kann es auch anders betrachten: Wenn das der Fall ist, wie schaffen wir es dann, so etwas wie die damaligen Bedingungen im gegenwärtigen Moment wiederherzustellen?

Vielleicht sollte ich hier betonen, was in diesem Text nur im Hintergrund bleibt, wie auch im Hintergrund dieses Seminars, was ich aber gerne einmal in den Vordergrund heben würde, nämlich die Frage der Ästhetik. Ist es ein Zufall, dass dies am Ende der Sechziger und zu Beginn der Siebziger geschieht – in Bezug auf Ästhetik und Kultur?

(*Stille.*)

Okay, tut mir leid, das war eigentlich keine rhetorische Frage, aber ich werde sie irgendwie selbst beantworten.

Ich würde sagen, dass das kein Zufall war. Was diese Kräfte zum Teil mitgetragen hat, war der Impuls der Gegenkultur, und die Gegenkultur wurde in erster Linie durch die Musik angetrieben – wenn auch nicht ausschließlich. Und diese Musik, genau wie die Politik, bot eine Version einer befreiten Welt an. Es gab eine Art positive Rückkopplungsschleife. Die Musik würde in die Kämpfe hineinwirken; der Kampf würde sich in der Musik widerspiegeln. All dies stellte einen Vektor für die Dynamik des Wandels der gesellschaftlichen Verhältnisse dar. Natürlich ist es dann auch kein Zufall – vor allem im Kontext der USA, wenn wir schon davon sprechen – dass die US-Musikkultur angetrieben wurde durch... Viele der Impulse dahinter stammten aus der Schwarzen Arbeiterklasse.

Wir müssen auch bedenken, wie außergewöhnlich die USA im Hinblick auf die Frage des Rassismus sind. Der Bürgerrechtsbewegung war es erst vor Kurzem gelungen, die juristische Anerkennung von Schwarzen [als gleichberechtigte Mitglieder der Gesellschaft] zu erstreiten. Diese juristische Anerkennung wird nicht immer vollumfänglich befolgt, wie wir heute sehen können. Deshalb brauchen wir so etwas wie die Black-Lives-Matter-Bewegung als Korrektiv. Was im Alltagsleben praktiziert wird, ist die Nichtanerkennung Schwarzen Lebens; die Idee, dass Schwarzes Leben weniger zählt als weißes Leben.

Die Anerkennung der Gleichberechtigung vor dem Gesetz liegt also unmittelbar zurück, und gleichzeitig gab es, in den Sechzigern, bevor sich irgendetwas entwickelte, eine Popkultur, die von Schwarzen Künstlerinnen und Künstlern dominiert wurde. Die Kultur greift hier die weitere Entwicklung in verschiedener Hinsicht auf. So können wir den Zusammenhang zwischen der ästhetischen und der politischen Herausforderung verstehen. Man könnte sagen, das ist eines der Dinge, was die Gegenkultur ausmacht: Sie hat einen Weg gefunden, zwischen diesen beiden Bereichen eine Brücke zu schlagen. Und, um wieder darauf zurückzukommen: Wahrscheinlich fehlt uns dies heute.

Aber halten wir uns damit nicht auf... Wir haben also die Dreißiger, die Siebziger und heute... Moment, ich bin nicht gut im Kopfrechnen. Zwischen den Dreißigern und den Siebzigern liegen vierzig Jahre. Vierzig Jahre seit den Siebzigern, dann wären wir im

Jahr 2010, also mehr oder weniger in der Gegenwart. Okay, das ist gut. Es ergibt sich eine schöne Symmetrie. Dreißiger, Siebziger und heute. Ja.

Um also ein etwas krudes Schema zu entwickeln: In den Dreißigern gab es also diese starke Betonung der Macht der organisierten Arbeiterschaft, ohne dass dies wirklich zu einer Revolution geführt hätte, und bei der die Wahrnehmung von anderen Formen der Unterdrückung keine große Rolle gespielt hat. In den Siebzigern gab es dann diese Wahrnehmung anderer Kämpfe und Unterdrückungsformen, und es ist zum Teil diese Wahrnehmung, die sich in der Gegenkultur niederschlägt. Und die Gegenkultur ist nicht nur eine Gegenpolitik: Es handelt sich um die ganze Bandbreite kultureller Ausdrucksformen.

Und, wie du bereits erwähnt hattest, gibt es teilweise eine Spaltung zwischen der Jugend und den älteren Generationen. Aber dies wurde vermutlich letztlich auch zum Problem. Die Spaltung zwischen der jüngeren und der älteren Generation hat die Menschen auseinandergetrieben, statt sie zusammenzuführen.

Das war eines der Dinge, an denen McGovern 1972 gegen Nixon so spektakulär gescheitert ist. Nixon konnte einfach sagen: »Schau dir diese jungen Freaks an, du bist nicht so wie sie.« Du. Wer ist »du«? Nun, eine Person mittleren Alters aus den USA. Es ist immer ein Phantasma, könnte man sagen. Die Mitte gibt es nicht wirklich. Aber trotzdem funktioniert die Mitte als eine Form des Anti-Bewusstseins. Die Gegenkultur hat sich auch diese Mitte ins Visier genommen und hat sich gegen diese phantasmatische Mitte definiert. Doch genauso wurde dies auch zum Problem, wenn es darum ging, eine Bewegung aufzubauen, die stark genug war, um gegen die hegemonialen Kräfte in der Gesellschaft Bestand zu haben und ihnen die Kontrolle zu entreißen.

Diesen Aspekt würde ich gerne im weiteren Verlauf mitbedenken: Die kulturelle Dimension. Inwiefern erlaubt uns die bürgerliche Kultur, innerhalb derer sich die Gegenkultur ja bewegt, eine gänzlich andere Welt vorzustellen? Das ist, denke ich, was ich hier suggerieren möchte, was man auch am Beispiel der Schwarzen Musikerinnen in den USA gesehen hat: Ihr Erfolg ging den tatsächlichen gesellschaftlichen Verschiebungen in der Frage von *race* in den USA voraus. Nicht, dass sie abschließend geklärt worden wäre, aber die Kultur erlaubt uns diese Form des performativen Vorgriffs auf eine radikal andere Welt.

Aber welche Form von Kultur lässt dies überhaupt zu? Welche Art von Kultur kann sie erhalten? Auch diese Frage können wir beginnen, uns zu stellen. Entscheidend ist, dass Aktivistinnen nicht auf eine ideal realisierte Utopie eingeschränkt werden, in der sich alles von selbst ergibt. Das ist gescheitert. Es ist schiefgelaufen. Es gab Momente des Durchbruchs, es gab das Aufflackern des Bewusstseins dafür, dass die Dinge auch anders sein könnten. Aber letztlich ist es anders gekommen. Und gerade die heftigsten Beben, die man damals spüren konnte, wurden, wie man sagen könnte, in kulturelle Artefakte umgewandelt. Was zurückgeblieben ist, sind diese kulturellen Artefakte, welche dann als abgekühlte Waren verkauft und individuell konsumiert werden konnten. Das ist immer Teil des dialektischen Wesens der Kultur dieser transformativen Periode. Auf der einen Seite fließt sie in einen Kampf mit ein, auf der anderen Seite schafft sie die Bedingungen für eine zukünftige Kommodifizierung. Vor allem was die Gegenkultur der Sechziger anbelangt, bleibt nur

noch eine Reihe von kommodifizierten Relikten übrig – die Relikte der Beiträge zu dieser Dimension des Kampfes werden zum Teil der nostalgischen Verpackung einer Ware, die nicht mehr als... Sie wird nie das Licht der Welt erblicken. Die Bedingungen für unseren Zugriff auf Waren sind heute, dass wir akzeptieren, dass der Kampf bereits vorüber ist, dass er verschwunden ist.
Das hat auch mit der neuen »Stimmung« zu tun, von der Cowie spricht. Was ist eine »Stimmung«? Es ist ein Kulturwandel – ein kultureller Wandel hin zum Individualismus und dem »Jahrzehnt des Ichs«, zu einem Denken, das sich um das »Ich« dreht, um Auswahloptionen – individueller Art – statt kollektiver Transformation, etc.

Welche Bedingungen haben dazu geführt? Wir haben uns einige der Konditionen bereits angesehen. Und sie müssen, wie man sagen könnte, kontinuierlich aufrechterhalten werden.

Betrachten wir es einmal so: Wie kann es sein, dass jemand sowohl... sich sowohl durch eine bestimmte Identität versteht – man könnte sagen, die Identität der weißen Arbeiterklasse –, aber gleichzeitig auch als Individuum? Ich habe die Frage auf bestimmte Art bereits beantwortet: Dies gelingt unter anderem dadurch, dass ein Klassenselbstverständnis in identitäre Bahnen umgelenkt wird. Wie ich bereits erwähnte, wird Identität also auf ein Bündel an positiven Eigenschaften heruntergebrochen, welche wir erkennen und innehaben können, und wir bringen sie dadurch mit unserer individuellen Identität in Einklang, indem wir unsere Aufmerksamkeit weg von gemeinsamen [Kämpfen] und in eine Dimension der individuellen Subjektivität lenken. Wir alle teilen bestimmte positive Eigenschaften als Angehörige dieser Klassenidentität, aber innerhalb dieses

Rahmens bilden wir unsere eigene Subjektivität aus. Wir sind nicht durch unsere gemeinsamen Interessen definiert, ebenso wenig wie durch das Überwinden unserer gegenwärtigen Situation durch die Entwicklung dieser gemeinsamen Interessen.

Ich versuche nun, die Konsequenzen dieser Geschichte etwas herauszuarbeiten. Ich werde sie als eine Art Parabel behandeln. Wie sind wir in der Situation gelandet, die er beschreibt? Dieser Desillusionierung? [Diesem] »individuellen Rückzug und sporadischer Rebellion, die aus dem vor sich hin garenden Topf der Alltagskonflikte immer wieder aufköchelt«?[11]

So nah wir diesen neuen Kräfteverhältnissen damals gekommen sind, am Ende sind wir doch in eine Situation der radikalen Zerstreuung, Kraftentleerung, Desillusionierung, Solipsismus und Rückzug, etc. geraten. Ein dramatischer Umschwung innerhalb weniger Jahre. Manchmal war es so, dass diese Unruhen unmittelbar nach ihrem Höhepunkt, in den frühen siebziger Jahren, vollständig abflauten.

Ich wollte diesen Text auch deshalb mitbehandeln, weil ich die Dimension der Libido einführen wollte. Die Frage des Begehrens, oder eher... Ich glaube, die Libido ist etwas anderes als das Begehren. Libido umfasst nicht nur, *was* wir wollen, sondern auch, *warum* wir es wollen. Das Objekt ist in diesem Sinn die Ursache [des Wunsches]. Und welche Frage stellt sich hier? Diese Kämpfe werden durch die Gegenkultur als die Produktion neuer Formen des Begehrens artikuliert. Darüber haben wir [in der ersten Sitzung] bereits gesprochen. Ich hatte erwähnt, wie die Vereinnahmung dieser Formen des Begehrens, durch Apple, etc., die genau auf Individualisierung abzielen, alles Begehren in ein solches Begehren umformen, ein erfolgreicheres Individuum zu sein. Was uns hier also begegnet, ist die Heimsuchung durch eine andere Art des Begehrens, eine andere Form der Libido, der Wunsch nach einer anderen Welt. Man könnte sagen, dass die kulturellen Ausdrücke hiervon auf bestimmte Art tragfähiger waren, als die politischen es sein konnten, obwohl sie einen Beitrag zu den politischen Kämpfen geleistet haben. Das ist auch genau der Grund, weshalb sie die politischen Kämpfe überdauern und im Nachgang kommodifiziert werden konnten.

Studierende #7: Entschuldigung, könntest du den letzten Satz nochmal wiederholen?

MF: Ich bin mir nicht sicher, ob ich das kann! (*Lachen.*) Was habe ich gerade eigentlich gesagt? Dass ihr transformatives Potential auch der Grund dafür war, dass sie im Anschluss so leicht kommodifiziert werden konnten. Denn die Energie der Transformation wird dann zu einer Art Restlibido. Wenn die Bedingungen für den Kampf nicht mehr vorhanden sind, ist es trotzdem immer noch möglich, an diese Libido, diese transformative Libido, zu appellieren. Und dieser Prozess hält endlos an. Das Kapital bemüht stets und ständig das »Revolutionäre«. Das Word »Revolution« ist zu einer Art Schlüsselmerkmal von Waren geworden.... Ihr schaut mich gerade so verständnislos an... Begegnet uns das nicht andauernd? Das Wort »Revolution«, bezogen auf die Warenwelt? In Namen von Restaurants und so?[12] Der Appell an dynamische Veränderung, Wandel, Kreativität, all das sind Schlüsselbestandteile von Werbung geworden. Das ist in etwa die Argumentation von Boltanski und Chiapello in *Der Neue Geist des Kapitalismus*. Ich sage das – vielleicht habt ihr das nicht gelesen. Dieser Text hat viele dieser Debatten sehr beeinflusst. Er war sehr umfangreich – eigentlich zu umfangreich angesichts dessen, was nötig gewesen wäre – aber viele ihrer Argumente zielen eigentlich darauf ab, dass die Gegenkultur gezähmt, verwandelt und zu... Sie wurde nicht einfach besiegt, sie wurde in die heutige Kernstruktur des Kapitalismus eingebettet, welcher sich dann um Kreativität, die Neuerfindung des Selbst und so weiter drehen muss. Die Gegenkultur spiegelt sich also in der gegenwärtigen Form des Kapitalismus wider. Er hat sie also nicht einfach *bezwungen*, sondern sie verstoffwechselt, absorbiert und verwandelt, um sie für seine eigenen Ziele nutzbar zu machen. Und das ist, was wir uns nächste Woche bei Lyotard ansehen werden.

Es gibt ein Spannungsverhältnis – und ein potentiell produktives – zwischen dem Begehren und dem Marxismus: »Der Wunsch *namens* Marx«. Was ist der Wunsch hinter dem Marxismus? Welche Rolle spielt die Libido, welche Rolle spielt das Begehren für die Arbeiterklasse? Lyotard stellt die skandalöse These auf, dass es innerhalb der Arbeiterklasse ein Begehren für [den] Kapital[ismus] gibt. Und sicher liegt hier der Schlüssel verborgen. Zu welchem Grad *wollen* die Menschen den Kapitalismus eigentlich? Und, im Umkehrschluss, in welchem Ausmaß begehren die Menschen den Postkapitalismus? Wenn das Begehren vom Kapital monopolisiert wird, wie wir zu Beginn suggeriert haben, dann... das war's dann, oder? Der Wandel, den wir brauchen, wird nie geschehen. Oder es ist so, dass wir einerseits die Vision eines politischen Projekts haben, das wir umsetzen wollen, und auf der anderen Seite unser Begehren, das wir unterdrücken müssen. Und das wäre meiner Ansicht nach hochproblematisch.

Vielleicht sehen wir den Umkehrschluss dessen, was mit bestimmten Aspekten der Gegenkultur passiert ist. Einige Ausprägungen der Gegenkultur besagten, dass wir *nichts als das Begehren* brauchen. Ich denke, dass so etwas 1972 mit McGovern passiert ist. Die Kräfte des Begehrens für die Gegenkultur hielten die Gewerkschaften für entbehrlich und die Gewerkschaften dachten ähnlich über die Gegenkultur: *Das brauchen wir nicht. Es stört nur. Das zersetzt die Einheit, Entschlossenheit und organisatorische Kapazität der existierenden gewerkschaftlichen Institutionen.*

Dieses Spannungsverhältnis, das Scheitern, diese beiden Stränge zu verbinden, ist Teil der Geschichte, die ich heute erzählen wollte. Es gab damals einen Sinn dafür. Das mag ich an dieser Episode so sehr. Einen Moment lang schien es, als könne man die Arbeiterinnenschaft und die gegenkulturelle Libido *gemeinsam* organisieren. Es war möglich, auch [wenn] diese Gelegenheit zeitlich begrenzt war. Was ich damit suggerieren möchte, ist, dass das postkapitalistische Begehren darauf basiert, diese gegenseitige Verschränkung aufrechtzuerhalten.

Nächste Woche beschäftigen wir uns wieder mit Theorie, was leichter, aber auch schwieriger ist.

Ich habe letzte Woche vergessen, jemanden zu fragen, den Text vorzustellen, kann das jemand nächste Woche mit Lyotard tun? (*Eine Studierende hebt die Hand.*) Ja? Möchte es noch jemand anderes versuchen, aus einem anderen Blickwinkel? Okay, also nur [die Studierende]. Okay, danke euch allen!

Endnoten

1 Der *Congress of Industrial Organizations* war ein Gewerkschaftsverband, der in den USA und Kanada aktiv war.

2 Die US-Präsidentschaftswahlen von 1972 fanden am 7. November statt. Einige Monate zuvor, im Juni, hatte es im Wahlkampfhauptquartier der Demokraten im Watergate-Bürogebäude in Washington D.C. einen Einbruchsversuch gegeben. Später, nach dem Wahlsieg Nixons und während dessen zweiter Amtszeit, wurde bekannt, dass Nixon den Einbruch in Auftrag gegeben und aus seiner Wahlkampfkasse finanziert hatte. Der Präsident versuchte zunächst, den Skandal abzuwehren und die Aufklärungsarbeit hinauszuzögern. Es kam jedoch ans Licht, dass er verschiedene illegale und klandestine Methoden angewendet hatte, um sich zu schützen und die Ermittler auf falsche Fährten zu locken. Doch letztlich scheiterte er daran. Es gab zahlreiche Zeugenaussagen gegen ihn und 1973 wurde gegen ihn wegen Justizbehinderung, Machtmissbrauch und Missachtung der Autorität des Kongresses ein Amtsenthebungsverfahren angestrengt. Bevor es zu einer Verhandlung oder Verurteilung kommen konnte, trat Nixon im August 1974 zurück.

3 »Am frühen Morgen des letzten Tages der 1960er Jahre streiften drei Auftragsmörder ihre Schuhe ab und schlichen sich in das Haus der Familie Yablonski im südwestlichen Pennsylvania. Einer von ihnen erschoss die 25-jährige Tochter Charlotte im Schlaf. Die beiden anderen begaben sich ins Schlafzimmer der Eltern und erschossen Margaret Yablonski sowie ihr eigentliches Ziel, den abtrünnigen Bergarbeiterführer Jock Yablonski, letzteren mit einem halben Dutzend Schüssen. [...] Der grausame Dreifachmord wurde in den ersten Wochen von 1970 landesweit bekannt, und als die Nachricht sich in den Kohlerevieren verbreitete, traten 20.000 Bergarbeiter in den Streik, um gegen die Zustände in ihrer Gewerkschaft zu protestieren.« Siehe Jefferson Cowie, *Stayin' Alive: The 1970s and the Last Days of the Working Class*. New York and London: The New Press, 2010, 23. [eigene Übersetzung]

4 Fishers spezifische Verwendung des Begriffs »Ressentiment« bezieht sich implizit auf seine kurze Erwähnung von *Ressentiment* im ersten Vortrag. Siehe erster Vortrag, Fußnote 33.

5 In einem Artikel aus dem Jahr 1989 für das *University of Chicago Legal Forum*, »Demarginalizing the Intersection of Race and Sex: A Black Feminist Critique of Antidiscrimination Doctrine, Feminist Theory and Antiracist Politics«, untersucht Kimberlé Crenshaw die »problematischen Konsequenzen der Tendenz, *race* und Gender als sich gegenseitig ausschließende Kategorien von Erfahrung und Analyse zu behandeln«. Sie argumentiert, dass eine übermäßige Betonung der Unterschiede zwischen diesen Kategorien dazu führt, dass diejenigen, die in mehrere Identitätskategorien fallen, oft nicht mitbedacht werden. Um es anhand ihres eigenen Beispiels zu verdeutlichen:

Die Analyse der Erfahrung von Schwarzen fokussiert sich oft auf die Erfahrungen von Männern und ignoriert diejenigen Menschen, die nicht nur schwarz, sondern auch Frauen sind. Es ist erwähnenswert, im Kontext von Fishers Argumentation, dass Klasse in Crenshaws ursprünglicher Analyse nicht erwähnt wird. Sie argumentiert, dass sich progressive Politik zu schnell auf die dominanten Kategorien konzentriert – eine Erfahrung, die sie in ihrer Tätigkeit als Rechtsanwältin machte. Crenshaw schreibt, dass in »Verfahren wegen rassistischer Diskriminierung diese Diskriminierung oft im Sinn von geschlechts- oder klassenprivilegierten Schwarzen aufgefasst wird; Verfahren wegen sexistischer Diskriminierung fokussieren oft auf Frauen, die in Bezug auf ihre Klasse oder die Kategorie *race* privilegiert sind.« Das soll heißen: »Dieser Fokus auf die privilegiertesten Mitglieder einer Gruppe marginalisiert diejenigen, die in mehrerer Hinsicht benachteiligt sind und verschleiert Benachteiligungen, die nicht als das Resultat einer bestimmten Quelle von Diskriminierung verstanden werden können.« Eine Person, die reich, weiß und männlich ist, wird vor dem Gesetz deshalb viel besser behandelt werden als jemand, der arm, schwarz und weiblich ist. Während wir dies allgemein vor allem als Problem von *race* betrachten können, ist es dennoch aufschlussreich, wie dieses Zusammenspiel von benachteiligten Identitätskategorien die Bewertung eines Falls vor Gericht beeinflussen können. Trotzdem hat Fishers Argumentation weiter Bestand. In den Jahrzehnten seit dem Erscheinen von Crenshaws Artikel kam es zu einem gesellschaftsweiten Klassenzerfall, sodass Klasse nun eine Kategorie der Identifikation bildet und als diskrete Diskriminierungsquelle immer mehr in den Hintergrund trat. Interessanterweise lässt sich der Versuch beobachten, *race* demselben Prozess zu unterziehen, vor allem im Zusammenhang mit Barack Obamas Amtszeit als US-Präsident. Behauptungen, dass die Gesellschaft nun eine »postrassistische« sei, und dass man »Hautfarbe nicht sehe«, waren eine häufige Verteidigung gegen Rassismusvorwürfe, welche an die »klassenblinde« Politik der New-Labour-Jahre in Großbritannien erinnern. Seither wurde dennoch oft klargestellt, dass der Zerfall von *race* als Kategorie diese nicht automatisch abschafft, sondern stattdessen einfach rassistische Diskriminierung hinter der unterdrückerischen Naivität privilegierterer Gruppen verschleiert.

6 Siehe: Joan Williams, »What So Many People Don't Get About the U.S. Working Class«, *Harvard Business Review*, 10. November 2016: <https://hbr.org/2016/11/what-so-manypeople-dont-get-about-the-u-s-working-class>

7 »In der Ära von Donald Trump und Brexit hat Oxford Dictionaries *›post-truth‹* zum internationalen Wort des Jahres erklärt. In seinem Wörterbuch wird es als Adjektiv definiert, ›das Umstände bezeichnet, in welchen objektive Fakten weniger Einfluss auf die öffentliche Meinung ausüben als der Rückgriff auf Emotionen und persönliche Überzeugungen‹. Die Redakteure gaben an, dass die Verwendung des Begriffs *›post-truth‹* im Jahr 2016 um etwa 2.000 Prozent gegenüber dem Vorjahr zugenommen habe. Diese enorme

Zunahme habe ›im Kontext des EU-Referendums in Großbritannien und den US-Präsidentschaftswahlen stattgefunden.‹« Siehe: Alison Flood, »'Post-truth' named word of the year by Oxford Dictionaries«, *The Guardian*, 15. November 2016: <https://www.theguardian.com/books/2016/nov/15/post-truth-named-word-of-the-year-by-oxford-dictionaries>

8 Cowie, *Stayin' Alive*, 71–72.

9 Dies bezieht sich vermutlich auf die Aussage Trumps, dass der Anführer der UK Independence Party, Nigel Farage, den perfekten Botschafter und Mittelsmann zwischen der britischen Regierung und Trumps Administration abgeben würde. Siehe Nicky Woolf and Jessica Elgot: »Nigel Farage Would be Great UK Ambassador to US, Says Donald Trump«, *The Guardian*, 22. November 2016: <https://www.theguardian.com/politics/2016/nov/22/nigel-farage-uk-ambassador-us-donald-trump>

10 Siehe: Christopher Lasch, *The Culture of Narcissism: American Life in an Age of Diminishing Expectations*. New York: W.W.Norton & Company, 1979.

11 Cowie, *Stayin' Alive*, 73.

12 Dies ist vermutlich eine Referenz auf die UK-weit unter dem Namen »Revolution« operierende Kette von »Cocktail Bars, Restaurants und Party-Räumlichkeiten«. Siehe: <https://www.revolution-bars.co.uk/>

Fünfter Vortrag
Libidinaler Marxismus

5. Dezember 2016

Mark Fisher: Okay, was dachtet ihr über Lyotard? [Studierende], ich weiß, du stellst den Text gleich vor, aber was meinen die anderen dazu?

Studierende #1: Schwierig.

MF: Für dich war es schwierig? Okay. Schwieriger als alles andere, was wir bisher gelesen haben? Vielleicht nicht schwieriger als Lukács...

Studierende #1: Ja, ich weiß nicht...

MF: Das ist natürlich eine brisante Frage...

Studierende #1: Ich habe mich etwas in dem Text verloren...

MF: Okay, ging es den anderen genauso...? (*Allgemeines Gemurmel.*)

Studierende #1: Ich konnte nicht mit Sicherheit sagen, ob er das sarkastisch meint oder...

MF: Nun, ich habe einige Passagen markiert, die wir uns nachher ansehen können, aber hören wir uns erst einmal an, was [Studierende] zu sagen hat.

(Eine Studierende liest eine lange Einleitung vor, und fasst dabei einige der Begriffe und Besonderheiten in Lyotards Text zusammen – seine Herausarbeitung von »Intensitäten« und Affekten im Werk von Marx; seine fast schon derridanische Auseinandersetzung mit den textuellen Dichotomien bei Marx, der zugleich ein alter männlicher Theoretiker und ein verliebtes junges Mädchen ist, wodurch der Marxismus zu einer »merkwürdigen bisexuellen Verbindung« wird. Lyotard selbst nannte Ökonomie des Wunsches *sein »böses Buch« und es liest sich gleichzeitig wie ein hoch theoretischer und komplexer Text und ein Werk transgressiver und erotischer Literatur, da er eine von Bataille und dem Poststrukturalismus der 1970er Jahre entlehnte Sicht auf den*

Marxismus darstellt. Diese eigenartige Beziehung zwischen verschiedenen Genres der Philosophie und des literarischen Schreibens macht die Schwierigkeit, aber auch die Faszination des Textes aus.)

MF: Es ist ein wirklich schwieriger Text und ich finde, du hast einige der großen Fragen sehr gut herausgearbeitet.

Kommen wir zu dem, was ich für den Kern der Sache halte... jedenfalls den wichtigsten Problemen, vor die wir hier gestellt werden, und welche in späteren Texten in diesem Modul wieder aufgegriffen werden. Wir finden sie im Abschnitt zwischen Seite 167 und 168.

> Aber das führt zu Macht und Herrschaft, werdet ihr sagen, zu Ausbeutung und sogar zur Vernichtung. Völlig richtig, aber der Masochismus auch, und das merkwürdige körperliche Zusammenspiel des Arbeiters mit seiner Maloche und seiner Maschine, das so häufig an das *Dispositiv* der Hysterie erinnert, kann auch zur Vernichtung der ganzen Bevölkerung führen; seht euch die englischen Proletarier an und was das Kapital, das heißt *ihre Arbeit,* aus ihren Körpern gemacht hat. Aber ihr werdet sagen, es gab nur das oder sterben. Aber *es gibt immer nur das oder sterben,* das ist das Gesetz der libidinösen Ökonomie, nein, nicht das Gesetz: es ist, in Form eines Schreis, die sehr provisorische Definition der Intensität des Begehrens: das oder sterben, was bedeutet das *und* daran sterben, der Tod steckt immer *darin,* wie eine innere Schale; er ist nicht sein *Preis,* sondern das, was es unbezahlbar macht. Aber glaubt ihr vielleicht, daß das eine *Alternative* ist, das oder sterben?! Und wenn man *das* macht, wenn man sich zum Sklaven der Maschine, zu Maschine der Maschine, zum von ihr prostituierten Zuhälter macht, acht Stunden täglich, vor einem Jahrhundert zwölf Stunden, glaubt ihr, daß man das macht, weil man dazu genötigt, gezwungen wird, weil man am

> Leben hängt? Der Tod ist keine Alternative dazu, er ist ein Teil davon, er bestätigt, dass ein *Genuss* darin liegt; die arbeitslosen Engländer sind nicht zu Arbeitern geworden, um zu überleben, sie haben – haltet euch gut fest und verachtet mich meinetwegen *[hang on tight and spit on me.* **MF:** Ich liebe das! *(Lachen.)]* – diese hysterische, masochistische (und ich weiß nicht, was sonst noch) Erschöpfung *genossen,* sie haben es genossen, es in den Minen, den Gießereien, den Fabriksälen, in der Hölle *auszuhalten,* sie haben die verrückte Zerstörung ihrer organischen Körper genossen, die ihnen sicher aufgezwungen wurde, sie haben die Auflösung ihrer persönlichen Identität genossen, derjenigen, die die bäuerliche Tradition ihnen geschaffen hatte, sie haben die Auflösung der Familien und Dörfer genossen, sie haben die entsetzliche neue *Anonymität* der Vorstädte und der Pubs in den Morgen- und Abendstunden genossen.[1]

Ich denke, dies könnte eine Art Epigraf auf den Kurs sein – jedenfalls für bestimmte Aspekte des Kurses –, denn akzelerationistische Fragestellungen haben viel hiermit zu tun – mit dem Verhältnis zwischen Begehren und Kapitalismus. Ist es einfach nur der Fall, dass der Kapitalismus dem kleinbäuerlichen Körper als etwas ganz und gar Unangenehmes aufgezwungen wird, oder schafft er seine eigenen Formen des Begehrens, oder wie er es hier ausdrückt, »Formen des Aushaltens« beziehungsweise »Formen des Ertragens« *[forms of endurance]?* Was er sagen möchte, ist: *Nein, das tut er! Es gibt dieses Aushalten, dieses Ertragen, das aus dem Kapitalismus selbst erwächst!* Das Proletariat ist hier nicht dasselbe wie das Kleinbauerntum. Das Proletariat – das Industrieproletariat – ist etwas, das auch durch die Lust an der Auflösung dieser alten Welt produziert wird.

Entscheidend ist hier ein Aspekt, der sich über das gesamte Kapitel erstreckt, nämlich, dass die Idee, es gäbe etwas außerhalb des Kapitals, rundheraus abgelehnt wird. Das ist das Grundargument, was immer aufs Neue wiederholt wird. So lautet zum Beispiel auch das Argument gegen Baudrillard. Wir werden uns Baudrillard später noch ansehen, wenn wir [Baudrillards 1976 veröffentlichten Text] *Der symbolische Tausch und der Tod* lesen werden. Er argumentiert auch... Nun, Baudrillard ist eine Art Primitivist. Er schreibt – und wie bei Lyotard handelt es sich hier um ein der Form nach marxistisches Argument – man könnte sagen, dass Baudrillard eher ein Marxist ist als Lyotard, da er an einer Kritik der Äquivalenz festhält. Die Idee ist, dass nach Marx im Kapitalismus alles äquivalent wird. Macht nicht genau dies das Kapital aus? Dieses physische Ding X ist gleich einer bestimmten virtuellen Menge Kapital. Das ist, was es bedeutet, Dinge in das kapitalistische System zu injizieren – und Baudrillard stellt dies dem »symbolischen Tausch«, wie er es nennt, entgegen. Die Idee des symbolischen Tauschs, wie Lyotard hier klarstellt, stammt auch von Mauss' Theorie des Gabentauschs – Marcel Mauss –, die auf einer Studie bestimmter Praktiken in sogenannten primitiven Gesellschaften basierte –, hat davon schon jemand gehört?[2] Im Wesentlichen handelt es sich dabei um eine Form des ritualisierten Schenkens, oft mit einer gewissen latenten (oder auch nicht so latenten) aggressiven Dimension, bei der man mit den Geschenken eskaliert, was manchmal so weit gehen kann, dass man ein ganzes Dorf niederbrennt, um die Gegenseite herauszufordern, im Sinne von »Toppt das mal!«.

Die Sache am Gabentausch ist, dass keine Äquivalenz vorherrscht. Das Gesetz der Gleichwertigkeit gilt nicht. Wenn ich dir etwas schenke, und du mir im Gegenzug etwas gibst, welches Maß könnte überhaupt zur Anwendung kommen, um eine Gleichwertigkeit festzustellen? Es gibt keins. Das ist die These von Baudrillard. Das ist die Logik des Schenkens. Mit Gleichwertigkeit hat das nichts zu tun. Dieser Teil primitiver Gesellschaften steht also in starkem Kontrast zum Kapitalismus.

Aber Lyotard möchte wirklich jeden Versuch, etwas außerhalb des Kapitalismus zu finden, zurückweisen. Entweder ist alles primitiv oder nichts ist primitiv. Entweder ist der Kapitalismus selbst primitiv... Es gibt kein subversives Gebiet. Das sagt er auf Seite 164:

> Wenn wir sagen: es gibt keine primitive Gesellschaft, dann heißt das: es gibt keine Referenz in der Exteriorität, auch keine immanente, von der aus man die Aufteilung zwischen dem, was zum Kapital (oder zur politischen Ökonomie) gehört, richtig vornehmen könnte; entweder ist der Wunsch deutlich erkennbar, oder seine *eigene Ökonomie* ist »durcheinander«. Und das sollte klar sein: »durcheinander« bedeutet nicht, von einer fremden, schädlichen Instanz »durchkreuzt«, gestört. Das wäre die Problematik der Entfremdung...[3]

Ist das nicht auch etwas, was er ablehnt? Die Idee der Entfremdung. »Das Wunschbild einer nicht entfremdeten Region«[4], wie er es ausdrückt. Diese Art von Dualismen, nach denen es ein reines, subversives Gebiet gibt – einen primitiven Bereich, der vom Kapitalismus unberührt geblieben ist. Solche Gebiete gibt es nicht. Solche Räume gibt es nicht. Das ist die schonungslos wiederholte Botschaft dieses Textes. Und meiner Ansicht nach ist nicht klar, ob er meint, dass es solche primitiven Gesellschaften nie gab, aber heute gibt es sie jedenfalls nicht – es gibt keinen Zugang zu irgendetwas, das so funktioniert. Und das würde auch bedeuten, dass es kein revolutionäres Äußeres gibt.

Es ist verblüffend, finde ich, diesen Text zu lesen. Ich habe die Sitzung »libidinaler Marxismus« genannt, aber es geht hier tatsächlich überhaupt nicht um eine Revolution des Begehrens. Es geht ihm hier eher um einen vernichtenden Angriff auf seine, in seinen Augen, eng vertrauten Partner, wie Baudrillard, und generelle Tendenzen der Linken.

Dieser Text ist, wie du bereits erwähnt hattest, 1974 erschienen – sechs Jahre nach [den Aufständen vom] Mai 1968 –, also eine lange Zeit nach diesen Ereignissen, nachdem sie lange vor sich hin geschmort sind... Und sicherlich wirkt sich dies auf den Tonfall dieses Texts aus. Für mich ist er seiner Zeit in vielfacher Hinsicht um Jahre voraus – als Antwort auf 1968 – oder ganz klar als Replik auf *Anti-Ödipus* von Deleuze und Guattari, was man als das große Buch von 1968 bezeichnen kann, in dem viele der Geschehnisse vom Mai 1968 in theoretische Begriffe gegossen und kodifiziert werden.

Ich spreche hier vom Mai 1968, als wüsstet ihr alle, wovon die Rede ist, aber ich gehe davon aus, dass das für die meisten von euch zutrifft. Damals gab es eine proto-revolutionäre Konfiguration in Frankreich, bei der Arbeiterinnen und Studenten gemeinsam auf die Straßen geströmt sind, ein Gefühl, dass die Revolution unmittelbar bevorstand. Aber es kam anders. Es gab Rückschläge. Die Rechte hat ihre Macht konsolidiert, etc. Manche Leute behaupten sogar, dass der Erfolg der Rechten, den Aufstand vom Mai 1968 einzudämmen, einen der Grundsteine für die neoliberale Ordnung gelegt hat, die später kommen sollte.

Aber *Anti-Ödipus* von Deleuze und Guattari ... in gewisser Hinsicht ist es pervers, sie nicht auf der Literaturliste zu haben, aber sie sind durch ihre Abwesenheit präsent... Deleuze und Guattari haben in ihrer Theorie also einige der Positionen, die sich '68 herausgebildet haben, aufgegriffen: die Idee, dass das Begehren und die Revolution, dass gegenkulturelle Strömungen und die Linke zusammengehören. Auch wird hier die Idee eines anderen revolutionären Subjekts – wenn man den Begriff »Subjekt« hier wirklich verwenden kann – eingeführt. Wie wir noch sehen werden, wenn wir uns mit dem Akzelerationismus beschäftigen werden, ist eine der berühmtesten Passagen aus *Anti-Ödipus* diejenige, in der sie die Idee eines Rückzugs aus dem Kapitalismus zurückweisen. Sie [sprechen] nicht davon, sich vom Weltmarkt zurückzuziehen, sondern den Prozess zu beschleunigen. Es ist eine Passage, die für ihre Mehrdeutigkeit berühmt ist. Es handelt sich hier um einen weiteren Versuch, nach Marcuse und der Frankfurter Schule, Freud und Marx zusammenzudenken. Und, wie bei Marcuse, wird der Versuch unternommen, Begehren oder Libido als nicht notwendigerweise mit einem Unbehagen an der Kultur verbunden zu verstehen. Freuds umfassender Pessimismus lässt sich ja mit folgender Formel zusammenfassen: Wo Kultur herrscht, da herrscht auch Unbehagen, denn, wie wir bei Marcuse gesehen haben, werden die Triebe des Menschen niemals mit einem Leben kompatibel sein, das Arbeit voraussetzt. Arbeit verlangt von uns, unser Begehren zu unterdrücken. Alle anderen Formen der Repression leiten sich daraus ab.

Gut, und alle... – Lyotard, Baudrillard, Marcuse, Deleuze und Guattari – kann man als Versuche auffassen, diesen Zusammenhang zu brechen und die Libido und ihr Verhältnis zur Politik neu aufzufassen und ein neues Feld der Gesellschaft zu entwerfen, was nicht auf der unausweichlichen Vereinbarung [und Blockade] von Begehren und Arbeit basiert.

Bei Lyotard haben wir es, so denke ich, immer noch nicht mit einem positiven Projekt zu tun – jedenfalls nicht in diesem Kapitel oder eigentlich nirgendwo –, aber gibt es da nicht eine interessante Tendenz im Text? Obwohl er sich einen sarkastischen Seitenhieb auf Nietzsche erlaubt, ist es ein ziemlich nietzscheanischer Text, finde ich, und auch der Einfluss von Deleuze und Guattari ist deutlich erkennbar. Auch die Betonung des Immanenten stammt von Deleuze und Guattari – eine Entwicklung hin zu einer Art Flachheit, zu der Vorstellung, dass es nur eine Ebene gibt, gegen den Dualismus, gegen die Idee einer Spaltung zwischen... Na ja, eigentlich gegen mehrere Vorstellungen von Spaltung – zwischen dem Primitiven und dem Modernen, zum Beispiel – aber auch in Bezug auf die Ablehnung der Kritik, denke ich. Die Ablehnung der Kritik ist auch Nietzsche, ebenso wie Deleuze und Guattari, nachempfunden. Die Idee, die Begriffe von Intensitäten und der *zéro* – auch das stammt irgendwie von Deleuze und Guattari...

Studierende #2: (*Unverständliche Frage, vermutlich zu einem von Lyotards schwierigen und mehrdeutigen Begriffen – »le grand zéro« [die große Null].*)

MF: Ja, ich denke, das ist ein bisschen, wie wenn Deleuze und Guattari vom Körper ohne Organe sprechen. Es ist eigentlich der Punkt des maximalen Potentials, wo es statt Präsenz und Abwesenheit nur die *zéro* und *Intensitäten im Verhältnis zur zéro* gibt. Wenn Deleuze und Guattari vom Körper ohne Organe sprechen, so meinen sie etwas ähnliches. Die Vorstellung ist von etwas als reiner

Virtualität. Es ist ein Ereignis, von dem wir hochzählen. Wir bemessen Intensitäten in Relation dazu.

Studierende #3: Also so etwas wie ein Plateau?

MF: Die *zéro*? Ja, so könnte man sich das auch vorstellen. Aber *zéro* ist nur die Art und Weise, wie wir darüber nachdenken. Es ist der Punkt der Abwesenheit von allem, was tatsächlich existiert. Wenn man sich Intensitäten auf einer Skala vorstellt – Temperaturintensitäten oder ganz gleich was – dann ist *zéro* sowohl die Abwesenheit von Temperatur als auch dasjenige, von dem aus alle Temperaturen berechnet werden. Ich denke, dass man die *zéro* so am besten verstehen kann.

Studierende #4: Und das ist auch der Körper ohne Organe?

MF: Nun, ich denke, der Körper ohne Organe ist nah damit verwandt, ja.

Studierende #4: Es geht also darum, eine Präsenz zu haben, aber ohne...

MF: Ja, ich denke, wenn etwas bei *zéro* ist, dann darf es niemals...

Studierende #2: (*Erneute unhörbare Frage nach weiteren Konzepten bei Lyotard.*)

MF: Wenn wir uns vielleicht speziell den Abschnitt ansehen, wo er das Wort *zéro* gebraucht. (*Der ganze Kurs scheint im Text nach der entsprechenden Passage zu suchen.*) Darüber habe ich mir dieses Mal beim Lesen gar keine Gedanken gemacht...

Studierende #3: Wenn du magst, kann ich es auch vorlesen – in diesem Buch gibt es ein Glossar...

MF: Oh ja, obwohl, das Glossar ist ungefähr so kompliziert wie der Text selbst....

Studierende #3: ... und darin gibt es eine Definition »der großen *zéro*«. Die große *zéro* »bezeichnet bei Lyotard die Instanz, die ein bestimmtes, aber beharrliches Dispositiv auf dem libidinalen Band bestimmt«[5]. Und es gibt auch eine Definition für das »libidinale Band«:

> … das libidinale Band ist in das theatralische Volumen, welches ein Inneres und ein Äußeres besitzt, zurückgefaltet (Erscheinung/Wesen, Zeichen/das Bezeichnete). Das Innere wird letztlich in Bezug darauf betrachtet, was im Außerhalb geschieht. Eine der wichtigsten Figurationen des Außen ist die große *zéro*, welche als Sammelbegriff die platonische Welt der Formen umfasst, Gott, die authentische Produktionsweise, den Phallus, etc. All diese Instanzen sind – trotz ihrer Unterschiede – Effekte der Taktverlangsamung des Taktes, welche sich auf Intensitäten beziehen, die durch das Band auf ein Anderswo zulaufen, welches ihnen fehlt, sobald sie auf das Innere des Volumens beschränkt sind. Die große *zéro* ist deshalb ein leeres Zentrum, welches die gegenwärtige Komplexität der instantanen Ereignisse auf dem Band auf eine ›Kammer der An- und Abwesenheit‹ reduziert. In seiner Beschreibung der großen *zéro* versucht Lyotard aufzuzeigen, dass alle Theorien der Bedeutung fundamental ›nihilistisch‹ sind.[6]

(*Stille.*)

MF: Ja. (*Alle lachen.*)

Studierende #3: Ich denke, dass das entscheidende Zitat – »die große *zéro*, welche als Sammelbegriff die platonische Welt der Formen umfasst, Gott, die authentische Produktionsweise, den Phallus, etc.« – das ist das Zeichen des Äußeren, vielleicht – das Äußere, gegen das sich Lyotard immer wehrt… Ich weiß nicht.

MF: Ja, ich denke, das ist eine Auffassung der großen *zéro*, welcher Deleuze und Guattari folgen... Wenn man es so liest, wird die große *zéro* zu etwas, was in allen Theorien umgangen wird, ein externer Punkt, durch den sich das Äußere vom Inneren trennen lässt. Und diese ganze komplizierte Maschinerie –, die in diesem Kapitel ehrlich gesagt gar nicht so sehr angesprochen wird, – ich hatte versucht, die ganzen Ausführungen zum libidinösen Band, etc. auszulassen –, denn ehrlich gesagt konnte ich das nie so recht nachvollziehen. (*Lacht.*) Aber durch die große *zéro* wird ein Außen festgelegt – ein Äußeres, ja, eine authentische Produktionsweise oder die Welt der Formen, etc. – etwas, welches das Spannungsverhältnis zwischen Außen und Innen stabilisieren könnte; das ist, was hier versucht wird, auszuformulieren....

Was er versucht, zu postulieren, ist ein Raum ohne diese Unterscheidung zwischen Innen und Außen. Er versucht sowohl herauszufinden, woher das kommt, als auch zu erklären, warum es letztlich nicht wirklich existiert. Letztlich gibt es nur diese eine Ebene der Intensitäten. Das ist die libidinale Kartografie, die er zu skizzieren versucht. Doch es entsteht auch ein Gefühl dafür, dass ein Unterschied zwischen Innen und Außen besteht, zwischen dem Transzendenten und dem Immanenten; ein Raum dafür, wie die Dinge im Moment sind, und ein revolutionäres Äußeres. Diese Dinge tauchen immer wieder auf, nur wie? Was sind die Mechanismen, die hinter ihrem fortwährenden Erscheinen stecken? Das versucht er, in diesem ziemlich komplizierten Werk darzulegen.

Studierende #2: In der Einführung versucht der Übersetzer klarzustellen, wie dieser Stil bei der Übersetzung vom Französischen ins Englische entsteht.... (*Unverständlich.*) Aber ich denke, dass sich der Text stark von allem unterscheidet, was wir bisher gelesen haben... Denn all diese Behauptungen, die er über Argumente aufstellt, werden zurückgenommen, aber es ist viel schwieriger, das Argument zu verstehen als die abschließenden Behauptungen, die er aufstellt: Das Proletariat wünscht sich das Leiden. Ich denke aber, er greift sehr ausführlich auf die Semiotik und vieles andere zurück, um diesen Punkt zu untermauern, und die Hälfte der Argumentation verstehe ich ohnehin nicht.

MF: Du verstehst das Argument nicht, dass das Proletariat will, dass...?

Studierende #2: Zum Beispiel.

MF: Okay, ja.

Studierende #2: Wie der Absatz, den wir gerade gelesen haben. Er nimmt sich selbst als libidinal an. Er ist leidenschaftlich. Man kann eine Verbindung dazu herstellen. Aber auf der Argumentationsebene kann ich da keinen Zusammenhang etablieren. Ich kann mir das nicht ansehen und spüren, dass... (*Unverständlich.*)

MF: Ja... Die Frage ist doch: Handelt es sich hier überhaupt um ein Argument? Daher auch mein Zögern. Wenn wir davon ausgehen, dass hier eine Argumentation stattfindet... Du sagst, dass hier Argumente vorgebracht werden, aber ich bin mir nicht sicher, ob das der richtige Ausdruck dafür ist, was hier passiert – und vielleicht »lese ich ihn falsch«, in dem Sinn, dass ich hier nicht unbedingt nach Argumenten suche. Aber wenn es um...

Nun, nehmen wir ihn doch einfach beim Wort. Was er selbst sagt, ist: »Ich werde Marx nicht interpretieren.« Er wird Marx also nicht interpretieren. Er wird Marx nicht kritisieren. Stattdessen wird er – was tun? Er wird bestimmte Intensitäten in Marx' Werk herausarbeiten. Und er wird mit und gegen bestimmte weitverbreitete

Arten arbeiten, Marx zu lesen und Dinge aus Marx herauszulesen. Und das ist teilweise, was hier so problematisch ist. Es gibt eine problematische Geschlechtszuschreibung, die uns in diesem Text immer wieder begegnet, denke ich. Sie taucht zuerst bei der Unterscheidung zwischen Marx, dem alten Mann, und Marx, dem jungen Mädchen, auf. Wer ist Marx, der alte Mann?

Studierende #3: Ein Theoretiker? Ein Autor?

MF: Ja. Er ist eine Art Figur des Autor-Anklägers. Er ist der Marx, der Anklage gegen das Kapital erhebt. Der große Ankläger Marx. Das ist das erste Spannungsverhältnis, mit dem hier gearbeitet wird, und es eröffnet Möglichkeiten, bestimmte Tendenzen innerhalb [des] Marx[ismus] selbst herauszustellen. Aber wer ist Marx? Wenn Marx der alte Mann der Ankläger des Kapitals ist, wer ist dann das junge Mädchen Marx?

Studierende #3: Der Teil, der vom Kapital fasziniert ist? Von ihm verführt wird?

MF: Ich bin mir nicht... Stimmt das? Ich denke nicht. Ich glaube, es ist eher das kleine Mädchen Marx, das...

Studierende #4: Der Marx, der von der Perversität des Kapitals angewidert ist? Ein weiterer Teil seiner selbst?

MF: Ja, sie sind beide Marx.

Studierende #2: (*Unhörbare Frage.*)

MF: Ja, aber... wenn wir uns Seite 194f. ansehen:

> Die sittsame junge Marx sagt: nun ja, ich bin in die Liebe verliebt, und diese Scheiße mit der Industrie und der ganzen Betriebsamkeit, die mir Angst macht, muß aufhören, ich will die Rückkehr zum (an)organischen Körper; sie lässt sich durch den großen, bärtigen Gelehrten vertreten, damit er die These aufstellt, *daß das*

nicht nicht aufhören kann, und damit er, als Anwalt der Bedürftigen (zu denen auch die kleine Marx zählt) seine revolutionären Schlussfolgerungen vorlegt; damit er Geburtshelfer des Kapitals wird; und damit er *ihr* schließlich diesen vollständigen *Körper* gibt, den sie braucht, dieses Kind aus Wörtern, diese vorweggenommene Doublette (der zuerst geborene jüngere Bruder) des Kindes aus Fleisch und Blut: des Proletariats, des Sozialismus. Aber leider – er gibt es ihr nicht. Sie wird niemals das ›artistische Ganze‹ der ›abgeschlossenen Schriften‹ vor sich haben. Sie hat ein wachsendes Leiden vor sich und in sich, weil ihr Anwalt in seiner Untersuchung, gerade weil sie endlos ist, eine eigentümliche Lust entdeckt: genau die Lust, die aus der Ansammlung der Triebe und ihrer Abfuhr beim *Aufschieben* resultiert.[7]

Ich glaube, dass hier der wesentliche Widerspruch liegt. Sie will, dass es vorbei ist. Und das ist, wie ich bereits erwähnt habe, Teil der problematischen Geschlechtszuschreibungen im Text. Marx, das kleine Mädchen, ist etwas naiv. Das kleine Mädchen Marx mag den Kapitalismus einfach nicht und möchte, dass er aufhört, während der alte Mann Marx den Kapitalismus anklagt. Und zusammen sollten sie ein Kind bekommen, das revolutionäre Subjekt des Proletariats. Aber das Kind bekommen sie nie, denn der alte Mann Marx ist mit seiner Anklage des Kapitals niemals fertig. Es geht um das Hinauszögern. Komme noch nicht. Komme nie. Der Fall ist nie abgeschlossen.

Studierende #4: Was Lyotard mit seinem Schreiben verband.

MF: Ja, Marx' Schreiben ist niemals abgeschlossen, oder?[8]

Das ist einer der kryptischen, der treibenden... Es ist ein Kommentar über Marx' Werk. Es dreht sich mehr um die Anklage des Kapitals als darum, diese Anklage auch tatsächlich abzuschließen.

Und es dreht sich auch um eine Verlagerung auf die Praxis, statt der theoretischen Argumentation gegen das Kapital. Es gibt eine Art Komplizenschaft zwischen Marx', der das Kapital anklagt, und dem Kapital selbst.

Studierende #2: Er sagt also, dass Marx – oder der Marxismus – den Kapitalismus *genießt* und ihn nicht beendet, weil er sonst die Kultur dieser Kritik verlieren würde?

MF: Ja, ich denke schon. Das ist Teil davon. Sein endloses Aufschieben, das Objekt seiner Kritik loszuwerden, [bedeutet, dass] gleichzeitig die Kritik niemals zu Ende geht. Die Kritik ist nie beendet, was bedeutet, dass die Arbeit, den Kapitalismus tatsächlich zu beseitigen, niemals wirklich beginnen kann. Und umgekehrt, richtig?

Studierende #2: Worin besteht dann die Handlung des jungen Mädchens?

MF: Nun, sind sie nicht auf ihre Art Teil derselben Sache? Das ist die andere Sache. Sie sind Teil eines instabilen Körpers, der kein Ganzes bildet. Das ist der andere Aspekt des »(In)organischen«, richtig? Der Körper, der den Wunsch verspürt, zu einem Ganzen zurückzukehren. Aber es gibt kein Ganzes. Es gibt keinen ungeteilten Körper. Ich denke, das bedeutet auch, dass es keine Natur gibt. Es gibt kein reines Gebiet. Es gibt keinen reinen, unbefleckten Raum. Es gibt nur geteilte, unvereinbare Körper, die sich nicht zu einer Art Ganzen oder Einheit zusammenfügen lassen. Niemals. Marx selbst wird dann zu einem Beispiel für diese Art Körper, auf diesem Gebiet.

Studierende #5: Repräsentiert das kleine Mädchen also auch den Traum von der Revolution in Marx' Werk?

MF: So würde ich das auffassen. Aber ist es nicht eine Art naiver Traum? *Lasst ihn uns einfach beenden. Es ist alles vorbei.*

Mir scheint, als sei die entscheidende Behauptung hier, die auch wiederholt wird – und sie wäre Teil der Argumentation, insofern es hier eine gibt –; diese Idee, dass es kein Äußeres gibt. Es gibt nicht nur eine Ebene der Intensitäten, auf der es verschiedene monströse Körper gibt, die durch ihre Affekte definiert sind, die durch ihre Affekte und Intensitäten definiert sind und nicht durch ihre Oberfläche und Tiefe und ihr Volumen, als gäbe es eine Art Oberfläche, unter welcher es tiefere Erscheinungen gäbe, welche verstanden werden können. Stattdessen sollten wir uns Körper, Intensitäten und Affekte an sich ansehen. Das ist entscheidend.

Die Botschaft, die sich durch das Kapitel zieht, ist sicherlich, dass es kein Außen gibt. Man kann dem Proletariat keine Außenposition zuschreiben. Er möchte überhaupt keine Unterscheidung zwischen Innen und Außen treffen. Die Unterscheidung zwischen Innen und Außen ist [eine Art] problematische Theaterdarstellung, die er durch sein Modell der Intensitäten und Affekte zu überwinden versucht.[9]

Eine Möglichkeit, das [Proletariat] zu betrachten, ist also als eine rein künstliche Entität. Aber irgendwie ist alles künstlich, denn es gibt keine Natur. Die Idee eines Gegensatzes zwischen Natur und Kultur würde die Unterscheidungen, die er in diesem Kapitel permanent zu unterlaufen versucht, wieder festschreiben.

> Denn wer nicht einsehen will, daß die politische Ökonomie libidinös ist, dem passiert es eben, dass er mit anderen Worten dieselbe Vorstellung von einer Region in der Exteriorität reproduziert, in der der Wunsch geschützt wäre vor jeder Umsetzung in Produktion, Arbeit und Wertgesetz. Das Wunschbild einer nicht entfremdeten Region.[10]

Das sagt er auf Seite 162: »Das Wunschbild einer nicht entfremdeten Region.«: Ich denke, dass es ihm hier darum geht, und das ist einer der Aspekte, die ich diesem Kapitel sehr stark entnehme. Ein nicht entfremdetes Gebiet gibt es überhaupt nicht. Wenn wir also nach einer postkapitalistischen Politik suchen – und ich bin mir nicht sicher, zu welchem Grad Lyotard an diesem Punkt überhaupt danach sucht...

Lyotard war in verschiedenen linken Gruppen aktiv, und auf einige spuckt er in diesem Kapitel herab, aber ich denke an diesem Punkt ist er mehr oder weniger in einem Zustand der misanthropischen Ablehnung der Positionen der real existierenden Linken. Er stellt hier also überhaupt kein positives Programm für eine politische Transformation auf. Deshalb hat er es wahrscheinlich auch *libidinalen Marxismus* genannt. Was hier postuliert wird, ist ein Problem. Wenn es tatsächlich der Fall ist, dass es kein subversives Gebiet gibt, wir aber an der Phantasie einer nicht entfremdeten Region festhalten, wie können wir dann artikulieren, was eine Politik der gesellschaftlichen Transformation sein könnte? Ich nehme an, dass das wenigstens den Kern der Sache erfasst, der hinter all den schwierigen Spezifika und komplexen Argumentationen des Texts steckt...

Studierende #3: Wenn, wie Lyotard behauptet, es kein subversives Gebiet gibt... Dann gibt es keine Alternative. Lyotard ist also ein kapitalistischer Realist.

MF: Nein, ich glaube nicht, dass er das behauptet. Was er sagt, ist, dass wir uns sicherlich kein Jenseits, im Sinne eines radikalen Äußeren, vorstellen können, dass nichts mit dem Ort gemein hat, wo wir uns jetzt befinden. Ist das nicht eher, was er suggeriert, anstatt dass wir uns dem Kapital ergeben müssen?

Studierende #3: Die Alternative befindet sich also mehr oder weniger *innerhalb* des Kapitalismus? Wir müssen eine Alternative *innerhalb* des Kapitalismus finden.

MF: Ich glaube, das stimmt auch nicht ganz. Ich weiß nicht, was die anderen denken, nachdem sie den Text gelesen haben. Ich glaube nicht, dass er das sagt...

Studierende #3: Nein, ich will nicht behaupten, dass Lyotard das sagt. Aber wenn es kein Äußeres gibt und wir eine Alternative finden können, muss sich die Alternative notwendigerweise im Inneren befinden... oder muss zumindest aus dem Inneren entstehen...

Studierende #6: Ist das kein akzelerationistisches...

Studierende #3: Ja, das ist, was ich denke.

MF: Ja, es hat dem sicher auch eine Bahn bereitet... Es gibt kein Außen, das vom Kapital unberührt ist, was nicht bedeutet, dass die Dinge immer so bleiben müssen, wie sie sind. Die implizite Aussage ist also gewiss, dass wir uns eine Transformation *aus dem jetzigen Zustand heraus* vorstellen müssen. Wir dürfen der Versuchung nicht erliegen, uns auf die Suche nach einer unversehrten, nicht entfremdeten Region zu machen. Wir müssen von der vollen Immersion im Kapital ausgehen.

Studierende #2: Wenn es darum geht, einen Weg durch den Text zu finden, und uns die Frage zu stellen, inwiefern es möglich wäre, alternative Wege und dergleichen zu beschreiten, ist es, denke ich, wichtig zu verstehen, was ihn von Deleuze und Guattari unterscheidet. Ich verstehe es zwar nicht ganz, aber es ist wichtig zu begreifen, dass Lyotard einen anderen Beitrag zur akzelerationistischen Agenda liefert – der sich, wie ich sagen würde, von Deleuze und Guattari abgrenzt –, denn die Idee, einen Weg aus dem Inneren des Kapitalismus zu bahnen, in dem das Immanente intensiviert wird – das findet sich nicht bei ihnen.

MF: Ja, das gibt es bei ihnen nicht.

Studierende #2: Es ist also wichtig, zu verstehen, dass er so gar nicht nach ihnen klingt... (Lacht.)

MF: Ja, sofern ich das erkennen kann, so besteht der Unterschied darin, dass er sich von jeglichem positiven Projekt, was damit verbunden sein könnte, zurückzieht. Wenigstens in diesem Kapitel. Deleuze und Guattari sind bereit, von Revolution und revolutionärer Macht zu sprechen, aber sie wollen darüber nur auf Weisen nachdenken, die anders als die traditionellen marxistischen Weisen sind – oder jedenfalls auf solchen, die kein vollständiges Außen in Bezug zum Kapital postulieren würden.

Auch das gehört zum Drama der Entfremdung. Diese ganze Denkweise, die sich an Entfremdung und Nicht-Entfremdung orientiert – geht es nicht darum, das alles abzulehnen und stattdessen auch über Intensitäten und Tendenzen nachzudenken? Beschleunigende Tendenzen.

Aber für mich besteht ein großer Unterschied zwischen *Anti-Ödipus* und der *Ökonomie des Wunsches* auch darin, dass [im *Anti-Ödipus*] eine positive Tendenz vorhanden ist. Hier gibt es hingegen kein positives Programm. Zumindest konnte ich keines erkennen. Ich weiß nicht, was die anderen darüber denken. Für mich handelt es sich hier in erster Linie um eine diagnostische Übung. Er liest Marx *als Schriftsteller*. In gewisser Weise liest er den Text literarisch. Er untersucht die Tropen, Metaphern und begrifflichen Figuren bei Marx, und statt sie zu kommentieren, formt er sie durch seine eigene literarische Traumwelt um. Daher die ganze komplizierte Maschinerie der libidinösen Bänder, *zéros*, und all diesen Dingen.

Deswegen erscheint Lyotards Text auf seine Art heute auch moderner als *Anti-Ödipus*, aufgrund seines Mangels an... Weil er wirklich in diesen Moment nach den Sechzigern, nach [sic] den Siebzigern passt, als dieses Problem klar zu erkennen ist: Die Immersion in das Kapital, das Fehlen eines Äußeren, die Schwierigkeit, sich die Arbeiterklasse als getrennt vom Kapital und außerhalb dessen vorzustellen. Und besonders, was die Frage des Begehrens angeht, die wir uns zu Beginn [in der ersten Sitzung] angesehen haben, anhand des Beispiels mit den Levi's Jeans, etc. Wäre das nicht eine weitere Version dessen? Die Sache mit den Levi's. Es gibt kein Außen. Es gibt keine Sowjetzone, in der die Leute keine Levi's haben möchten. Wir sprechen hier von Hot Dogs *[sausage pâtés]* und all diesen Dingen. Das Proletariat möchte diese Hot Dogs ebenso genießen, genauso, wie sie Levi's wollen. Aber er scheint für dieses Problem so recht keine Lösung zu haben. Es geht ihm mehr darum, dass es konfrontiert werden muss. Es muss anerkannt werden. Und was passiert dann? Ich glaube nicht, dass er darauf wirklich eine Antwort hat, oder doch?

Studierende #3: Nein.

Studierende #7: Ich weiß nicht. Vielleicht verstehe ich den Text falsch, aber gegen Ende scheint sich der Tonfall zu ändern? Das findet ganz am Ende statt, auf den Seiten 221 und 222, wo er doch einige – es sind nicht wirklich Lösungen, aber – etwas positivere Gedanken aufwirft, wo er beginnt, über... Zuerst schreibt er über Marx' Idee der Arbeitszeitreduzierung als Ausweitung der Freizeit und dann gibt es eine interessante Passage... Ich weiß nicht, vielleicht ist das alles meine Fehlinterpretation.

MF: Vielleicht auch nicht!

Studierende #7: Ja, okay, vielleicht lese ich einfach einige Sätze vor.

MF: Sagst du uns, wo sie stehen?

Studierende #7: Unten auf Seite 221, und dann die ersten Sätze auf Seite 222.

> Und die Bildung von zusätzlichem Kapital, Sie wissen sehr wohl, Herr Anwalt, daß es unmöglich geworden ist, sie mit triftigem Grund auf die metaphysische Differenz zwischen dem Gebrauchswert und dem Tauschwert einer sogenannten Arbeitskraft zurückzuführen (eine Differenz, die der Ursprung des Mehrwerts sein soll), sondern daß die Bildung von zusätzlichem Kapital im Allgemeinen nur einfach eine Ungleichheit oder Differenz irgendwo im System erfordert, die den Rahmen des Systems absteckt, und die zugleich bestätigt, daß es nicht isoliert sein kann, sondern immer neue Energiereserven ausschöpfen muß, um sie *in noch mehr Waren zu verwandeln.* Vielleicht »müßte« es zunächst die menschlichen Energien ausschöpfen, aber das ist ihm nicht wesentlich, es kann durchaus mit einer Ausbeutung in dem Sinn auskommen, in dem Sie, der Anwalt der Unterdrückten, sie verstehen, wenn es, wie jedes komplexe natürliche System, nichts anderes verlangt als eine nicht umkehrbare Überlegenheit in seinem Stoffwechselaustausch mit dem biochemisch-physikalischen-Zusammenhang, aus dem es seine Energie schöpft.[11]

Ich glaube, dass er zuvor diese Kritik vorbringt – obwohl ich nicht denke, dass man es wirklich als Kritik bezeichnen kann – bei der er sich mit diesen abstrakten Formeln zur Produktion von Mehrwert auseinandersetzt – ihr wisst schon, Arbeitskraft, Tauschwert – und er möchte sich von diesen abstrakten Begriffen distanzieren und die Idee der libidinalen Intensitäten dahinter herausarbeiten. Und er sagt dann, dass diese libidinalen Intensitäten vielleicht zu Anfang der menschlichen Energie entspringen müssten, aber dass sie dafür nicht von essentieller Wichtigkeit ist.

Vielleicht ist es ein Missverständnis meinerseits, aber ich sehe hier durchaus ein akzelerationistisches Moment. Ich glaube, das sind die akzelerationistischsten Passagen, die man bei ihm finden kann, in welchen er beschreibt, dass diese libidinalen Intensitäten des Kapitals von Menschen stammen können, aber auch anderswo her, zum Beispiel von Maschinen. Und auf der Seite davor – oder den Seiten danach – findet sich, glaube ich, eine Passage, wo er Technologie und Mechanisierung erwähnt, und dass sie eine andere Quelle für diese libidinalen Intensitäten sein kann. Ich weiß nicht. Vielleicht ist das auch meine Fehlinterpretation.

MF: Nein, ich glaube nicht, dass das eine Fehlinterpretation ist, aber sie unterstreicht für mich eine der Schwierigkeiten mit diesem Text. Handelt es sich hier immer noch um eine Lesart von Marx? Oder um ein Modell für ein politisches Programm? Wisst ihr, was ich meine?

Studierende #7: Ja, ich glaube es ist schwierig, seine eigenen Ideen von seiner Interpretation von Marx zu unterscheiden, glaube ich.

MF: Ja, und ich denke, dass er deshalb auch bestimmte Tropen und quasi-literarische Figuren, die von Marx stammen, etc. ins Spiel bringt. Aber ja, ich denke, du hast recht, hier könnte man potentiell so etwas wie ein Programm erkennen.

Ich habe einige andere Passagen hervorgehoben, deren Lektüre sich ebenfalls für uns lohnen könnte. Aber ich glaube, ich habe hier einen Fehler begangen – meine Motivation, den Text auszuwählen, könnte sich eventuell als Fehler herausstellen. Ich habe den Text als eine Reihe von Problemstellungen aufgegriffen, nicht als eine genau ausformulierte Argumentationskette. Ich denke, vieles von dem, was er schreibt – und das macht diesen Text aus meiner Sicht so modern –, ist in der Ära des kapitalistischen Realismus zur Selbstverständlichkeit geworden. Die Dinge, [für] die er argumentiert, werden zunehmend offensichtlich.

Aber in den Siebzigern konnte man vielleicht noch auf die Idee einer primitiven Gesellschaft zurückgreifen, welche als Ausgangsort zur Überwindung des Kapitalismus aufgefasst werden könnte. Wie denken wir über die Überwindung des Kapitalismus nach? Nun, vielleicht sind wir ja versucht, uns wie Baudrillard primitive Gesellschaften anzusehen, die eine Form des ritualisierten Gabentauschs als Alternative dazu entwickelt haben. Vielleicht suchen wir nach einem radikalen, externen Raum. Aber ich denke, dass es in den neunziger Jahren – und ich glaube, dieser Text wurde in den Neunzigern [ins Englische] übersetzt – das ist entscheidend. Zu dieser Zeit wurde nämlich nicht mehr wirklich das Gefühl geteilt [, dass der Primitivismus womöglich einen Ausweg bietet].

Kann man hierfür ein Argument vorbringen? Handelt es sich hier nicht um fundamentale Behauptungen? Mir erscheinen sie ziemlich fundamental. Es gibt keine primitive Gesellschaft, was gleichbedeutend damit ist, dass jede politische Ökonomie libidinal ist. Ich weiß nicht, ob das tatsächlich seine Position ist. Ist sie das? Dass die Grundlage all dessen, was er sagt… Vielleicht liege ich hier mit meiner Lesart auch falsch.

Studierende #2: Wozu dann die ganzen Absätze… all die Abschnitte zu Zeichen, symbolischem Tausch und zu den Grundlagen von Baudrillards Denken…? Wozu dienen sie? Ich verstehe diese Absätze nicht ganz…

Ich habe auch an *Inventing the Future* [von Srnicek und Williams] denken müssen, den Text, den wir für die erste Sitzung gelesen haben. Denn ihre Vorschläge sind sehr gut begründet. Sollten wir angesichts dieses Textes zu der Schlussfolgerung kommen, dass sie ziemlich naiv waren? Wie stark wirkt das bis heute nach? Können wir uns zum Beispiel vorstellen, dass sich die Vorschläge, die sich in *Inventing the Future* verstecken – oder im akzelerationistischen Denken generell – einen Weg aus diesem Pessimismus und Nihilismus bahnen könnten?

MF: Die Frage nach Pessimismus und Nihilismus ist in diesem Zusammenhang sehr interessant, weil er stets bemüht ist, Kritik und Negativität zurückzuweisen. Man solle sich auf die bejahende Seite stellen. Das meinte ich, als ich von seinem nietzscheanischen Aspekt sprach. Er ähnelt Nietzsche insofern, als er immer wieder die Wichtigkeit der Affirmation betont, aber dann selbst Dinge angreift. Tut Lyotard hier nicht etwas Ähnliches? Er lehnt Kritik ab, aber alles, was er anzubieten hat, ist Kritik. Und darin besteht dieses etwas komplexe Argument… die komplizierte Auseinandersetzung mit Baudrillard…

Aber zweitens würde ich sagen, dass sich *Inventing the Future* wirklich mit den Problemen befasst, die hier aufgeworfen werden. Das Problem, dass es keinen einfachen Zugang zu einem Äußeren gibt, keinen bereits fertig bereitstehenden Raum, der vom Kapital unberührt ist… Aber handelt es sich dabei nicht um eine ganz andere Art von Text? Ich glaube, dass auch hieraus Schwierigkeiten erwachsen.

Die *Ökonomie des Wunsches* ist auch deshalb so schwierig, weil der Text sich auf so viele Bedeutungsebenen erstreckt, und eine dieser Ebenen ist seine Lesart von Lesarten – seine eigene literarische Figurenbildung. Er würde sie nicht als Metaphern bezeichnen... als metaphorisches Beiwerk... Aber lassen wir das für heute beiseite. All dies ist bei ihm am Werk. Es besteht hier also ein großer Unterschied zu der Art von unmittelbar programmatischem Text, der sich darum dreht, *was wir verändern und wie wir es erreichen und eine Zukunft erfinden können...* Aber der Zusammenhang bestünde darin, dass Lyotard das Problem aufwirft, das *Inventing the Future* zu lösen versucht, und die Problemstellung wird hier in Begriffen von... Ich weiß nicht, ob er das überhaupt für sich selbst beantworten kann, selbst wenn er es will – die Art von Problem, die er uns hier vorsetzt... Aber er versucht zumindest, uns seine Auffassung der Unzulänglichkeiten all dieser anderen Theorien aufzuzeigen.

Studierende #4: Es gibt hier einen Abschnitt, den ich für sehr interessant halte. Mein Eindruck des Textes war, dass es vor allem um Systeme der Bedeutung geht, und warum sie letztlich nicht wirklich existieren können. Vor allem trifft das zu, wenn er sich auf Lacan bezieht: »Wenn Lacan sagt: Lieben heißt, das geben, was man nicht hat, dann bedeutet das für ihn: vergessen, daß man kastriert ist«.[12] Im Folgenden schreibt er dann über Affekte bei Lacan und in Lacans Theorie: »Diese Problematik, die Lacan von Jacobson übernimmt, also von der Kommunikationstheorie, bringt die ganze Philosophie des Subjekts mit sich, die Philosophie eines Körpers, der von der Selbstaneignung und vom Eigentum besessen ist, denn die Kommunikationstheorie ist natürlich auch ein Teil der ökonomischen Theorie«.[13] Ich habe das so verstanden, dass es hier letztlich um Zahlen geht. *(Lacht.)*

MF: Es geht um Zahlen?

Studierende #4: Nun, er deutet es an – er schreibt sehr viel von Intensitäten...

MF: Ich denke, er entwirft ein Modell, das auf Intensitäten statt auf Signifikanten beruht. Signifikanten wären im klassischen Sinne relational, wie etwa [Ferdinand de] Saussure beschrieben hat, aber sind Intensitäten nicht eher gradueller Natur? Signifikanten erhalten ihre Bedeutung in Relation zu anderen Signifikanten. Intensitäten sind quantitativ... Geht es dabei nicht um Quantitäten? Also weniger um Zahlen an sich... Ergibt das Sinn? Intensitäten sind »intensive Quantitäten«, um eine Phrase von Deleuze und Guattari zu borgen.[14] Er möchte die Dinge auf dieser Ebene verhandeln und auf den Pathos von Präsenz und Abwesenheit verzichten, den eine poststrukturalistische Analyse von Signifikanten und Signifikaten mit sich bringt.

Aber das ist ein separates Problem. Beschränken wir uns einmal darauf, was er zum Kapital zu sagen hat. Auf [Seite] 170:

> Man muß endlich verstehen, daß ein solcher Genuß, zum Beispiel der der Proletarier, die härtesten und intensivsten *Revolten* durchaus nicht ausschließt. Der Genuß ist *unerträglich*. Nicht um ihre Würde zurückzuerobern, lehnen sich die Arbeiter auf, zerstören die Maschinen, sperren die Chefs ein, setzen sie die Delegierten ab [...]. Es gibt libidinöse Positionen, die man halten kann oder nicht, es gibt besetzte Positionen, von denen die Energien plötzlich abgezogen werden und auf andere Stücke des großen Puzzels übergehen, wo sie neue Fragmente und neue Formen und Möglichkeiten der Lust, das heißt der Intensivierung erfin-

den. Es gibt weder eine libidinöse Würde, noch eine libidinöse Freiheit, noch eine libidinöse Brüderlichkeit, es gibt libidinöse Kontakte ohne Kommunikation [...].[15]

Ich sehe das auch wieder als Ablehnung einer gewissen linken Ansprache und eines bestimmten linken Diskurstons. Genuss [*jouissance*] – der lacansche Begriff, der auch in den Theorien von Barthes vorkommt – Genuss, Libido, die der Würde gegenübersteht.

[Auf Seite] 172 – Ein weiterer Satz zur Quantität:

Wieviele Eisenstangen, wieviele Tonnen Sperma, wieviele Dezibel Lustschreie und Fabriklärm – mehr und immer mehr: dieses *Mehr* kann als solches investiert werden, und es wird im Kapital investiert. Man muß nicht nur einsehen, daß dieses *Mehr* völlig nutzlos ist, das akzeptieren wir ohne weiteres, es ist weder mehr noch weniger fruchtlos als die politische Diskussion auf der Agora oder der Pelloponesische [sic] Krieg – was man vor allem einsehen muß ist, daß es noch nicht einmal eine Frage der Produktion ist. Diese ›Produkte‹ nicht mehr produziert[sic], was hier, beim Kapital, zählt, ist, daß sie hingenommen werden, und zwar *als Quantität* hingenommen werden. Die Quantität, die auferlegte Zahl selbst, ist schon ein Grund für die Intensität, und nicht der Übergang der Quantität in Qualität, durchaus nicht, sondern bei Sade ist es die erschreckende Anzahl der empfangenen Schläge, die Anzahl der vorgeschriebenen Positionen und Vorkehrungen, die Anzahl der erforderlichen Opfer [...].[16]

Quantität an sich ist hier ein motivierender Faktor, ein Erzeuger von Intensität. Und auch das gehört zur sadomasochistischen Lesart [des Verhältnis zwischen] Kapital und Proletariat, das er in diesem Kapitel beschreibt. Innerhalb des Proletariats gibt es ein masochistisches Begehren. Es gibt eine Befriedigung daran, den Intensitäten des Kapitals unterworfen zu sein.

Das Kapital kann in diesem Sinne als sadistisch aufgefasst werden... Eine Quantität von Intensitäten, und die Quantität selbst wird signifikant. Die Quantität ist kein Zusatz zu dem, was ohnehin schon geschieht. Sie ist selbst Triebkraft der Ereignisse.

Ein weiterer Abschnitt – [beginnend auf Seite] 174. Das ist [Lyotards] Formulierung des Problems, mit dem wir heute konfrontiert sind. Das ist der Abschnitt mit den Hot Dogs. (*Lachen.*)

> Und nun also die Frage: Warum *beugt* ihr, die politischen Intellektuellen, euch *zum Proletariat herab?* Aus Mitleid mit was? Ich verstehe, daß man euch haßt, wenn man Proletarier ist; es gibt keinen Grund, euch zu hassen, weil ihr Bürger, Privilegierte mit zarten Händen seid, sondern weil ihr das einzig Wichtige nicht zu sagen wagt: man kann auch Lust empfinden, wenn man das Sperma des Kapitals, die Materialien des Kapitals verschlingt, die Metallbarren, die Polystyrene, die Groschenhefte, die Hot Dogs *[sausage pâtés]*, wenn man das Zeug tonnenweise bis zum Platzen verschlingt – und statt dies auszudrücken, was ja auch im Wunsch der Kapitalisierten, der Hand-, Sex- und Kopfarbeiter enthalten ist, setzt ihr ein *Männer*gesicht, ein *Macker*gesicht auf, und ihr beugt euch herab und sagt: ach, aber das ist doch Entfremdung, das ist aber gar nicht schön, wartet nur, wir werden euch befreien, wir werden dafür arbeiten, euch von dieser schlimmen Neigung zur Knechtschaft befreien, wir werden euch Würde verleihen. Und damit stellt ihr euch auf die widerwärtigste Seite, ihr Moralisten, dorthin nämlich, wo man wünscht, daß der Wunsch von uns Kapitalisierten voll und ganz verkannt und verboten, ja mit Füßen getreten wird; ihr verhaltet euch wie die Priester zu ihren Sündern, unsere knechtischen Intensitä-

> ten machen euch Angst, ihr müßt euch sagen: was müssen die leiden, wenn sie so viel ertragen müssen! Und wir leiden natürlich auch, wir Kapitalisierten, aber das heißt weder, daß wir keine Lust empfinden würden, noch daß das, was ihr uns als Heilmittel (wogegen bloß?) anbieten zu können glaubt, uns nicht noch mehr anekelt, wir verabscheuen die Therapeutik und ihr Vaseline, wir wollen lieber bei den quantitativen Exzessen platzen, die ihr für das Stumpfsinnigste haltet. Und ihr braucht nicht zu erwarten, daß unsere Spontaneität revoltiert.[17]

Was für eine großartige Textpassage!

Ich denke also, dass die libidinöse Ökonomie dieses Textes, von Lyotard selbst, hauptsächlich mit – nicht in Bezug auf ein bestimmtes politisches Projekt – einer Art Hass für fast alle existenten linken Modelle der politischen Transformation zu tun hat. (Wahrscheinlich habe ich den Text hier auf einer sehr einfachen Ebene aufgefasst). Diese [linken Projekte] sind alle unzureichend, wieder und wieder, und alle aus demselben Grund: Sie nehmen das Begehren der Kapitalisierten nicht ernst. Sie lehnen es ab und bestärken sich dabei in ihrem tief sitzenden Moralismus. Und indem sie den Moralismus immer wieder verstärken, rufen sie auch immer wieder diese Unterscheidung zwischen Innen und Außen, zwischen Immanenz und Transzendenz, zwischen dem Bereich des Kapitals und einem Bereich außerhalb dessen, welcher rein und frei davon ist, hervor.

Aber vom Kapital befreit zu sein, würde auch bedeuten, frei von Begehren zu sein! Ist das nicht das Problem, zu dem er immer wieder zurückkehrt? Um das Kapital zu verstehen, brauchen wir nicht nur Marx, sondern wir müssen Marx neben Sade verstehen.[18] Das ist der entscheidende Punkt bei den Quantitäten – bei Sade gibt es tausend Stöße oder so etwas. Er schlägt eine Analogie zwischen – oder vielleicht auch mehr als eine Analogie – zwischen der quantifizierenden Dimension der Lust bei Sade und der quantitativen Zählweise des Kapitals. Er besteht immer wieder auf dieser Zusammenkunft von Begehren und Kapital.

Studierende #2: Nur um sicherzugehen, dass ich es richtig verstehe: Sich vom Begehren freizubrechen, bedeutet nicht, sich von der Kapazität für das Begehren loszusagen, sondern von der Unterscheidung zwischen der Lust am Begehren und am Schmerz.

MF: Ja, ich denke, das stimmt. Ich glaube, das ist auch wichtig. Es ist wichtig, das herauszuarbeiten. Wir müssen uns von einem einfachen utilitaristischen Modell des Begehrens, des Genusses, verabschieden. Der Utilitarismus behauptet, dass wir uns weg vom Schmerz und hin zum Genuss orientieren. Wir streben nach Vergnügen und weichen dem Schmerz aus.

Alles von Sade bis Freud – vor allem bei Sade und Freud, denke ich –, wird versucht auszudrücken, dass dies nicht der Fall ist. Es gibt eine komplizierte Anziehung zu dem, was schmerzhaft ist. Was erlitten wird, kann auch genossen werden. Das ist ein wichtiger Punkt. Ein sehr wichtiger Punkt, der hier, denke ich, implizit gemacht wird.

Folgt daraus nicht auch Weiteres? Wirft die gegenseitige Bedingung von Leiden und Begehren nicht eine Reihe komplizierter Fragen über den Kapitalismus auf? Wenn der Kapitalismus Leiden verursacht, aber dieses Leiden auch genossen wird, was bedeutet das?

Studierende #8: Dass man daran gefesselt ist?

MF: Ja, richtig. Man ist daran gebunden, aber nicht nur aufgrund des Zusammenhangs mit der Libido. Es gibt den Genuss von

Hot Dogs und so weiter, aber auch eine Libido der Unterwerfung, der Künstlichkeit und der Desillusionierung.

Studierende #2: Aber wird hier nicht versucht, uns davon abzuhalten, genau über die Frage, die du gerade aufgeworfen hast, nachzudenken? Zumindest im praktischen Sinn? Ich meine, [Lyotard] möchte auf jeden Fall verhindern, etwas zu schreiben, was praktisch interpretiert werden kann. Dieser Text liest sich nicht wie Marx, welcher dann auf der Straße in die Praxis übersetzt wurde. Er möchte nicht, dass dies mit seinem Text auch geschieht. Ich glaube, dass diese Art der Kritik auch für *Das Kapital* fundamental ist. Er versucht, genau dies in seinem eigenen Text ebenfalls zu tun, indem er deutlich macht, dass alles, was jemals geschrieben wurde, ein Text ist, bevor es in etwas Praktischeres übersetzt wird. Wir sehen dies zu Anfang des Kapitels. Diese Ebene der Intensitäten ist die Ebene des Schreibens selbst. Ich habe dieses Kapitel »Die Ökonomie dieses Textes« gesehen.[19] Ich habe es nicht gelesen, aber ich nehme an...

MF: Das ist ebenfalls eine gute Frage. Auch hier werden interessante Probleme aufgeworfen. Wenn die Ebene der Intensitäten das Schreiben ist... Macht das die Dinge schlussendlich *mehr* oder *weniger* intensiv? Denn es erzeugt alles... In gewissem Sinne sagst du, das Schreiben soll (angeblich) rein immanent sein. Das Schreiben dreht sich nicht um irgendetwas an sich.

Dies intensiviert das Schreiben, aber es bedeutet auch, dass es nichts anderes als Schreiben ist. Es handelt von nichts. Es ist nirgendwo verankert. Auf bestimmte Weise ist es einfach nur Text, wenn auch ein besonders intensiver Text. Es findet hier, denke ich, eine Art Dopplung im Hintergrund statt, die ein potentiell interessantes Problem darstellt. Aber ich denke auch, dass hier die Probleme und Ausweglosigkeiten von Lyotards eigenem Begehren hervorgehoben werden.

Lyotard scheint hier... [Er] hat diese fabelhaft verklemmte Qualität. Seine Ablehnung gilt mehr oder weniger allen Formen der Linken, seine Ablehnung der transzendenten Funktion der Theorie – die Idee einer Theorie oder des Schreibens als gesondert von ihrem Gegenstand führt dann zu einer Reihe von Negationen und Blockaden, und zu dieser Art des selbstumkreisenden Schreibens oder der sich selbst rechtfertigenden Zirkulation von Intensitäten, wie er es nennt. Ist das ein Resultat der fabelhaften Autonomie und Suffizienz des Textes, oder seiner Impotenz und Nutzlosigkeit? Der Tatsache, dass er außer seiner selbst zu nichts gut ist?

Oh je, uns geht die Zeit aus...

Was ich euch mit auf den Weg geben wollte, waren diese Fragen über die komplizierte Verbindung zwischen Begehren und Kapitalismus, vor allem zum historischen Zeitpunkt der siebziger Jahre, [als wir] zum ersten Mal das Begehren als dem Kapitalismus immanent aufgefasst haben – nicht einmal dem Kapitalismus – sondern der Arbeit immanent, eine Art kapitalistisches Begehren, das der Arbeiterklasse innewohnt. Wie gehen wir damit um? Lehnen wir es ab? Erheben wir uns moralisch darüber? Oder lieber nicht?

Lyotard denkt ganz klar, dass wir es nicht ablehnen sollten, aber ich denke nicht, dass er eine Alternative dazu hat, es zu moralisieren. Er scheint zu suggerieren, dass es einen Weg geben muss, dieses Begehren zu erfassen und wenigstens mit ihm umzugehen. Auf einer anderen Ebene geht er vielleicht sogar weiter. Vielleicht müssen wir dieses Begehren sogar feiern.

Schlussendlich lese ich diesen Text als Bezugnahme auf die Ausweglosigkeiten der linken Theorie – aber er schafft selbst eine viel massivere Ausweglosigkeit. Er bietet keinen Ausweg an. Zum Teil, weil er selbst die Möglichkeit eines Ausgangs selbst verschlossen hat, in dem er lange erklärt, es gäbe »kein subversives Gebiet«, kein Äußeres...

Doch woher kommt das eigentlich? Auf was bewegt man sich hier zu? Hier enden wir in einer Art performativem Nihilismus, selbst wenn er denkt, dass es nicht nihilistisch ist. Der Text selbst, auch wenn wir ihn als selbst angetriebene Zirkulation von Intensitäten auffassen, wie er ja [von uns] will, erscheint sehr nihilistisch. Welchen Nutzen hat er, außerhalb seiner selbst?

Meiner Ansicht nach ist sein Zweck ein diagnostischer. Er zeigt diese Ausweglosigkeiten auf, beleuchtet diese Probleme – Probleme, die bis heute nicht gelöst sind und uns noch heute jede Menge Schwierigkeiten bereiten. Das alte, einfache Modell – Entfremdung impliziert eine nicht entfremdete Welt; den Kampf, eine nicht-entfremdete Welt wiederherzustellen – das ist das alte Modell, welches Lyotard ablehnt. Wir geben das auf. Wir sagen: Lasst uns die Phantasie einer nicht entfremdeten Welt, die nicht vom Kapital kontaminiert ist, hinter uns lassen. Was bleibt uns also? Was wir hier haben, ist eine verwirrende, schwierige und entweder exzessiv umfangreiche oder unvollständige Antwort auf diese Frage.

Studierende #9: Das ist jetzt vielleicht etwas weit hergeholt, aber vielleicht möchte er suggerieren... Du hast über Nietzsche gesprochen und dass Nietzsche sagt, »es gibt keine Wahrheit, es gibt nur Interpretationen«. Vielleicht wäre Lyotards Vorschlag, sich davon zu verabschieden, die Abschaffung von Interpretationen. Er fängt ja damit an – und ich muss dazu sagen, dass ich es nicht so aufmerksam gelesen habe, wie ich es gerne getan hätte –, Interpretationen von Marx mit Interpretationen der Bibel und ähnlichem gleichzusetzen. Und damit begeben wir uns auf [Derridas] Gebiet, wo alles Text ist, und es nichts außerhalb des Texts gibt, denn Interpretationen sind immer Texte, selbst wenn sie zur politischen Praxis gehören.

Der einzige Weg, dies zu überwinden – vielleicht neben dem, was Foucault in *Was ist ein Autor?* vorschlägt –, dass die beiden zentralen Autoren in diesem Text Marx und Freud sind. Denn sie haben diesen anderen Diskurs gefunden, was bedeutet, dass sie im Grunde einen neuen Weg geschaffen haben, einen Text immer wieder neu zu erzeugen.

Lyotard postuliert also, dass dies der letzte Text über Marx sein sollte, denn die Definition der großen *zéro* klingt sehr nach Deleuzes Lesart der leibnizschen Monade: Das Äußere ist das Innere und faltet sich immer wieder aufs Neue um.[20] Es gibt kein fixes Inneres oder Äußeres, denn sie ändern sich fortwährend. Das Äußere kann das Innere werden, das Innere das Äußere, was letztlich bedeutet, dass es kein Äußeres und kein Inneres gibt. Wenn man am Äußeren und Inneren nicht festhält, und ebenso wenig an der Interpretation, würde das bedeuten, dass man beginnt, den Kapitalismus zu überwinden? Wäre das dann die Idee? Nicht, um das als politische Praxis oder als Lösung des Problems zu proklamieren, aber vielleicht als einen Vorschlag für einen Ansatz zur Problemlösung?

MF: Ja, das ist interessant: die Frage, ob man über Interpretationen sowie über die Wahrheit hinausgeht. Aber es gibt immer zwei Ebenen des Textes. Er deutet auf etwas hin... Er bietet sicherlich immer noch Interpretationen an, aber es sind keine einfachen Interpretationen, sondern seine eigenen literarischen Figuren, nicht wahr? Statt eine Analyse von Marx' Werk vorzunehmen und zu sagen, dass es darin zwei Tendenzen gibt, eine Tendenz zur Kritik, und eine Tendenz zum vollständigen Bruch mit dem Kapitalismus, stellt er den alten Mann Marx und das junge Mädchen Marx und diese ganze Geschichte in den Raum. Das ist weniger eine Interpretation als eine Übersetzung bestimmter Tendenzen in Marx' Schriften in Figuren bei Lyotard, aber er bewegt sich dennoch irgendwo auf der Ebene der Interpretation.

Dann gibt es diese Fantasie, die Fantasie, sich von der zweiten, real transzendenten Ebene gelöst zu haben und einfach auf der Ebene der quantitativen Intensitäten zu arbeiten, ohne jegliche Interpretation. Ist das möglich? Oder ist das nicht nur eine Lesart?

Mir scheint, als wäre dies nicht wirklich möglich und dass wir in gewissem Sinn immer noch auf dem Gebiet der Interpretation verblieben sind, genauso wie auf dem Gebiet der Kritik. Aber die Absage an die Kritik und an Interpretationen sind für sich genommen interessant. Es entsteht eine andere Art des Schreibens.

(*Entnervt*) Okay, gut. (*Lachen.*) Ich hoffe, es ist etwas hängengeblieben.

Für nächstes Mal nehmen wir uns etwas Einfacheres vor: Die Autonomia. Möchte jemand Autonomia und die Arbeitsverweigerung nach Weihnachten vorstellen?

(*Studierende meldet sich.*)

Ja, es ist ziemlich kurz, du kannst vielleicht also auch zusätzlich noch etwas lesen.

Möchte jemand Thoburn vorstellen?

(*Studierende meldet sich.*)

Möchte jemand in die Sprechstunde kommen, der sich noch nicht angemeldet hat?

(*Stille.*)

Okay, alle anderen fühlen sich wohl damit, was sie sich für ihren Aufsatz im Januar vorgenommen haben? Ja? Okay. Ihr könnt mir immer eine E-Mail schreiben.

(*Allgemeines Geplauder und Stimmen, während die Teilnehmerinnen die Sitzung verlassen.*)

Endnoten

1 Jean-François Lyotard, *Ökonomie des Wunsches*. Übersetzt von Gabriele Ricke und Ronald Voullié. Bremen: Impuls Verlag, 1984, S. 167f. Englische Übersetzung *Libidinal Economy* von Iain Hamilton Grant. Bloomsbury Academic, London und New York, 2015.

2 Siehe: Marcel Mauss, *Die Gabe. Die Form und Funktion des Austauschs in archaischen Gesellschaften*. Übersetzt von Eva Moldenhauer. Frankfurt: Suhrkamp, 1968.

3 Lyotard: *Ökonomie des Wunsches*, 164.

4 Ebd., 162.

5 Jean-François Lyotard, *Libidinal Economy*, übersetzt von Iain Hamilton Grant. London and New York: Bloomsbury Academic, 2015, xvii. [eigene Übersetzung]

6 Ebd.., xvii-xviii. [eigene Übersetzung]

7 Lyotard: *Ökonomie des Wunsches*, 149f.

8 Marx war Zeit seines Lebens nur in der Lage, den ersten Band seiner voluminösen Kritik der politischen Ökonomie, des *Kapitals*, fertigzustellen, bevor er 1883 verstarb. Der zweite und dritte Band wurden von seinem Freund und Koautoren Friedrich Engels zusammengestellt und posthum veröffentlicht. Ein vierter Band blieb ebenfalls unvollständig und hat eine sehr viel komplexere Publikationsgeschichte.

9 Diese beiden Absätze sind etwas verworren und unklar. Man könnte zur Erläuterung sagen, dass Lyotards Perspektive eine kosmische und keine »theatralische« ist. Die ganze Welt ist in diesem Sinn keine Bühne – also keine Ebene, auf der Figuren auftauchen, ihre Rolle spielen und dann wieder »hinter die Kulissen« oder nach draußen verschwinden. Lyotards Philosophie sieht ein ausgedehntes, formloses Universum vor, in dem es nur Körper, Affekte und Intensitäten gibt. Es ist in diesem Sinn eine inhumane Vision des Kapitalismus und ähnelt Georges Batailles Theorie einer kosmischen »allgemeinen Ökonomie« der Natur in ihrer Totalität, im Gegensatz zu einer »beschränkten Ökonomie«, die auf die wirtschaftlichen Aspekte des Kapitalismus reduziert bleibt.

10 Lyotard: *Ökonomie des Wunsches*, 162.

11 Ebd., 221f.

12 Ebd., 184.

13 Ebd., 184f.

14 Um zu Fishers eigener Analogie der Temperatur zurückzukehren, können wir die Messung von 100°C nicht als 100 »Hitze« verstehen. Hitze selbst ist keine

Quantität, sondern eine Qualität, die Zahl »100« bezieht sich auf den Grad der Intensität, der von Null aufwärts gemessen wird. Trotzdem besteht, wie Fisher durch einige Zitate darlegt, zwischen dieser quantitativen Intensität und anderen Formen der Qualität ein Zusammenhang. Es ist zum Beispiel klar, dass die quantitative Intensität der Hitze etwa direkt mit der tatsächlichen numerischen Anzahl von Heizkörpern assoziiert werden kann. Fünf Heizkörper erzeugen mehr Hitze als einer. Bzgl. Deleuze and Guattaris Diskussion der »quantitativen Intensität«, siehe: Deleuze and Guattari, *Anti-Ödipus*, 30.

15 Lyotard, *Ökonomie des Wunsches*, 170.

16 Ebd., 172f.

17 Ebd., 174f.

18 Man könnte anführen, dass diese Parallele in den Schriften von Karl Marx und dem Marquis de Sade ein Argument ist, das Lyotard von Autoren wie Pierre Klossowski, Georges Bataille und Jacques Lacan übernimmt. Fishers Dozent Nick Land übernimmt sie (wenn auch indirekt) ebenfalls in einigen seiner Essays aus den 1990ern. Siehe: Pierre Klossowki, *Living Currency*, übersetzt von Daniel W. Smith, Vernon W. Cisney und Nicolae Morar. London: Bloomsbury Academic, 2017. Siehe auch: Nick Land, »Kant, Capital and the Prohibition of Incest: A Polemical Introduction to the Configuration of Philosophy and Modernity« in *Fanged Noumena*.

19 Lyotard, *Ökonomie des Wunsches*, 351–381.

20 Deleuzes Konzept der »Falte« ist prägend für sein Werk. Er ist hierbei inspiriert vom Begriff der »Monade«, die er der Philosophie von Gottfried Wilhelm Leibniz (1646–1716) entnimmt. Er eröffnet die Möglichkeit, komplexe Entitäten auf einfache Substanzen zu reduzieren. Die korrekte Definition einer »Monade« bleibt umstritten – Leibniz' Verwendung des Begriffs wandelte sich im Lauf der Zeit – so war es, letztendlich, Leibniz' Bezeichnung für eine Substanz oder substanzielle Form, die eine »Seele« oder Lebenskraft innehat. Diese Lebenskraft ist der Erkenntnis nicht zugänglich, aber aus dem Blickwinkel der modernen Philosophie könnten wir sie als eine Art unbewussten »Trieb« auffassen, der die Dichotomie zwischen dem Biologischen und dem Mechanischen, wie sie von Fisher im zweiten Vortrag eingeführt wird, überspannt. Wichtiger ist vielleicht aber weniger, was eine Monade *ist*, sondern wie wir ihre Geometrie beschreiben könnten. Deleuze verwendet hierbei den Begriff der »Falte«. Es geht hier weniger um die Falte in einem Blatt Papier, sondern eher um den Einschnitt in einem Laib Brot. Der Zusammenhang zwischen der Erfahrung und des Entstehens der Subjektivität ist in diesem Sinn, wie Rosinen in einen Teig zu kneten. Von den Rosinen zu sprechen, heißt, von außen über ein Inneres zu sprechen. Dies ist auch, wie wir subjektive Erfahrungen beschreiben, als Inneres eines Äußeren. Es ist wichtig, dass es sich beim Beispiel des Brotbackens nicht einfach um eine Analogie, sondern um ein gleichermaßen valides Beispiel für diesen Prozess handelt. Für Deleuze

erlaubt dies die Auffassung der Entstehung menschlicher, aber auch nicht-menschlicher Subjektivitäten. Auch für Fisher waren diese Ideen wichtig und er befasst sich in seinem letzten Buch *Das Seltsame und das Gespenstische* implizit mit ihnen –, insofern ist es überraschend, dass er dies an dieser Stelle nicht erwähnt. Er spricht darin über die seltsamen und unheimlichen Fiktionen, die darlegen, dass »das Innere eine Falte des Äußeren« ist. Zu Leibniz' Begriff der Monade siehe: Lloyd Strickland, *Leibniz's Monadology*: A New Translation and Guide. Edinburgh: Edinburgh University Press, 2014.

Zu Deleuzes Verweis auf das Konzept der Falte siehe: Gilles Deleuze, *Die Falte. Leibniz und der Barock.* Aus dem Französischen von Ulrich Johannes Schneider, Frankfurt am Main: Suhrkamp, 2000; Gilles Deleuze, *Foucault.* Aus dem Französischen von Hermann Kocyba, Frankfurt am Main. Suhrkamp, 1992; Zu Mark Fishers Diskussion der Funktion der Falte siehe Mark Fisher, *Das Seltsame und das Gespenstische.* übersetzt von Robert Zwarg. Berlin: Tiamat, 2017.

Anhang I

Seminarplan

Nach dem Tod von Mark Fisher am 13. Januar 2017 konnte das Seminar »Postkapitalist Desire« [Postkapitalistisches Begehren] nicht fortgeführt werden. In den folgenden Wochen trafen sich die Studierenden trotzdem montagmorgens im Seminarraum, um zusammen ihres Dozenten zu gedenken. Später fassten sie den Entschluss, zu versuchen, das Seminar in Erinnerung an Fisher weiterzuführen.

Die Veranstaltung wurde unter Mithilfe einiger von Fishers Freundinnen und Kollegen zu einer Art Lesekreis, ihre Beiträge halfen dabei, den Studierenden bei der Lektüre der von Fisher geplanten Texte Orientierung zu bieten.

Hieraus formierte sich später ein offenerer Lesekreis mit dem Arbeitstitel »Etwas aus Nichts« [*Nothings to Somethings*], in welchem einige dieser Texte öffentlich erneut diskutiert wurden. Die Lektüre dieser zehn Sitzungen ist im Folgenden aufgelistet, inklusive der Texte aus den ersten fünf Sitzungen.

Erster Vortrag: Was ist Postkapitalismus?

- Nick Srnicek und Alex Williams, »Post-Work Imaginaries« in *Inventing the Future: Postcapitalism and a World Without Work* (London and New York: Verso, 2015), S. 107–127. (Auch die Schlussfolgerungen sind lesenswert, S. 175–183.)
- J.K. Gibson-Graham, »Affects and Emotions for a Postcapitalist Politics« in *A Post-Capitalist Politics* (Minneapolis and London: University of Minnesota Press, 2006), S. 1–22.

- Paul Mason, »The Prophets of Postcapitalism« in *PostCapitalism: A Guide to Our Future* (London: Allen Lane, 2015), S. 109–146.

Vortrag Zwei: »Eine gesellschaftliche und psychische Revolution schier unfassbaren Ausmaßes«: Die Bohème der Gegenkultur als Präfiguration

- Ellen Willis, »The Family: Love it or Leave it«, in *Beginning to See the Light: Sex, Hope, and Rock-and-Roll* (Minneapolis: University of Minnesota Press, 2012), S. 149–168.
- Herbert Marcuse, »The Dialectic of Civilization« in *Eros and Civilization* (London: Abacus, 1972), S. 68–83. / Herbert Marcuse: *Triebstruktur und Gesellschaft*. Bibliothek Suhrkamp, 1973

Vortrag drei: Vom Klassenbewusstsein zum Gruppenbewusstsein

- Georg Lukács, »The Standpoint of the Proletariat« in *History and Class Consciousness.* (Verfügbar online bei Marxist Internet Archive: https://www.marxists.org/archive/Lukács/works/history/) / Georg Lukács: *Geschichte und Klassenbewusstsein. Studien über marxistische Dialektik*. Malik-Verlag, Berlin, 1923
- Nancy C. Hartsock, »The Feminist Standpoint: Developing the Ground for a Specifically Feminist Historical Materialism« in *The Feminist Standpoint Revisited and Other Essays* (Boulder, Colorado: Westview Press, 1998), S. 105–132.

Vierte Sitzung. »*Union Power und Soul Power*«

- Jefferson Cowie, »Old Fashioned Heroes of the New Working Class« in *Stayin' Alive: The 1970s and the Last Days of the Working Class* (New York and London: The New Press, 2010), S. 23–75.

Fünfter Vortrag Libidinöser Marxismus

- Jean-François Lyotard, »The Desire Named Marx« in *Libidinal Economy* (London: Athlone Press, 1993), S. 95–149. / Jean-François Lyotard: *Ökonomie des Wunsches*. Übersetzt von Gabriele Ricke und Ronald Voullié. Implus-Verlag, Bremen, 1984

Sechster Vortrag: Autonomia und Arbeitsverweigerung

- Silvia Federici, »Wages Against Housework« in *Revolution at Point Zero: Housework, Reproduction and Feminist Struggle* (Oakland: PM Press, 2012), S. 15–21.
- Nicholas Thoburn, »The Refusal of Work« in *Deleuze, Marx and Politics* (London and New York: Routledge, 2003), S. 103–138.

Siebter Vortrag: Die Zerstörung des demokratischen Sozialismus und die Ursprünge des Neoliberalismus: Der Fall Chile

- Naomi Klein, »States of Shock: The Bloody Birth of the Counterrevolution« in *The Shock Doctrine: The Rise of Disaster Capitalism* (London: Allen Lane, 2007), S. 75–98.

- Eden Medina, »Cybernetics and Socialism« in *Cybernetic Revolutionaries: Technology and Politics in Allende's Chile* (Cambridge, Mass.: The MIT Press, 2011), S. 15–41.

Achter Vortrag: Die Erfindung der Mitte

- Carl Freedman, »Marx / Nietzsche / Freud / Nixon« in *The Age of Nixon: A Study in Cultural Power* (Winchester and Washington: Zero Books, 2012), S. 71–107.
- Penny Lewis, »Hardhats Versus Elite Droves: Consolidation of the Image« in *Hard Hats, Hippies and Hawks: The Vietnam Antiwar Movement as Myth and Memory* (Ithaca and London: ILR Press, 2013), S. 159–185.

Neunter Vortrag: Postfordismus und New Times

- Stuart Hall, »The Meaning of New Times« in Stuart Hall und Martin Jacques (Herausg.), *New Times: The Changing Face of Politics in the Nineties* (London: Lawrence and Wishart, 1989), S. 116–136.
- Paolo Virno, alle Abschnitte von »Beyond the Coupling of the Terms 'Fear' / 'Anguish'« bis »Intellect as Score« in *A Grammar of the Multitude: For an Analysis of Contemporary Forms of Life* (New York: Semiotext, 2004), S. 31–66.

Zehnter Vortrag: Technofeminismus / Cyber-Feminismus

- Shulamith Firestone, »The Two Modes of Cultural History«

in Armen Avanessian and Robin Mackay (Herausg.), *#ACCELERATE: The Accelerationist Reader* (Falmouth: Urbanomic, 2014), S. 109–130.

- Sadie Plant, alle Abschnitte von »Cyborg Manifestos« bis »Cocoons« in *Zeros and Ones: Digital Women and the New Technoculture* (London: Fourth Estate, 1998), S. 58–81.

Elfter Vortrag: Akzelerationismus

- Fredric Jameson, »Utopia as Replication« in *Valences of the Dialectic* (London and New York: Verso, 2009), S. 410–435.
- Nick Land, »Machinic Desire« in *Fanged Noumena: Collected Writings 1987-2007* (Falmouth: Urbanomic, 2012), S. 319–344.

Zwölfter Vortrag: Das Unbehagen am Netzwerk

- Michael Hardt and Antonio Negi, »Beyond Capital?« in *Commonwealth* (Cambridge, Mass. and London: Harvard University Press, 2009), S. 263–324.

Dreizehnter Vortrag: Das Unbehagen am Netzwerk (2): Peer-to-Peer

- Michel Bauwens, »Peer to Peer: From Technology to Politics« in Jan Servaes and Nico Carpentier (Herausgb.), *Towards a Sustainable Information Society: Deconstructing WSIS* (Bristol: Intellect, 2006), S. 151–168
- Jodi Dean, »The Common and the Commons« in *The*

Communist Horizon (London and New York: Verso, 2012), S. 119–156

Vierzehnter Vortrag: Die Gefangenschaft des Touchscreens

• Jean Baudrillard, »The Tactile and the Digital« und »The Hyperrealism of Simulation« in *Symbolic Exchange and Death* (London, Thousand Oaks and New Delhi: SAGE,1993), S. 61–75.
• Franco »Bifo« Berardi, »Info-Labour and 'Precarization'« in *Precarious Rhapsody* (London: Minor Compositions, 2009), S. 30–54.

Fünfzehnter Vortrag: Die Wiederentdeckung des Prometheus

• Laboria Cuboniks, »Manifesto on Xenofeminism: A Politics for Alienation« (2015), zugänglich auf http://www.laboriacuboniks.net/#zero
• Helen Hester, »Promethean Labours and Domestic Realism«, zugänglich auf https://www.academia.edu/11571359/Promethean_Labours_and_Domestic_Realism

Anhang II

Songliste »No More Miserable Monday Mornings«

Für viele Studierende am Goldsmiths College gab es zum Zeitpunkt von Fishers Tod keinen Zweifel daran, dass die soziopolitische Machtlosigkeit, die er in seinem Seminar beschrieben hatte, greifbar real war. Es entstand der unbedingte Wunsch, den Ruf nach einem radikalen Bruch, der in diesen Vorträgen – und in Fishers Texten allgemein – zum Ausdruck kam, nicht verhallen zu lassen, um der depressiven Anhedonie, die sich an der Universität breit machte, in welcher Fishers Suizid leider kein alleinstehendes Ereignis war, etwas entgegen zu setzen.

Bedeutsamerweise nahm der Tiefpunkt von Fishers Tod am Montagmorgen danach eine entgegengesetzte, affirmative Resonanz an. Die fünf Vorträge des Seminars »Postcapitalist Desire« waren montagmorgens um 9 Uhr gehalten worden. Der sechste Vortrag fand nie statt, doch nach Fishers Tod, am Freitag dem 13. Januar, hatte sich die Nachricht darüber an der Universität verbreitet, und viele Studierende machten sich am 16. Januar 2017 dennoch auf den Weg in den Seminarraum. Die Teilnehmerzahl von etwa zwanzig Studierenden verdoppelte sich, vielleicht verdreifachte sie sich sogar; bekannte und unbekannte Gesichter, Bachelor- und Masterstudierende versammelten sich an diesem tristen Montagmorgen, um auf Fisher zu warten, der jeden Moment durch die Tür spazieren und seinen Streich offenbaren würde.

Obwohl es sich vermutlich um nichts Weiteres als einen administrativen Zufall handelte, so drängt sich doch auf, dem Termin von Fishers Seminar eine tiefere Bedeutung zuzuschreiben. Der vorletzte Beitrag auf seinem Blog *k-punk*, bevor es für immer verstummte, beinhaltete eine Playlist, die passenderweise den Namen »Nie wieder triste Montagmorgen« [*No more miserable Monday mornings*] trug. So kam der Titel der unvollendeten Einführung zu *Acid Communism* zustande – ein Titel, der den alten antikapitalistischen Slogan neu und positiv aufgriff: »Du hasst keine Montage, du hasst deinen Job«.

Im unmittelbaren Kontext von Fishers Leben lässt sich der Slogan auf zweifache Art verstehen: Sowohl als Aufruf, die Arbeit abzuschaffen, und als vielleicht versteckt lyotardsches Eingeständnis, dass er gerne mit seinen Studierenden arbeitete, und sie gerne mit ihm. Unter dieser Prämisse hörten sich die Versammelten am Montagmorgen des sechsten Vortrags die Playlist an.

Sie beginnt passenderweise mit »Jobseeker« von den Sleaford Mods, bevor sie sich auf eine Tour der Höhen und Tiefen der Counterculture begibt. Auf psychedelischen Pop folgen Dub und Disco. Der Druckkessel der Wut der Arbeiterklasse des 20. Jahrhunderts speist viele der Songs mit Energie, doch zuletzt klingt die Liste mit Chics wunderschönem Song »At Last I Am Free« von 1978 aus, und sie ist gänzlich verflogen.

Der Mix ist erfrischend und eine Art Bewusstseinsbildung in umgekehrt chronologischer Reihenfolge, bei der die politische Wut von heute wieder mit der kulturellen Freude der Counterculture in Kontakt gerät. Aber diese Playlist bietet keine nostalgische Ausflucht für einen vergangenen Moment. Sie stellt lediglich Songs zusammen, kulturelle Artefakte, die immer noch existieren, und derer wir uns immer noch bedienen können – ebenso wie der Potentiale, für die sie stehen.

Die Betonung liegt deshalb auf der politischen Funktion jedes Tracks, statt seiner ästhetischen Form. Als Ganzes versetzt sie uns in einen Zustand der freudigen Empörung und macht einen ästhetischen Moment, der schon lange als verdinglicht und auf Schallplatten fetischisiert galt, wieder zugänglich. Trotz dieses Prozesses der ästhetischen Verdinglichung bleiben die Freiheiten, die uns diese Songs versprechen, verheißend; sie stärken die Seele und ermöglichen ihr, den unterdrückten Körper aus seiner gegenwärtigen Schläfrigkeit zu rütteln. In der Playlist mag zwar vom Jahr 2008 zurück ins Jahr 1978 gesprungen werden, doch die Botschaft bleibt eine zukunftsorientierte. Es gibt Alternativen, es gibt ein Morgen. Es gibt eine Welt, die darauf wartet, verändert zu werden.

***

1. Sleaford Mods, »Jobseeker« (*The Mekon*, 2008)
2. The Kinks, »House in the Country« (*Face to Face*, 1966)
3. The Specials, »Rat Race« (*The Specials*, 1979)
4. Singers & Players, »Too Much Work Load« (*Revenge of the Underdog*, 1982)
5. Rhythm & Sound, »Boss Man« (*See Mi Yah*, 2005)
6. eMMplekz, »Tethered to my Hot-Spot« (*Your Crate Has Changed*, 2013)
7. The Jam, »Smithers-Jones« (*Setting Sons*, 1979)
8. Ann Peebles, »I'm Gonna Tear Your Playhouse Down« (*I Can't Stand the Rain*, 1974)
9. Kanye West feat. GLC and Consequence, »Spaceship« (*The College Dropout*, 2004)
10. Spandau Ballet, »Chant No. 1 (I Don't Need This Pressure On)« by (*Diamond*, 1982)

11. The Supremes, »Stoned Love«
(*New Ways but Love Stays*, 1970)
12. The Temptations, »Psychedelic Shack«
(*Psychedelic Shack*, 1970)
13. Michael Jackson, »Off the Wall« (*Off the Wall*, 1979)
14. Dr Kucho! & Gregor Salt (2015),
»Can't Stop Playing (Makes Me High)«
15. Sister Sledge (1984), »Lost in Music
(Special 1984 Nile Rogers Remix)«
16. Chic, At Last I Am Free« (*C'est Chic*, 1978)

Aus Wut und Traurigkeit werde kollektive Freude… aus niemals endender Arbeit werde endlose Freizeit…

Für ein bedingungsloses Grundeinkommen jetzt!

K-punk, 18. Juli 2015[1]

Endnoten

1 Mark Fisher, »No more miserable Monday mornings«, *k-punk*, 18. Juli 2015: https://k-punk.org/no-more-miserable-mon-day-mornings/

Brumaire